Behrends (Hrsg.)

Privatrecht heute und
Jherings evolutionäres Rechtsdenken

Privatrecht heute und Jherings evolutionäres Rechtsdenken

Herausgegeben von
Prof. Dr. Okko Behrends
Göttingen

mit Beiträgen von
Prof. Dr. Okko Behrends
Prof. Dr. Uwe Diederichsen · Prof. Dr. Ralf Dreier
Prof. Dr. Klaus Luig · Prof. Dr. Karsten Schmidt

Verlag Dr. Otto Schmidt · Köln

> *Die Deutsche Bibliothek* – *CIP-Einheitsaufnahme*
>
> *Privatrecht heute und Jherings evolutionäres Rechtsdenken* / hrsg. von Okko Behrends. Mit Beitr. von Okko Behrends ... – Köln: O. Schmidt, 1993
> ISBN 3-504-06108-1
> NE: Behrends, Okko [Hrsg.]

© 1993 by Verlag Dr. Otto Schmidt KG
Postfach 51 10 26, 50946 Köln
Tel.: 02 21/9 37 38-01, Fax: 02 21/9 37 38-9 21

Das Werk einschließlich aller seiner Teile ist urheberrechtlich geschützt. Jede Verwertung, die nicht ausdrücklich vom Urheberrechtsgesetz zugelassen ist, bedarf der vorherigen Zustimmung des Verlags. Das gilt insbesondere für Vervielfältigungen, Bearbeitungen, Übersetzungen, Mikroverfilmungen und die Einspeicherung und Verarbeitung in elektronischen Systemen.

Gesamtherstellung: Bercker Graphischer Betrieb GmbH, Kevelaer

Printed in Germany

Inhaltsverzeichnis

                                  Seite

Verzeichnis der abgekürzt zitierten Literatur   IX

Einführung
Okko Behrends

1. Anlaß der Publikation   1
2. Evolutionstheorie und Privatrecht   2
3. Die Beiträge im Überblick   5

Rudolf von Jhering und die Evolutionstheorie des Rechts
Okko Behrends

1. Kulturgeschichtliche Evolution und Biologismus   7
2. Die Entdeckung der menschlichen Pragmatik in der Evolution des Rechts   13
3. Von Cuvier zu Darwin, von Savigny zu Jhering   16
4. Die Steuerung des Rechts durch zweckmäßige Gerechtigkeitsprinzipien: das Beispiel des Fremdenrechts   20
5. Gruppengefühl und Rechtsgefühl   23
6. Soziobiologische und kulturgeschichtliche Grundlagen des Rechts   27
7. Rechtsentwicklung und menschliche Verantwortung . . .   35

Jherings Rechtsinstitute im deutschen Privatrecht der Gegenwart
Uwe Diederichsen

1. Einleitung   37
2. Typologien der Jhering-Rezeption   41
3. Jheringsche Begriffe mit Schrittmacherfunktion   45
   a) Die Vindikationszession   45

Inhaltsverzeichnis

b) Die Stellvertretung	49
4. Die Bedeutung materialer Wertungsprinzipien bei Jhering	50
a) Die Stellvertretung (Fortsetzung)	50
b) Der Schutz des redlichen Besitzers im Eigentümer-Besitzer-Verhältnis	53
c) Die Begründung der Interessenjurisprudenz (am Beispiel des Besitzes)	55
5. Jherings Einfluß auf die Grundstrukturen des Rechts	60
a) Die Sozialbindung des Eigentums	61
b) Das Verschuldensprinzip	63
c) Die Differenzierung zwischen Rechtswidrigkeit und Schuld	66
6. Die „culpa in contrahendo"	68
a) Das rechtshistorische Zurechnungsproblem	68
b) Die „culpa in contrahendo" als Glücksfall der Rechtsfortbildung	73
7. Schlußbemerkung	74

Jherings Geist in der heutigen Rechtsfortbildung
Ein Streifzug durch den „Geist des römischen Rechts" aus heutiger Sicht
Karsten Schmidt

1. Einleitung oder: Was das Referat leisten kann und soll (Leitsatz 1)	77
2. Zur Theorie und Legitimation der Rechtsfortbildung	81
a) Zum Verständnis der Rechtsfortbildung (Leitsatz 2)	81
b) Der „Geist" als Methodenlehre der Rechtsfortbildung (Leitsatz 3 und 4)	84
c) Rechtsfortbildung als Entdeckungsverfahren (Leitsatz 5)	87
d) Das Sonderproblem der gesetzesübersteigenden Rechtsfortbildung (Leitsatz 6)	92
3. Zur Phänomenologie der Rechtsfortbildung	94
a) Grundsätzliches (Leitsatz 7)	94
b) Rechtsfortbildungsanstöße aus der sozialen Welt (Leitsatz 8)	95

Inhaltsverzeichnis

    c) Rechtsfortbildung durch und gegen Umgehungs-
       geschäfte (Leitsatz 9) 98
    d) Rechtsfortbildung als Bestandteil der Prozeß-Politik
       (Leitsatz 10) 101
    e) Rechtsfortbildung und Rechtsangleichung (Leitsatz 11) . 103
4. Schluß 105
    a) Ausklang 105
    b) Zusammenfassung in Leitsätzen 106

Jherings Rechtstheorie – eine Theorie evolutionärer Rechtsvernunft
Ralf Dreier

1. Das Jhering-Bild im Streit der Meinungen 111
2. Jherings Suche nach einer allgemeinen Theorie des Rechts . 113
3. Rechtstheorie zwischen Rechtsdogmatik und Rechts-
    philosophie 115
4. Evolution des Rechts und Rechtsvernunft 118
5. Das Recht als Organismus der Freiheit 120
6. Die Selbständigkeit des Rechts gegenüber Sitte und Moral . 122
7. Der Zwangscharakter des Rechts und das „teleologische
    System der sittlichen Weltordnung" 125
8. „Kritischer Positivismus"? 128

War Jhering ein Rechtspositivist? – Eine Antwort auf Ralf Dreiers Frage
Okko Behrends

1. Staatliches Zwangsmonopol und Imperativentheorie 131
2. Die von der Gesellschaft aufgestellten Normen 132
3. Der Rechtsstaat 134
4. Jherings zweipolige Gerechtigkeitsformel 136
5. Kritik des positiven Rechts 138
6. Fundamentale Gerechtigkeitsprinzipien 139
7. Formbegriffe und Zweckbegriffe 140

Inhaltsverzeichnis

8. Die Positivität der zweckmäßigen menschlichen Setzung . 143
9. Das Ganze der zur juristisch-begrifflichen Form
   erhobenen Rechtsbestimmungen 150
10. Kritischer Positivismus zweckmäßiger Formen und
    kontrollierender Rechtsprinzipien 156

Jherings Evolutionstheorie des Werdens des Rechts durch Tun und der gesellschaftliche Charakter des Privatrechts
Klaus Luig

1. Ein „Armuthszeugnis" für Savigny und die historische
   Schule 161
2. Die historische Schule ist tot, aber die historische Methode
   lebendig 165
3. Die „Kritik des Rechts durch sich selber" 169
4. „Ehrlicher Konservatismus" oder „reiner Socialismus"? . . . 172
5. Die Gemeinschaftspflichten des Naturrechts 174
6. Die Probe aufs Programm: Jhering als Dogmatiker des
   Privatrechts 179

Verzeichnis
der abgekürzt zitierten Literatur

I. Schriften Jherings

Besitzwille	Jhering, Rudolf von: Der Besitzwille. Zugleich eine Kritik der herrschenden juristischen Methode. Jena 1889.
Entwicklungsgeschichte	Jhering, Rudolf von: Entwicklungsgeschichte des römischen Rechts. Aus d. Nachlaß hrsg. Leipzig 1894.
Geist I; II,1; II,2; III,1	Jhering, Rudolf von: Der Geist des römischen Rechts auf den verschiedenen Stufen seiner Entwicklung. 4. Auflage Göttingen, 1. Theil 1878; 2. Theil 1. Halbband 1880; 2. Theil 2. Halbband 1883; 3. Theil 1. Halbband 1888.
Jb. f. Dogmatik	Jahrbücher für die Dogmatik des heutigen römischen und deutschen Privatrechts. Hrsg. von C. F. v. Gerber u. R. Jhering. Bd. 1 ff., 1857 ff.
JherJb	Jherings Jahrbücher für die Dogmatik des heutigen römischen und deutschen Privatrechts. 1893–1943 = Band 32–90 der Jb. f. Dogmatik.
Kampf	Jhering, Rudolf von: Der Kampf um's Recht. 6. Aufl. Wien 1880.
Rechtsgefühl	Jhering, Rudolf von: Über die Entstehung des Rechtsgefühles. Mit einer Vorbemerkung und einem anschließenden Interpretations- u. Einordnungsversuch („Das ‚Rechtsgefühl' in der historisch-kritischen Rechtstheorie des späten Jhering") von Okko Behrends. Napoli 1986.

Literatur

Zweck I, II	Jhering, Rudolf von: Der Zweck im Recht. 2. Auflage Leipzig, 1. Band 1884; 2. Band 1886.

II. Sekundärliteratur

Behrends: Durchbruch zum Zweck	Behrends, Okko: Rudolf von Jhering (1818–1892). Der Durchbruch zum Zweck des Rechts, in: Fritz Loos (Hrsg.), Rechtswissenschaft in Göttingen. Göttinger Juristen aus 250 Jahren. Göttingen 1987. S. 229–269.
Jhering. Beiträge u. Zeugnisse	Rudolf von Jhering. Beiträge und Zeugnisse. Aus Anlaß der einhundertsten Wiederkehr seines Todestages am 17. 9. 1992. Hrsg. von Okko Behrends. Göttingen 1992. 2., erweiterte Auflage mit Zeugnissen aus Italien 1993.
Jherings Erbe	Jherings Erbe. Göttinger Symposion zur 150. Wiederkehr des Geburtstages von Rudolf von Jhering. Hrsg. von Franz Wieacker u. Christian Wollschläger. Göttingen 1970. (Abhandlungen der Akademie der Wissenschaften in Göttingen. Phil.-hist. Kl. Nr. 75)
Fikentscher: Methoden	Fikentscher, Wolfgang: Methoden des Rechts in vergleichender Darstellung. Bd. 1–5. Tübingen 1975–77.
Larenz: Methodenlehre	Larenz, Karl: Methodenlehre der Rechtswissenschaft. 6. Aufl. Berlin 1991. (Enzyklopädie der Rechts- u. Staatswiss. Abt. Rechtswiss.)
Wieacker: Privatrechtsgeschichte	Wieacker, Franz: Privatrechtsgeschichte der Neuzeit unter besonderer Berücksichtigung der deutschen Entwicklung. 2. neubearb. Aufl. Göttingen 1967.

Einführung

Okko Behrends

1. Anlaß der Publikation

Der vorliegende Band vereinigt, einer Initiative des Verlages und des Herausgebers der Reihe „Evolution und Wissenschaft" folgend, eine Reihe von Arbeiten zur Bedeutung des Jheringschen Rechtsdenkens für das heutige deutsche Privatrecht und seine Methode, in denen sämtlich der Evolutionsgedanke, der die Jheringsche Rechtstheorie der Reifezeit beherrscht, in besonderer Weise berücksichtigt ist. Die Beiträge entstammen mit Ausnahme des ersten Beitrages, der bisher an einem Ort erschienen ist, an dem er auch dem an Grundfragen des Rechts interessierten Juristen eher unzugänglich ist[1], dem internationalen Jhering-Symposion, das die Göttinger Akademie der Wissenschaften aus Anlaß der 100sten Wiederkehr des Todestages Rudolf v. Jherings (22. 8. 1818–17. 9. 1892) in der Zeit vom 17. 9.–19. 9. 1992 veranstaltet hat und dessen Ergebnisse demnächst unter dem Titel „Jherings Rechtsdenken" in den Abhandlungen der Akademie erscheinen werden. Aus den Beiträgen zum Symposion sind für diese Veröffentlichung diejenigen ausgewählt worden, die zwischen dem heutigen Privatrecht und seinen in der geschichtlichen Erfahrung erkennbaren theoretischen und dogmatischen Voraussetzungen einerseits und Jherings evolutionärem Rechtsdenken andererseits einen unmittelbaren Bezug herstellen.

---

[1] *Okko Behrends*, „Rudolf von Jhering und die Evolutionstheorie des Rechts", zuerst veröffentlicht in: Günther Patzig (Hrsg.), Der Evolutionsgedanke in den Wissenschaften, Nachrichten der Akademie der Wissenschaften in Göttingen. Philologisch-historische Klasse Heft Nr. 7, Göttingen 1991, S. 290–310.

Okko Behrends

2. Evolutionstheorie und Privatrecht

Wenn die Publikation auf diese Weise den Evolutionsgedanken mit Theorie und Methode des Privatrechts verbindet, so mag das auf den ersten Blick überraschen, ist aber in der Sache begründet. Denn wenn es einen Grund gibt für die gegenwärtige „Jhering-Renaissance" (Dreier), dann liegt er in der Erkenntnis, die sich mit Helmut Schelskys Aufsatz „Das Jhering-Modell des sozialen Wandels durch Recht" durchzusetzen begann, daß nämlich der Jhering der historisch-kritischen Phase, das heißt der Jhering nach dem methodischen „Umschwung" von 1859, eine Entwicklungstheorie des Rechts vorgelegt hat, die mit ihrer Verbindung von Pragmatismus und rechtsethischer Fundierung wie keine zweite auf die Bedingungen der heutigen Zeit zugeschnitten ist[2]. Diese Rechtstheorie geht nicht, wie seit der Reichsgründung von 1871 die deutsche Rechtstheorie durchweg, von einem national (oder gar völkisch) geschlossenen Gesetzgebungsstaat aus und von dem damit gegebenen formalen Gesetzes- oder ausschließlich am Staatsinteresse ausgerichteten Willenspositivismus, sondern in der Tradition der Historischen Rechtsschule Savignys von der Positivität der Rechtsverhältnisse und besonders der Privatrechtsverhältnisse der gelebten und vom Rechtsstaat und seiner gesetzlichen Ordnung gewährleisteten Rechtsordnung[3].

Positiv im Sinne dieses Rechtsdenkens sind: die gedanklichen Rechtsformen der persönlichen Freiheit, die familienrechtlichen Rechtsverhältnisse, das Eigentums- oder Forderungsrecht und was es sonst an Rechtslagen des privaten und öffentlichen Rechts gibt, die als Ordnungen das gesellschaftliche Leben des Einzelnen in sei-

---

2 Vgl. *Helmut Schelsky*, Das Jhering-Modell des sozialen Wandels durch Recht, Jahrbuch für Rechtssoziologie und Rechtstheorie 3 (1972) S. 47–86; daran anknüpfend *Okko Behrends*, Rudolf von Jhering (1818–1892). Der Durchbruch zum Zweck des Rechts, in: Fritz Loos (Hrsg.), Rechtswissenschaft in Göttingen (1987) S. 229–269.

3 Vgl. *Savigny*, System I S. 14. Zur Fortwirkung dieser Denkweise in dem „Positivismus" Jherings vgl. meinen Beitrag „War Jhering ein Rechtspositivist?", in diesem Band S. 131 ff., 143 ff.

Einführung

nen persönlichen und vermögensrechtlichen Beziehungen gestalten. Diese Rechtstheorie des reifen Jhering ruht damit auf einer menschenrechtlich-gesellschaftstheoretischen Grundlage. Sie ist nicht etatistisch, also nicht allein vom Staat her gedacht. Vielmehr steht bei Jhering, wie es dem modernen Grundrechtsdenken entspricht, der Staat im Dienste des Rechts, und nicht umgekehrt, wie es der Etatismus seit 1871 immer radikaler forderte, das Recht im Dienste des Staates. Die Nähe zum heutigen Grundrechtsdenken ist auffällig. In seiner Wiener Antrittsvorlesung vom 16. 10. 1868 spricht Jhering, so als hätte er den Art. 2 des deutschen Grundgesetzes vor Augen, von der „Persönlichkeit, deren kräftige Entfaltung an allen Ecken und Enden das Ziel aller Staatskunst bilden sollte"[4]. Das entwicklungsgeschichtliche Modell, wie Jhering es begründet hat, ist für das Privatrecht wie für das Recht überhaupt sowohl im großen wie im kleinen Maßstab gültig. Im großen geschichtlichen Zusammenhang liefert Jherings Evolutionstheorie, die das Recht als Teil der allgemeinen Kulturevolution deutet, eine normativ-empirische Begründung der Geltung erreichter richtiger Rechtswerte und richtiger Rechtseinrichtungen, die auch heutigen kritischen Einwänden standhält. Während naturrechtliche und religiöse Rechtsbegründungen dem notwendigen Säkularismus des modernen pluralistischen Staates widersprechen und mit Notwendigkeit an den erkenntniskritischen Einwänden des modernen Kritizismus scheitern, ist die kulturevolutionäre Rechtsbegründung der modernen offenen Gesellschaft angemessen und vernünftig begründbar. Aufbauend auf dem durch die Geschichte und damit empirisch vielfach beglaubigten Satz, daß der Mensch als Spezies fähig ist, Rechtseinrichtungen und Werte so zu organisieren und zu objektivieren, daß sie auf seine Haltung, Gesinnung und Lebensweise zurückwirken, gewinnt sie Normativität durch den zweiten Satz, daß der Mensch als Kulturwesen durch Erfahrung lernen kann und trotz aller Einbrüche in der Kulturentwicklung fortschreitend den Rechtsformen den Vorzug gibt, die ihm in einer rechtlich geordneten so-

---

4 Jhering-Nachlaß, Niedersächsische Staats- und Universitätsbibliothek Göttingen, Kasten 10,4. Eine Veröffentlichung des Vortrags ist geplant.

zialen Welt die größte Freiheit und das Höchstmaß an gesellschaftlichen Entfaltungsmöglichkeiten gewähren. Eine solche kultur-anthropologische Normativität wird durch die immer wiederkehrenden Rückfälle in Barbarei und Unmündigkeit nicht widerlegt, sondern vermag sie als solche zu benennen. Die Jheringsche Evolutionstheorie hat als ein Modell, das Wertungen erlaubt, einen Status, der zwischen historischer Empirie und geistiger Normativität vermittelt: Die Rechtsinstitute und Rechtsprinzipien, welche die Geschichte hervorgebracht hat, organisieren empirisches Leben und werden vom Bewußtsein der Menschen als verbindlich angenommen und fortentwickelt, weil und soweit sie das soziale Leben in fruchtbarer, gesellschaftliche Freiheit erzeugender Weise organisieren. Die auf die lange Dauer der Geschichte angewandte Evolutionstheorie beweist zugleich, daß entscheidend die in der sozialen Welt erlebbaren Grundwertungen und Wirkungen des Rechts sind, während die technische Ausgestaltung der Rechtsinstitute im einzelnen eine Fülle von gleichwertigen Gestaltungen zuläßt. Der Evolutionismus des kleinen Maßstabs betrifft die Gegenwart und die in ihr unmittelbar geltenden Rechtsinstitute und Rechtsprinzipien des Privatrechts. Hier geht es teils darum, die strukturierenden Rechtsinstitute und konkretisierten Rechtsprinzipien des positiven Rechts gegenüber den Aufgaben des Tages in der richtigen Weise zu entfalten und fortzuentwickeln, teils um Neubildung aufgrund neu auftretender Gerechtigkeitsforderungen. Mit dieser Art Rechtsentwicklung im kleinen hat es der Gesetzgeber und Richter alltäglich zu tun, und zwar im Guten und Bösen. Denn ihr Gebiet ist das Feld nicht nur gelungener, sondern auch mißlungener Experimente und daher auch Schauplatz vernünftiger wie unvernünftiger Entwicklungstendenzen. Der Gesichtspunkt der Evolution kann hier helfen, daß die Rechtsfortbildung Erfahrungen beherzigt, auf rechtskulturelle Kontinuität achtet und bei neuartigen Entwicklungen den Zusammenhang mit der Gesamtrechtsordnung wahrt.

Einführung

3. Die Beiträge im Überblick

Die Beiträge des vorliegenden Buches schreiten die gesamte Spannweite der Jheringschen Evolutionstheorie des Rechts ab.

Der Beitrag von *O. Behrends* „Rudolf von Jhering und die Evolutionstheorie des Rechts" beleuchtet in kritischer Auseinandersetzung mit älteren und neueren biologistischen Theorien den kultur- oder zivilisationsgeschichtlichen Gehalt der Lehren Jherings und arbeitet im Vergleich zu Savignys prinzipiengläubigem Historismus Jherings Wendung zur wertgeleiteten menschlichen Pragmatik heraus.

U. Diederichsen „Jherings Rechtsinstitute im deutschen Privatrecht der Gegenwart" zeigt an einer Fülle von Beispielen Jherings große Wirkung auf die heutige Zivilrechtsdogmatik, auf ihre Begriffe, ihre materialen Wertungsprinzipien und überhaupt auf die Grundstrukturen des Rechts und macht auf diese Weise sichtbar, daß Jhering die von ihm beobachtete Rechtsentwicklung durch das, was er tat und hinterließ, selbst in maßgebender Weise gefördert hat.

Karsten Schmidts Essay „Jherings Geist in der heutigen Rechtsfortbildung. Ein Streifzug durch den „Geist des römischen Rechts" aus heutiger Sicht" erarbeitet anhand eines reichen Anschauungsmaterials eine grundsätzliche Aussage. Die noch vielfach verbreitete gesetzespositivistische Ansicht, Rechtsfortbildung sei als Symptom der Unvollkommenheit der Gesetze nur ein „notwendiges Übel", entspricht nicht der Rechtswirklichkeit; vielmehr ist Rechtsfortbildung, gerade auch im Zeichen des werdenden Europas, ganz im Sinne Jherings als ein ständiger, dem Recht notwendiger Entwicklungsprozeß zu begreifen.

R. Dreiers Beitrag „Jhering als Rechtstheoretiker" rehabilitiert gegenüber dem Methodiker Jhering, dem immer hohe Anerkennung gezollt worden ist, den Rechtsdenker und stellt heraus, daß die Verknüpfung von Rechtstheorie und praktischer Dogmatik, wie der „kritische Positivist" Jhering sie gefordert habe, heute wieder als notwendiges Postulat gilt; das Referat schließt mit einer Frage, die in dem folgenden Beitrag von *O. Behrends* „War Jhering ein Rechtspositivist? – eine Antwort auf die Frage Ralf Dreiers" aufgenommen wird.

Okko Behrends

K. Luig zeigt in seinem Beitrag „Jhering und die Historische Rechtsschule" zunächst, daß Jhering der zum Quietismus neigenden Rechtslehre Savignys schon früh in kritischer Absicht eine Rechtstheorie der menschlichen Praxis entgegengestellt hat und stellt dann dar, daß Jherings Rechtslehre, mehrfach in unbewußter Anknüpfung an ältere Gesellschafts- und Naturrechtstheoretiker, auf eine material-sittliche, soziale Verantwortung und Freiheit verbindende rechtsethische Fundierung des Privatrechts zielt.

Rudolf von Jhering und die Evolutionstheorie des Rechts*

Okko Behrends

1. Kulturgeschichtliche Evolution und Biologismus
2. Die Entdeckung der menschlichen Pragmatik in der Evolution des Rechts
3. Von Cuvier zu Darwin, von Savigny zu Jhering
4. Die Steuerung des Rechts durch zweckmäßige Gerechtigkeitsprinzipien: das Beispiel des Fremdenrechts
5. Gruppengefühl und Rechtsgefühl
6. Soziobiologische und kulturgeschichtliche Grundlagen des Rechts
7. Rechtsentwicklung und menschliche Verantwortung

1. Kulturgeschichtliche Evolution und Biologismus

Daß der moderne, aus der Biologie stammende Evolutionsbegriff für das Recht zuerst von Rudolf von Jhering, dem letzten großen Vertreter der Historischen Rechtsschule, aufgegriffen worden ist, ist kein Zufall. Schon wenige Jahre nachdem der Erfolg des Darwinschen Hauptwerks den Entwicklungsgedanken ins Zentrum des wissenschaftlichen Interesses gerückt hatte, beginnt Jherings Auseinandersetzung mit ihm. Es lohnt sich, jedenfalls für den Juristen und Rechtshistoriker, noch immer, die Ergebnisse, zu denen Jhering dabei gekommen ist, näher zu betrachten und sich mit ihnen zu beschäftigen. Jhering fand in der Evolutionsbiologie Darwins, da er in ihr – in vollem Bewußtsein des Unterschieds zwischen biologischer und kultureller Evolution – ein analoges Phänomen zu der von ihm beobachteten Entwicklung des Rechts erblickte, in erster

---

* Zuerst veröffentlicht in: *Günther Patzig* (Hrsg.), Der Evolutionsgedanke in den Wissenschaften, Kolloquium der Akademie der Wissenschaften zu Göttingen am 9. Februar 1990, Nachrichten der Akademie der Wissenschaften in Göttingen. Philologisch-historische Klasse Heft Nr. 7, Göttingen 1991, S. 290–310.

Linie eine Bestätigung eigener Resultate;[1] zugleich griff er aber auch, um die grundsätzliche, die Rechtsentwicklung erst ermöglichende Befähigung des Menschen zum Recht zu begründen, auch unmittelbar auf die biologische Selektionstheorie zurück.[2] Jhering hat auf diese Weise nicht nur wesentliche Gesichtspunkte der heute vertretenen kulturanthropologischen Evolutionstheorien des Rechts[3] vorweggenommen. Vor allem vermag sein im Hinblick auf methodische Grundfragen des Rechts immer noch aktuelles und viel zitiertes Werk in der heutigen sehr interessant gewordenen Auseinandersetzung zwischen Soziobiologie und Ethnologie, in der es um die für Rechtsgeschichte und Rechtspolitik gleich wichtige Frage geht, wo bei menschlichem Sozialverhalten die Grenze

---

1 Im Vorwort zur 1. Auflage des „Zwecks im Recht" von 1877 stellt *Jhering* p. IX fest, daß die Resultate, zu denen er in bezug auf die historische Entwicklung des Rechts gelangt sei, für ihren von der biologischen Evolution klar geschiedenen Gegenstand die Richtigkeit der Darwinschen Theorie „in vollstem Maße" bestätigen. *Darwins* Werk „On the Origin of Species by Means of Natural Selection" erschien 1859. Zu bemerken ist, daß Jhering zwar die gesamte sich entwickelnde Zweckmäßigkeit in der Tradition der Historischen Schule mit einem göttlich gewollten Endzweck in Beziehung setzt, aber innerhalb der Entwicklung selbst nur kausal beschreibbare oder auf Gesetzmäßigkeiten zurückführbare Vorgänge anerkennt.

2 Der zentrale Darwinismus bei Jhering ist, daß Jhering die Rechtskompetenz des Menschen (d. h. seine intellektuelle und emotive Fähigkeit, sich für sein Leben in gesellschaftlichen Gruppen auf Formen und Werte zu einigen und die mit ihnen gemachten Erfahrungen zu verwerten), wenn auch in untechnischen Umschreibungen, auf natürliche Selektion zurückführt. Vgl. *Jhering*, Die Entstehung des Rechtsgefühles, S. 39, und dazu meine Erläuterungen ebenda, S. 123 ff., 145. Im übrigen ist die Jheringsche Evolution des Rechts ein Sonderfall der Evolution kultureller Artefakte, die als solche durch Erfahrung steuerbar ist und deren Ergebnisse jeweils auf den Menschen zurückwirken.

3 *Herbert Zemen*, Evolution des Rechts. Eine Vorstudie zu den Evolutionsprinzipien des Rechts auf anthropologischer Grundlage (1983); *Ernst-Joachim Lampe*, Genetische Rechtstheorie. Recht, Evolution und Geschichte (1987); *Helmut Helsper*, Die Vorschriften der Evolution für das Recht (1989); siehe auch *Uwe Wesel*, Bemerkungen zu einer evolutionistischen Theorie des Rechts, Gedächtnisschrift W. Kunkel (1984), S. 532–562. Siehe auch noch unten, Fn. 33–37, 40, 51 und 52.

Jhering und die Evolutionstheorie des Rechts

zwischen primär biologischer und primär kultureller Bestimmtheit verläuft, das ganze, in jener Debatte doch etwas vernachlässigte Gewicht der Rechtsgeschichte der klassischen und der modernen Völker einzubringen. Denn gegenüber der Tendenz der Soziobiologie, für den Menschen mit den Mitteln vergleichender und interpretierender Verhaltensbeobachtung die Zahl genetisch festliegender Verhaltensdispositionen zu vermehren, ist darauf hinzuweisen, daß in der Rechtstradition von der Antike über die Historische Schule bis heute sich im Hinblick auf die für das Recht erheblichen Verhaltensdispositionen viel Erfahrung niedergeschlagen hat und daher die Beweisanforderungen nicht zu niedrig angesetzt werden dürfen, wenn die moderne Soziobiologie ihren Beobachtungsfeldern Naturgesetze des menschlichen Verhaltens abgewinnt, deren Existenz nüchterner Beobachtung bisher entgangen ist.[4] Dies gilt etwa für das Inzestverbot, das von Bachofen bis zur modernen Ethnologie als ein typisches Produkt einer an Zwecken ausgerichteten Kulturevolution angesehen wird und nun von der auf die Anthropologie ausgreifenden Soziobiologie als ein grundsätzlich genetisch festliegendes Verhalten beansprucht wird[5] und in noch frappierenderer Weise für die Idee, daß die Fähigkeit des Menschen zu altruistischem Verhalten, seine bis zum Selbstopfer reichende Fähigkeit, sich für

---

4 Vgl. *Edward O. Wilson*, Sociobiology. The new Synthesis (1975), in dem dem Menschen gewidmeten Schlußkapitel S. 547–575; vgl. auch das Vorwort von *Wilson* in Arthur L. Caplan, The sociobiology debate (1978); danach (p. XII) wäre genetisch begründet: „incest inhibition, bond formation, parent-offspring conflict, sex-based infanticide, primitive warfare, territoriality and sexual practice".

5 Vgl. *C. Lévi-Strauss*, Les structures élémentaires de la parenté (1967), S. 5–29; vgl. dazu *Norbert Rouland*, Anthropologie juridique (1988), S. 237 ff.; zur soziobiologischen Position dagegen oben, Fn. 4, und *R. Fox*, Anthropologie de la parenté (1972) S. 66–68. Angesichts der starken Rückbildung der (etwa in Rom ursprünglich bis zum 6. Grad der Verwandtschaft geltenden) Heiratsverbote und der Tatsache, daß sehr früh Nichtverwandte in den Inzestverband einbezogen worden sind (Adoptierte, Verschwägerte), ist, wie immer man zur Möglichkeit einer biologisch-genetischen Verankerung des Inzestverbots steht, jedenfalls deutlich, daß die Ausgestaltung der Inzestregeln weitgehend von der kulturellen Entwicklung abhängig ist.

die Interessen der Mitglieder der wie immer definierten „eigenen Gruppe" einzusetzen, genetisch auf die Abstammungsgemeinschaft programmiert ist, von deren Angehörigen kraft Verwandtschaft die bestmögliche Weitergabe der Gene der altruistischen Person zu erwarten ist. Gegenüber diesem durch Dawkins Bestseller „The selfish gene" berühmt gewordenen Gedanken Hamiltons[6] hat für die Ethnologie Marshall Sahlins darauf hingewiesen, daß die postulierte genetische kinship oder relatedness den vorfindbaren Verwandtschaftssystemen nicht in dem zu erwartenden Maße entspricht, vielmehr die Verwandtschaftssysteme immer wieder spezifisch kulturell bedingte Formgebungen und Öffnungen aufweisen, z.B. durch Adoptionen, welche die postulierte Strategie des selfish gene durchkreuzen.[7] Abgewehrt ist damit nicht eine genetisch erklärbare

---

6 Vgl. nur *W. D. Hamilton*, The genetical theory of social behaviour, Journal of Theor. Biology 7 (1964), S. 1–5; *Richard Dawkins*, The Selfish Gene (1976) [Das egoistische Gen (1978)], und als instruktiv pointierende Zusammenfassung *Christian Vogel*, Evolutionsbiologie und die „doppelte Moral", Jahrbuch der Akademie der Wissenschaften in Göttingen (1988), S. 41 ff., dem ich bei dieser Gelegenheit auch für zahlreiche Literaturhinweise danken möchte.

7 Vgl. insbesondere *Marshall Sahlins*, The Use and Abuse of Biology. An Anthropological Critique of Sociobiology (1976), S. 57: „no system of human kinship relation is organized in accord with the genetic coefficients of relationship as known to sociobiologists". Vgl. aus den Reaktionen auf diese Kritik etwa *Wilson* in der Vorrede zur „Sociobiology Debate" (oben, Fn. 4), p. XIII: „M. Sahlins found kin selection theory wanting in the explanation of kinship systems and promptly rejected all of human sociobiology. This kind of overreaction is both complimentary and discouraging", und *Mark Finn*, Uterine vs. Agnatic Kinship Variability and Associated Cousin Marriage Preferences: An Evolutionary Biological Analysis, in: R. D. Alexander – D. W. Tinkel (Hrsg.), Natural Selection and Social Behaviour (1991), S. 439–475 (440): „Variability of human kinship behaviour and its apparent inconsistencies with genetic relatedness stand as a major challenge to the recent developments in evolutionary biology such as kin selection and culture", American Ethnologist 10 (1983), S. 345–363. Bis zur Aufgabe des Prinzips geht die Konzession R. D. Alexanders, daß dasjenige, was genetische Verwandtschaft ist, sozial gelernt werde. Vgl. dazu unten, S. 33 f. mit Fn. 47. Zu den sehr grundsätzlichen kulturtheoretischen Einwänden Sahlins' gegen die So-

Jhering und die Evolutionstheorie des Rechts

Gruppenorientiertheit des Menschen, wohl aber eine genetisch festgelegte Definition der Gruppe. Der Unterschied ist entscheidend. In Jherings durch darwinistische Selektion erklärter Rechtskompetenz spielt die Fähigkeit des Menschen, sich gegenüber der Gruppe, in welcher der Einzelne sich potentiell positiv korrelierend eingebettet empfindet, förderlich zu verhalten, eine zentrale Rolle; nur ist das, was in diesem Sinne als Gruppe erlebt werden kann, kulturell bestimmt und keinen biologisch-genetischen Beschränkungen unterworfen. Der latente Animismus der Theorie des „selbstsüchtigen" Gens postuliert dagegen nicht nur einen unverfügbaren Grundtrieb, die genetische kinship zu fördern, sondern zeitigt am Ende auch auf kultureller Ebene wiederum einen Animismus, da Dawkins die erfolgreichen Kulturgedanken, die Meme (so sein Kunstwort), wiederum als Träger einer objektiven, auf Selbstreproduktion angelegten Strategie interpretiert.[8]

---

ziobiologie, in denen sich Sahlins in interessanter Weise mit Jherings Grundauffassungen trifft, ebenfalls näher unten, S. 27 mit Fn. 35.

8 Vgl. dagegen sehr grundsätzlich *R. C. Lewontin*, Caricature of Darwinism, Nature 266 (1977), S. 283 f. „Allowing that the details of human culture are probably not coded in our genes (we are not such robots, after all, it seems), Dawkins suggests that ideas themselves are units of reproduction and natural selection. ... both Dawkins' suggestion that ideas are replicating selected units and the sociologists' notion that the details of human social activity are coded in our genes and selected for maximum reproductive potential, arise from the same fallacious view of human society, which, in turn, is a reflection of their confusion between materialism and reductionism. Although it is true that human beings are material objects whose brains are the result of a developmental process under the influence of genes, it is not true that their minds can be understood when we understand their genes. In like manner, although human society is the product of the sensuous activity of material individuals, human society is not simply the collection of all individuals." Vgl. auch noch u. Fn. 35. Lewontin hatte zuvor p. 283 einleitend festgestellt, daß das Buch die Extremform einer Popularisierung einer „new caricature of Darwinism" sei, welche, vertreten vor allem in der amerikanischen Soziobiologie, ausgehend von dem richtigen Grundsatz, daß Verhalten (ebenso wie morphologische und physiologische Befunde) dem Prinzip der natürlichen Auslese unterliege, in den alten Irrtum verfallen sei, daß darum nun alles beschreibbare Verhalten unmittelbares Resultat natürlicher Auslese sein müsse. *H. Autrum* konzedierte Daw-

Okko Behrends

Schließlich ist es auch gegenüber jüngsten Bemühungen um eine evolutionäre Rechtstheorie, in denen Jhering zitiert wird, bedeutsam, das spezifisch Kulturanthropologische an dem, was in Jherings evolutionärem Rechtsdenken so erfolgreich geworden ist, stärker herauszustellen, um vor vorschnellen Reduktionismen zu warnen. So führt ein aus der Naturwissenschaft übernommenes Paradigma allzu leicht dazu, dem Juristen eine Brille aufzusetzen, durch die er nur sehr bedingt hindurchsehen kann und durch die er, soweit er es dann doch tut, seine eigenen Fragestellungen und Aufgaben in unzulässig vereinfachter Weise in den Blick nimmt.[9] Und es kann

---

kins in seiner Besprechung, Die Naturwissenschaften 66 (1979), S. 168, „das Buch aus Enthusiasmus für einen ‚orthodoxen', popularisierenden und wissenschaftlich zum Glück seit einigen Jahrzehnten überwundenen primitiven Darwinismus" geschrieben zu haben. *John Alcock* übertrug in Animal Behaviour 26 (1978), S. 317 in unterhaltsamer Weise die Teleologien Dawkins auf analoge Fälle. Sehe man das Individuum (mitsamt der genetischen Verwandtschaft) als Überlebensmaschine des egoistischen Gens (genauer eigentlich des für eine bestimmte Eigenschaft zuständigen Genmaterials) an, dann könne man auch den Vogel als das Mittel des Nestes betrachten, immer wieder neue Nester hervorzubringen. Und setze man das Gen und nicht seinen Phänotyp in das Zentrum des Evolutionsgeschehens, dann könne man auch sagen, daß der Markt nicht Fahrzeugmodelle, sondern „eigentlich" die Werkzeugmaschinen wähle, welche Form und Eigenschaften des Fahrzeugmodells hervorbrächten.

9 Dies insbesondere zu *E. J. Lampes* Versuch (oben, Fn. 3), S. 67 ff., das Evolutionsprinzip des Eigenschen „Hyperzyklus", also des Verhältnisses zwischen den die genetische Information tragenden Nukleinsäuremolekülen und den in Zellbindung bewirkenden Arbeitsmolekülen der Aminosäure (vgl. *Manfred Eigen*, Selforganization of Matter and the Evolution of Biological Macromolecules, Die Naturwissenschaften [1971], S. 465–523), auf die Entwicklung des Rechts zu übertragen. Es ist zu bemerken, daß schon die Übertragung des Eigenschen Grundgedankens auf die allgemeine Evolution die Idee eines „Ultrazyklus" erzeugt hat, um die (für das Recht völlig unverzichtbare) Beziehung zur Außenwelt herzustellen. Vgl. *Ballmer/E. v. Weizsäcker* (Hrsg.), Offene Systeme I. Beiträge zur Zeitstruktur von Information, Entropie und Evolution (1974) S. 256. *Rupert Riedl*, Die Strategie der Genesis. Naturgeschichte der realen Welt (1976), 5. Aufl. (1986), der diesen Gedanken aufgreift (S. 321), berichtet denn auch (S. 341, Fn. 63), daß M. Eigen das Hyperzyklen-Modell gar nicht „für das Werden von Orthogenese und Zielbil-

Jhering und die Evolutionstheorie des Rechts

noch ärger kommen. Der Gedanke, das Immunsystem der Wirbeltiere zum kriminalpolitischen Paradigma im Kampf gegen Asoziale und Parasiten zu erheben, verletzt mit seiner Zurückführung von Recht auf Biologie den Unterschied zwischen empirisch gegebenem Naturgesetz und den jeweils verantwortlich zu formulierenden Rechtsgesetzen ganz unmittelbar.[10]

2. Die Entdeckung der menschlichen Pragmatik in der Evolution des Rechts

Die besondere Aufgabe, die sich der Historischen Rechtsschule stellte, mußte grundsätzlicheres Nachdenken notwendig auf Fragen der rechtlichen Evolution führen: Ein rechtliches Regelsystem war zu legitimieren und anwendbar zu machen, dessen Ausbildung vielfach mehr als 2000 Jahre zurücklag und für Deutschland wie Europa der zuletzt von Rom geprägten antik-mediterranen Vorkultur entstammte. Zugleich war, was sich hier der Reflexion anbot, keine einfache lineare Entwicklung, sondern vielmehr ein auf eigentümliche Weise gebrochenes Phänomen: Die in der römisch-griechischen Vorkultur entwickelten rechtlichen Regeln und Leitprinzipien waren durch den Kultureinbruch in der Zeit der Spätantike und des frühen Mittelalters praktisch zu toten Buchstaben geworden und hatten mehrere Jahrhunderte als bloße ungenutzte Information dagelegen. Erst durch einen langsamen Prozeß der Wiederaneignung waren die Rechtsgedanken wieder zur sozialen Bedeutung gebracht

---

dung in der Evolution" beansprucht hat. Im übrigen wird Jhering von *Lampe*, S. 72, so interpretiert (Integration der Einzelwillen in den Gesamtwillen), als wäre er ein Neuhegelianer. Individualismus und Formalismus der Kulturtheorie Jherings werden damit verfehlt.

10 *Konrad Lorenz*, Die acht Todsünden der Menschheit, S. 50 f., S. 54: „Was immer aber uns eine zukünftige Forschung über die phylogenetischen und kulturgeschichtlichen Quellen menschlichen Rechtsgefühles mitteilen wird, als wissenschaftlich feststehend können wir betrachten, daß die Art Homo Sapiens über ein hochdifferenziertes System von Verhaltensweisen verfügt, das in durchaus analoger Weise wie das System der Antikörperbildung im Zellenstaat der Ausmerzung gemeinschaftsgefährdender Parasiten dient."

worden, und zwar nicht etwa durch Gesetzgebung, sondern durch die Rechtswissenschaft, genauer durch das von den europäischen Universitäten den an ihnen ausgebildeten Fachjuristen mitgegebene Wissen. Da die antike Vorkultur bereits bürgerlich-städtische Rechtsstrukturen entwickelt hatte, hat dieser Prozeß auf all seinen komplizierten Stufen maßgebend dazu beigetragen, die modernen, vom Prinzip der Bürgerfreiheit und der staatlichen Verantwortung für den Rechtsfrieden bestimmten Rechtsordnungen zu formulieren.

Wenn das eine Entwicklung war, dann war es eine kulturübergreifende und eine unterbrochene Entwicklung. Und auf diese Weise wurde sie auch reflektiert. Wie Peter Stein jüngst gezeigt hat, ist so die Legal Evolution ein Schlüsselbegriff für das Verständnis der von Savigny bis Jhering reichenden Historischen Rechtsschule.[11]

Die Historische Schule sah diesen Vorgang auch nicht als einen mediterran-europäischen Sonderfall an, sondern empfand ihn als ein für die gesamte Menschheit repräsentatives Ereignis. Ein hochbegabter, aber auch etwas skurriler, überfrommer Außenseiter aus der älteren romantischen, noch stark von der Theologie geprägten Phase der Historischen Schule kam sogar auf den Gedanken, aus dem Recht der römischen Vorkultur in seiner auf die denkbar älteste Vorstufe zurückprojizierten Gestalt Rückschlüsse auf einen noch vollkommeneren Zustand zu ziehen, den die rechtlich geordnete Welt vor dem Sündenfall gehabt haben müsse: Er erschloß, was die Biologen interessieren wird, sogar ein intelligentes, präslapsarisches Tier, das dem Menschen vor dem Sündenfall die körperliche Arbeit, die beim Pflügen mit Zugtieren auf den Menschen entfällt, abgenommen habe.[12]

Für Jhering, den Hauptrepräsentanten der realistisch, kulturanthropologisch-rechtssoziologisch denkenden Schlußphase der Historischen Schule, der als solcher, wie gesagt, von dem, was heute diskutiert wird, vieles vorwegnehmen konnte, kam etwas Besonderes hinzu, was ihn an Darwins Ergebnissen fesseln mußte.

---

11 *Peter Stein*, Legal Evolution, The story of an idea (1980); *ders.*, Die Idee der Evolution im Recht, Göttingen 1981.
12 Dies ist nachzulesen bei *Ph. E. Huschke*, Die Verfassung des Servius Tullius (1838), S. 252 ff., 716.

Jhering und die Evolutionstheorie des Rechts

Jhering hatte schon vor der Begegnung mit Darwins Gedanken für sich selbst die Notwendigkeit entdeckt, mit einer grundlegenden Überzeugung, die er gelernt hatte, zu brechen. Er begann zu zweifeln, daß es so etwas geben könne wie zeitlos wahre, ein für allemal festliegende, allenfalls zeitweise verdrängbare, aber doch stets verbindliche und im Grunde nichts als strenge Konsequenz fordernde Rechtsprinzipien. Seit seiner Krise, die er in Gießen erlitt und in Göttingen zu fruchtbarer Arbeit führte, wurde ihm immer klarer, daß der verehrte Stifter der Historischen Rechtsschule Friedrich Carl von Savigny die Geschichtlichkeit des Rechts doch noch entschieden unterschätzt habe. Jhering erkannte,[13] daß, anders als Savigny es geglaubt hatte, selbst die grundsätzlichsten Prinzipien des Rechts der Geschichte nicht vorgegeben, sondern Produkte geschichtlicher Entwicklungen seien. Er sah immer deutlicher, daß das Recht insgesamt ein Produkt menschlicher Pragmatik ist, die zweckgeleitet Regeln schafft und dadurch einen eigentümlichen evolutiven Prozeß einleitet: Das Leben in einem geregelten Rechtszustand – so Jherings Grundidee – vermittelte dem Menschen durch die Auseinandersetzung mit eben diesem Rechtszustand neue Erfahrungen und Wertvorstellungen. Diese Erfahrungen erzeugen immer wieder an den verschiedensten Punkten ein Ungenügen an den einzelnen Regeln des positiv gegebenen Rechtszustands und lösen Reformen aus; da jeder verbesserte Rechtszustand wiederum ihn transzendierende Werterfahrungen erzeugt, ist dieser Prozeß der Neuformulierung und Selbsterzeugung von Kritik grundsätzlich ohne Ende. Stetigkeit und Normativität gewinnt das Evolutionsmodell Jherings dadurch, daß unter den pragmatisch erarbeiteten Regeln und Prinzipien einige einen sehr hohen Grad an erprobter Zweckmäßigkeit haben, so daß sie am Ende zum festen Besitz der menschlichen Rechtskultur gehören.

---

13 Vgl. zum folgenden meinen Beitrag „Rudolf von Jhering 1818–1892. Der Durchbruch zum Zweck des Rechts, in: Rechtswissenschaft in Göttingen. Göttinger Juristen aus 250 Jahren, hrsg. v. F. Loos (1987), S. 229–269, sowie meine Abhandlung „Das ‚Rechtsgefühl' in der historisch-kritischen Rechtstheorie des späten Jhering" in der Neuherausgabe von R. v. Jhering, Über die Entstehung des Rechtsgefühles, Napoli 1986.

Kritik ist diesem Evolutionsmodell inhärent, sie bleibt aber stets immanent und intrasystematisch. Sie geht von der Notwendigkeit und dem Vorhandensein regelhaften Rechts aus und kritisiert das Recht pragmatisch, d. h. an den im sozialen Leben auftretenden Problemen.

3. Von Cuvier zu Darwin, von Savigny zu Jhering

Jherings unverblaßter Weltruhm – insbesondere in den USA hat Jhering einen festen Platz in dem Pantheon der juristischen Halbgötter – gründet sich vor allem darauf, daß sein Rechtsmodell, ohne den Rechtsbegriff und die Gültigkeit einer Rechtsidee zu opfern, aktive, konkrete Zwecke aufgreifende Rechtspolitik erlaubt, wie sie unter modernen Lebensbedingungen notwendig ist.

Der kulturanthropologische Rang seiner Theorie ist dagegen erst durch einen Aufsatz Helmut Schelskys, betitelt „Das Jhering-Modell des sozialen Wandels durch Recht",[14] ins Bewußtsein gerückt worden, wenn man von dem allzu wenig beachteten Beitrag des amerikanischen Philosophen Iredell Jenkins absieht.[15]

Jhering sah sich gegenüber Savigny in einer Lage, die für ihn eine wirkliche Analogie zu dem Verhältnis hatte, das zwischen Darwin und den nichtevolutionistischen Biologen bestand. Noch Cuvier lehrte bekanntlich die Unwandelbarkeit der species, mochten auch nach periodischen Katastrophen untergegangene species wiedererstehen oder neue species geschaffen werden können; Entwicklung könne – so Cuvier – die innere organische Balance der einzelnen species nur stören.[16] Ganz ähnlich lehrte auch Savigny eine be-

---

14 *Helmut Schelsky,* Das Jhering-Modell des sozialen Wandels durch Recht. Ein wissenschaftsgeschichtlicher Beitrag. Jahrbuch für Rechtssoziologie und Rechtstheorie 3 (1972), S. 47–86.

15 *Iredell Jenkins,* Rudolf von Jhering, Vanderbilt Law Review 14 (1960), S. 169–190.

16 Vgl. *Wolfgang F. Gutmann / Klaus Bonik,* Kritische Evolutionstheorie. Ein Beitrag zur Überwindung altdarwinistischer Dogmen (1981), S. 173 f.; *Cuvier,* Le règne animal distribué d'après son organisation I (1817), S. 19: „On est donc obligé d'admettre certaines formes, qui se sont perpetuées depuis l'origine des choses, sans exceder ces limites; et

Jhering und die Evolutionstheorie des Rechts

stimmte, mit der Schöpfung des menschlichen Geschlechtes gegebene, zur Organisation des Rechts notwendige und ausreichende Zahl von Rechtsprinzipien, die zwar vorübergehend durch Katastrophen und in Phasen des Niedergangs außer Kraft treten könnten, aber immer wieder als solche in ihrer inneren organischen Ausgewogenheit zu aktualisieren seien. Diese Rechtsprinzipien entfalten sich nach Savigny zwar in der Geschichte in unterschiedlicher Reinheit und in unterschiedlichen Verhältnissen, vermehren sich aber nicht.[17]

Eben dagegen wandte sich Jhering. Genauso wie Darwin auf seine Weise klargestellt hat, daß die Evolution innovativ oder kreativ ist und bis hin zum Menschen durch Anpassungsprozesse immer neue species hervorgebracht hat, so zeigte nun Jhering, daß auch die Rechtsprinzipien Erzeugnisse einer zweckmäßigen, vom Menschen gestalteten, aber sich zugleich objektivierenden Entwicklung seien, in denen die Erfahrung mit Recht Wert- und Zweckmäßigkeitsüberzeugungen hervorbringt, die immer wieder erneut den Weiterbau steuern.

Die von Jhering in dieser Weise empfundene Analogie hinkt natürlich ein wenig, da die Rechtsprinzipien sich anders als die species der Biologie nicht in anschaubaren Gestaltungen oder empirisch erscheinenden Phänotypen (lat. species bezeichnet nicht nur die Art, sondern auch die einzelne anschauliche Gestalt) ausprägen und natürlich auch nicht leben, sondern sich vielmehr stets auf dem Niveau von Prinzipien, von genera halten, von geistigen Regelungsideen, auch wenn sich, wie bisweilen ja denn doch der Fall, das tatsächliche Leben in sehr starkem Maße nach ihnen richtet. Daher ist die Differenz zwischen Savigny und Jhering auch feinerer Art als die zwischen einem Kreationisten und einem Evolutionisten in der Biologie.

---

tous les êtres appartenants à l'une de ces formes, constituent ce que l'on appelle une espèce."

17 Vgl. *Okko Behrends*, Geschichte, Politik und Jurisprudenz in F. C. v. Savignys System des heutigen römischen Rechts, in: Behrends, Dießelhorst, Voß (Hrsg.), Römisches Recht in der europäischen Tradition. Symposion aus Anlaß des 75. Geburtstags von Franz Wieacker (1985), S. 257–321.

Dennoch hatte die Analogie, wenn man die gemeinsame Frontstellung der Darwinschen und Jheringschen Gedanken gegen eine von Anfang an festliegende, allenfalls kreative Neueingriffe zulassende Schöpfungsordnung bedenkt, in Jherings Tagen noch durchaus Sinn. Die Erkenntnis, daß selbst so elementare Prinzipien wie das Gebot, fremdes Leben und fremden Besitz nicht anzutasten, ursprünglich nicht universell galten, sondern als Binnenprinzipien von Stammessozietäten begannen und erst recht spät menschenrechtlichen Rang erlangten, war eine Einsicht, die zu Jherings Zeiten, da es Gegner gab, noch der näheren Begründung bedurfte.

Man muß dazu bedenken, daß Savigny noch ganz der romantischen Tradition anhing, welche die Naturvölker als abgesunkene, degenerierte Teile der menschlichen Spezies ansah und in den antiken Kulturvölkern den Beweis dafür erblickte, daß der Mensch an sich und auch für das Recht auf einer hohen Kulturstufe geschaffen worden sei.[18] Auch Darwin hat in seiner Schrift „The Descent of Man" diese Ansicht noch als eine orthodoxe Lehrmeinung behandelt und Beweise dafür zusammengetragen, daß auch die Kulturvölker, insbesondere auch die Griechen und Römer, eine barbarische Vergangenheit gehabt hätten, und dafür angeführt, daß ausweislich ihrer Zahlzeichen auch die Römer einst mit den Fingern gerechnet hätten.[19]

Im Gegensatz von Savigny und Jhering zeigt sich damit zugleich der Doppelsinn, den das – bekanntlich vom Abwickeln einer Buchrolle beim Lesen – genommene Bild der Evolution haben kann.[20] Während bei Savigny die rechtliche Evolution wie eine Buchrolle erscheint, deren Zeichen mit dem Beginn des librum evolvere lesbar und sichtbar werden, aber schon immer da waren, ist es im Jheringschen Evolutionsbegriff die menschliche Rechtsgeschichte

---

18 Vgl. den oben, Fn. 17, zitierten Artikel, S. 264 f.
19 *Charles Darwin*, The Descent of Man I (1871) p. 180 ff. (181: „all civilised nations are the descendants of barbarians").
20 In diesem Zusammenhang kann evolutio daher sowohl das Lesen (Cicero, de fin. 1, 7, 25: quid poetarum evolutio voluptatis affert?) als auch das Verstehen einer Idee (Cicero, de off. 3, 19, 76: animi sui complicatam notionem evolvere) oder eines Witzes (Horaz, Sat. 1, 3, 112: te nunquam evolvisse nostros iocos) bezeichnen.

selbst, welche eine sich auswickelnde Rolle beschreibt, auf die sie von ihr selbst hervorgebrachte, immer differenziertere Regeln und Werte einträgt und dazu die mit ihnen gemachten Erfahrungen vermerkt.
Entscheidend ist, daß Jherings Analogie zu Darwin den Unterschied zwischen biologischer und kultureller Evolution in keiner Weise aufgibt. Den eigentlichen Sozialdarwinismus, den von malthusianischen Ängsten bestimmten Kampf ums Überleben, den nur der Angepaßte übersteht, übernimmt Jhering nicht: Seine berühmte, in dieser Richtung oft mißverstandene Schrift „Kampf um's Recht" hat nichts mit dem darwinistischen struggle for life or existence, dem „Kampf ums Dasein" zu tun, sondern gilt auf der Ebene der rechtskulturellen Entwicklungen den Bedingungen, unter denen sich fortschrittlichere Rechtsideen durchsetzen. Angesichts der Interessen, die auch in einem gegenüber erreichten Entwicklungen grob verfehlten oder rückständigen Rechtssystem verteilt sind, geht das, wie Jhering zeigte, nicht immer rein diffusionistisch durch die bloße Anziehungskraft überlegener Organisationsformen vor sich,[21] sondern oft genug nicht ohne größere Erschütterungen, Kriege oder soziale Kämpfe ab.[22] Die von Darwin artikulierten Sorgen, daß sich im „struggle for existence" gerade die Hemmungsloseren unter den Menschen mit ihrem Kinderreichtum durchsetzen möchten und daher die Natur gerade eine Prämie auf deren Minderwertigkeit setze,[23] gibt es bei Jhering nicht.
Nur eine einzige biologische Darwinismus-Rezeption gibt es bei Jhering, nämlich in seinen eingangs schon erwähnten, recht anschaulichen, wenn auch naturgemäß dilettantischen Vorstellungen

---

21 Dieses Phänomen, „die Fernwirkung der Rechtsinstitute eines Volkes auf die ganze übrige zivilisierte Welt" (so im Zweck I, 4. Aufl., S. 325), unterschätzt Jhering dabei keineswegs.
22 Vgl. Kampf um's Recht, 6. Aufl. (1880), S. 7 f.
23 *Charles Darwin*, Descent of Man I, S. 174, weist mit ihm naheliegenden Völkerbeispielen hin auf „the fact that the very poor and reckless, who are often degraded by vice, almost invariably marry early, whilst the careful and frugal, who are generally otherwise virtuous, marry late in life, so that they may be able to support themselves and their children in comfort".

von den harten Umweltzwängen, die den Menschen so lange selektierten, bis er sich dahin adaptierte, daß er fähig wurde, sich unter objektive Rechtsregeln zu beugen. Über die Frage, wann dies Ereignis stattfand, das mit der Erreichung der Kulturfähigkeit zusammenfällt, hier der Fähigkeit, rechtliche Ordnungszusammenhänge denken und tradieren zu können, finden sich bei Jhering naturgemäß nur unklare Vorstellungen: Er denkt offenbar an die Vorfahren der Völker des antiken Mittelmeerraumes und des späteren Europa.[24] Jhering ist damit bei ähnlichem Ergebnis schon etwas weniger eurozentriert als Linné, dessen Satz: ‚homo Europaeus regitur ritibus' die Rechtskompetenz zur differentia specifica allein des europäischen Menschen erheben wollte.[25]

4. Die Steuerung des Rechts durch zweckmäßige Gerechtigkeitsprinzipien: das Beispiel des Fremdenrechts

Die Befähigung des Menschen, sich rechtlich zu organisieren, ermöglicht nach Jhering einen Sprung hinaus über die bloß biologisch-instinktiv regulierten Lebensformen in bewußt gestaltete und erlernte Ordnungen. Die Befähigung ist intellektuell und emotional zugleich, kognitiv und emotiv, da sie einerseits Erzeugung und Befolgung von formalen Regelungsstrukturen, andererseits auch das

---

24 Vgl. *Jhering*, Rechtsgefühl (oben, Fn. 13), S. 39 und S. 123; Zweck I, 4. Aufl., S. 196 ff. Heute scheint man die Gewinnung der (für die Ausbildung der komplexeren Rechtsordnungen nötigen) cerebralen Voraussetzungen dem (mit dem Cromagnon identifizierten) Homo sapiens zuzusprechen. Der Umstand, daß dieser Mensch nach neuesten Auffassungen recht unvermittelt (ohne zahllose graduelle Vorstufen) auftritt und sich dann im wesentlichen gleichbleibt (vgl. *Bryan Kolb–Ian Whishaw*, Fundamentals of human neurophysiology, 2. Aufl. [1985], S. 84, mit weiteren Nachweisen), entspricht der modernen, im Prinzip auch von Jhering geteilten Auffassung, daß es seitdem nur noch kulturelle Evolutionen oder Revolutionen gegeben hat. Vgl. *Beals/Hojer/Beals*, An Introduction to Anthropology, 5. Aufl. (1977), S. 159 ff.
25 *Linné*, Systema naturae I (1766), S. 29. Im Unterschied dazu werde der (eingeborene) homo Americanus „consuetudine", der homo Asiaticus „opinionibus" und der homo Afer „arbitrio" regiert.

unmittelbare Erfassen der Zweckhaftigkeit, Richtigkeit und Lebensnützlichkeit dieser Organisationen erlaubt. Gleichzeitig enthält die Rechtskompetenz auch, worauf Jhering sehr insistiert, die Fähigkeit zur Abstraktion, zur Verallgemeinerung, d. h. die Möglichkeit, die in den Rechtsordnungen verwirklichten Zwecke so zu generalisieren, daß sie sich in kritische Potentiale verwandeln, die auf Veränderung der Regeln drängen. Dabei ist sich Jhering theoretisch völlig darüber im klaren, daß ein energiegleich wirkender Zweck stets allgemeiner ist als die Regeln, aus denen er abstrahiert worden ist. Dieser Prozeß, der mit der ersten intellektuell bewußt erfaßten Rechtsordnung beginnt, ist nach Jhering nie zu Ende und bildet den eigentlichen Motor der rechtlichen Evolution.

Jhering hat für diesen Prozeß intrasystematischer Selbstkorrektur des Rechts, die er auch mit großartiger Vereinfachung als Steuerung des Rechts durch seine Gerechtigkeitszwecke auffaßt, viele fachjuristische, ins einzelne gehende Beispiele gegeben.[26] Ich beschränke mich auf ein ganz einfaches, Jherings Denken in vielen Ausprägungen zugrundeliegendes Hauptbeispiel.

Eine territorial zusammenlebende Menschengruppe sichert mit ihrem Recht, wie immer seine Regeln und die Durchsetzungsmechanismen des näheren beschaffen sein mögen, zunächst nur die eigenen Ordnungs- und Sicherheitsbedürfnisse. Das Recht ist hier ganz gruppenegoistisch, grenzt nach außen ab und behandelt den Fremden folgerichtig regelmäßig als rechtlos. Das gilt selbst noch für die an sich schon recht komplexe Ordnung der frühen antiken Polis. Überall stellt sich aber bald die Erfahrung ein, daß geregelte Beziehungen mit Fremden genauso wertvoll sein können wie die mit den eigenen Leuten, gelegentlich erheblich wertvoller. Es entsteht das Gastrecht. Die Befugnis, den Fremden zu töten, zu versklaven oder auszuplündern, fällt damit gegenüber dem Gast weg. Aber man er-

---

26 Die großen Tendenzen, die Jhering für seine Zeit sieht und unterstützt, sind das Streben nach (Unterschiede der Abstammung, des Geschlechts und des Standes für unbeachtlich erklärender) Rechtsgleichheit (vgl. z. B. Kampf um's Recht, S. 8, 59; Zweck I, 4. Aufl., S. 177 f.) und das Streben nach einer sozial gerechten und leistungsfähigen Güterverteilung mit gesetzlichen, das Privateigentum voraussetzenden Mitteln, insbesondere mit Steuern (Zweck I, 4. Aufl., S. 416).

kennt bald, daß der Zweck der formalen Regeln des Gastrechts auch gegenüber dem Fremden ohne diesen Status zutrifft. Es entsteht der Gedanke, daß eine Rechtsordnung gut daran tut, jedem Fremden Schutz zu gewähren. Durch die Einrichtung allgemeiner Fremdengerichte wird diese Forderung des ganz zweckmäßig argumentierenden Rechtsgefühls eingelöst. Eine berühmte theoretische Formulierung dieser Lehre ist die von der Stoa formulierte Idee der consociatio humana, die besagt, daß alle Menschen kraft ihrer inneren Verwandtschaft einer umfassenden Rechtsordnung angehören und die Einzelstaaten daher, wenn sie Fremden Rechtsschutz gewähren, dies im Dienste dieser menschheitlichen Rechtsordnung tun, die ihren eigenstaatlichen Eigennutz übrigens nicht aufhebt, aber mäßigt.

Jherings Rechtsbild steht am Ende durchaus auf der Stufe dieser Allgemeinheit. Der Zweck des sich entwickelnden Kultur-Artefakts Recht ist für ihn trotz seiner unendlichen Differenzierungen in seiner allgemeinsten Fassung wie bei Savigny universal: Es dient der Sicherung der Lebensbedingungen der menschlichen Gesellschaft als ganzes, d. h. der menschlichen Gesellschaft der ganzen Welt, und zwar einschließlich ihrer Zukunft.[27]

Darin liegt kein irgendwie gearteter menschheitlicher Kollektivismus. Jherings Rechtsmodell versöhnt vielmehr, wie Schelsky es formuliert hat, den Menschen als Gattungswesen mit dem Menschen

---

[27] Vgl. Zweck im Recht I, 4. Aufl. (1904), S. 345. Das Recht ist inhaltlich die Form der notfalls durch staatliche Zwangsgewalt verwirklichten „Sicherung der Lebensbedingungen der Gesellschaft". Der Begriff der Gesellschaft ist bezogen auf den Menschen als ein (a. a. O., S. 66 f.) „gesellschaftliches Wesen", setzt den Staat in dem Maße voraus, in dem ihre (von Jhering hoch eingeschätzte) Fähigkeit zur Selbstorganisation versagt, erstreckt sich aber im übrigen über die ganze Erde (S. 69: „jeder ist für die Welt, und die Welt ist für jeden da –, das ist die Gesellschaft"; S. 241: „die Gesellschaft ist universell, der Staat partikularistisch"). Zur Zukunftsverantwortung des Rechts: Geist des römischen Rechts III, 1, 4. Aufl. (1888), S. 364: „der Staat (hat gegenüber den Rechtsgütern des Gemeingebrauchs) für die kommenden Geschlechter Fürsorge zu treffen und darüber zu wachen, daß nicht eine egoistische Gegenwart einen Raub an ihnen begehe."

als Individuum,[28] und zwar durch den Aufweis einer positiven Rückwirkung oder Wechselwirkung: In der rechtlich geordneten Gesellschaft – und das ist die gesamte Kulturwelt – gewinnt der Einzelne, indem er mitspielt, unendlich mehr zurück, als er einbringt. Fern jeder Entfremdungsromantik sieht Jhering das Individuum als den großen Gewinner der sozialen Welt. Der Einzelne wirkt an ihrer Bereicherung nach seinen Bedingungen mit, kann das aber nur kraft der Zivilisation, in der er lebt, und empfängt, wie gesagt, weit mehr zurück als er geben kann. Der langfristig denkende Egoist – und im Kern des Jheringschen Rechtsdenkens steckt ein bewußter sacro egoismo – ist um seiner selbst willen an der Erhaltung der gesamten menschlichen Zivilisation interessiert, weil er sich in ihr und ihren vielfältigen Gliederungen am besten und erfolgreichsten behaupten und verwirklichen kann. Auf diese Weise kann Jhering dem biologischen Selbsterhaltungstrieb, den das Recht in der Notwehr berücksichtigt, einen kulturell determinierten Selbsterhaltungstrieb an die Seite stellen: Bestimmte als grundlegend empfundene Kulturbedingungen – so die Beobachtung Jherings – kann der Einzelne zu Bedingungen der eigenen Existenz erheben und sie dann bis zum Selbstopfer verteidigen.

Auf die gleiche Weise versöhnt Jhering auch die individuellen Staaten und die für sie maßgebenden sprachlichen Sonderwelten, denen er ihr volles Recht gibt, mit dem evolutionären Faktum einer Weltzivilisation. Für sie gilt mutatis mutandis das gleiche. Auch ihre Selbsterhaltung ist eben keine rein biologisch-faktische, sondern eine kulturell bestimmte, die mit ihrer eigenen Existenz auch die Existenz einer übergreifenden menschlichen Zivilisation und Rechtsordnung verteidigt, die zwar sehr wohl Wettbewerb und Eigennutz erlaubt, aber von einem langfristig denkenden sacro egoismo einer Nation als existentiell notwendiger kultureller Rahmen zu respektieren ist.[29]

---

28 Vgl. a.a.O. (oben, Fn. 14), S. 55 ff.
29 Jhering prognostizierte (Zweck I, 4. Aufl., S. 242) für die Zukunft eine „immer weiter fortschreitende Annäherung zwischen Staat [d.h. den Staaten] und [der menschlichen] Gesellschaft", erklärte aber die Idee eines „Universalstaates" für eine kaum realisierungsfähige Utopie.

Okko Behrends

5. Gruppengefühl und Rechtsgefühl

Jherings Rechtsdenken, in dem die Rechtsordnung in aller ihrer Differenziertheit zum selbstgeschaffenen, selbstverantworteten, ständig der Einzelanpassung bedürfenden Lebensgehäuse der species humana wird, ist in seiner Zeit nicht wirklich rezipiert worden. Seine große Wirkung beschränkte sich auf die Freisetzung zweckhafter Pragmatik. Am Ende wurde er – mit wachsendem Abstand – sogar sozialdarwinistisch mißverstanden.

Seine Zeitgenossen, so weit sie, wie viele, von einem radikalen volksstaatlichen Nationalismus erfaßt waren, sahen da, wie so oft, viel schärfer. Ich möchte das an einem Beispiel illustrieren. Jhering hat in seinem letzten posthum erschienenen Werk zur Erklärung der unterschiedlichen Volkscharaktere den Satz der Scholastik: operari sequitur esse – das Handeln, die produktive Tätigkeit, folgt aus dem Sein – umgedreht. Für ein Volk müsse es heißen: esse sequitur operari – die Volksart sei nicht angeboren, sondern Ablagerungsprodukt des gesamten geschichtlichen Handelns der Nation einschließlich der Organisation ihres Rechts.[30] Auf diese Weise stellt Jhering noch einmal klar, daß für ihn die Rechtsordnung nicht Folge eines irgendwie gearteten Seins ist, sondern bei aller Objektivation, die sie nach und nach erreicht, ein Produkt menschlich verantwortlichen Handelns und Unterlassens in einer sich staatlich organisierenden Nation, das umgekehrt als solches Rückwirkungen auf den Volkscharakter hat. An dieser Auffassung Jherings nahm nun ein gewisser Ludwig Kuhlenbeck Anstoß, ein Romanist und guter Jurist und als solcher an sich auch ein Bewunderer Jherings. Da aber Kuhlenbeck alsbald nach der Jahrhundertwende die Gobineausche Anthropologie in die Rechtsgeschichte eingeführt hatte, mußte ihn Jherings aus dem esse sequitur operari abgeleiteter Gedanke, daß gesetzliche Regelungen auf dem Volkscharakter einwirken können und der Mensch so am Ende, wie Jhering mit Montesquieu lehrt, ein von seiner kulturellen Umwelt in seinen intellektuellen Überzeugungen und Gefühlen formbares und geformtes We-

---

30 *Rudolf von Jhering*, Vorgeschichte der Indoeuropäer (1894), S. 93 ff. (96).

Jhering und die Evolutionstheorie des Rechts

sen ist, natürlich herausfordern. Denn damit war der Kern der Gobineauschen Lehre im Grundsätzlichen gefährdet. Man erinnere sich, daß Gobineaus Lehre bevorzugter Rassen damals unter dem Einfluß Nietzsches und des Neuhegelianismus von ihrem Pessimismus befreit und zu einer starken politischen Kraft wurde. Und als solche postulierte sie natürlich ein entschiedenes operari sequitur esse: das Sein, die vererbliche Überlegenheit eines Volkes, erklärt und rechtfertigt, wie Kuhlenbeck Gobineau folgend ausführt, das Handeln dieses Volkes, auch auf dem Gebiet der rechtlichen Organisation, oder sollte es jedenfalls.[31]

Obwohl Jhering nach heutigem Urteil Recht behalten hat, haben die Gedanken eines anthropologisch begründeten Rassimus bekanntlich große Energien entfesseln können. Und es ist sicher eine interessante Frage, ob diesen Gedanken bei ihrem ephemeren Erfolg biologische Grundtatsachen zugutekamen oder ob es nur der Zufall einer bestimmten kulturgeschichtlichen Konstellation ermöglicht hat, daß hier Prinzipien, die, soweit von einer Gruppe als sinngebend verstanden, eine starke Gruppenkohäsion erzeugen, für diesmal biologistischer Art waren – statt religiöser, ständischer, ideologischer oder nationaler.[32] Die alles überbietende Radikalität, mit der die biologistisch-rassistische Theorie sich verwirklicht hat, ist

---

31 *Ludwig Kuhlenbeck,* Die Entwicklungsgeschichte des Römischen Rechts, Bd. 1 (1910), S. 32 ff.
32 Vgl. zur Diskussion der Frage *George J. Stein,* The Biological Bases of Ethnocentrics, Racism and Nationalism in National Socialism, in: Reynolds–Falger–Vine (Hrsg.), The Sociobiology of Ethnocentrism (1987), S. 251–267. In der allgemeinen Soziobiologie wird als Beleg für die genetische Programmiertheit des Genozids zur Förderung des eigenen Stammes mit Vorzug die von Moses (4. Buch Mose, Kap. 13) den Kindern Israels befohlene Tötung aller Midianiter (mit Ausnahme der Jungfrauen oder weiblichen Kinder) genannt; siehe *Wilson,* Sociobiology, S. 573; *Christian Vogel* (oben, Fn. 6), S. 58. Aber die entscheidende Frage lautet nicht, ob sich eine radikal stammesegoistische Verhaltensweise kulturell durchsetzen kann – das ist unbestreitbar –, sondern, ob ihr kraft einer (auf unbekannte Weise in Verhaltenssteuerung umgesetzten) genetischen Kodierung im rechtskulturellen Wettbewerb ein biologischer Vorrang zukommt. Das bleibt noch zu beweisen.

kein Argument, das einen Ausschlag für einen biologischen Antrieb geben könnte, da die Radikalität aus der Theorie folgte und die Theorie auch tatsächlich von den Handelnden als legitimierend angesehen wurde. Blickt man im übrigen auf die Bürgerkriege der Antike, die Religionskriege der frühen Neuzeit oder die ständisch, ideologisch und religiös begründeten Gegnervernichtungen der letzten 300 Jahre, dann gewinnt man nicht den Eindruck, daß der Grundsatz der genetischen Verwandtschaft gegenüber anderen Prinzipien, die den zu fördernden Freund und den zu vernichtenden Feind unterscheidbar machen und auf diese Weise Innen- und Außengruppen bilden, anthropologisch bevorzugt ist.
Das Beispiel des Nationalsozialismus – und Jhering war sich solcher Gefährdungen durchaus bewußt – zeigt aber allerdings, daß die menschliche Fähigkeit, sich intellektuell und emotiv auf eine Zusammengehörigkeitsgefühl und Lebenschancen verheißende Rechtsordnung einer Gruppe einzulassen, inhaltlich wenig festgelegt ist. Um so wichtiger ist daher natürlich, was in einem Kulturzusammenhang intellektuell und emotiv als Recht gilt und in den rechtlichen Institutionen durchgesetzt und argumentativ vertreten wird, also das, was in der von Popper sogenannten Welt 3, der Kulturwelt, auf dem Gebiet des Rechts geschieht und damit auf Verstand und Gefühl der Menschen einwirkt. Die sozialedukative, bis in die Gefühlswelt, nämlich in die Formierung des Rechtsgefühls hineinreichende, Wirkung des institutionalisierten Rechts beruht dabei nach Jhering ganz wesentlich auf den unbewußten Sozialisationserfahrungen. Sie kann nicht durch wohlmeinenden Frontalunterricht verabreicht werden, sondern wird mit der durch das Recht konditionierten sozialen Atmosphäre eingeatmet, und zwar dies nicht nur vom Laien, sondern auch vom Fachjuristen. Daß das Recht damit eine erzieherisch-gefühlsbildende Wirkung hat, also als ein relativ rezentes Evolutionsprodukt auf den soziobiologisch erheblich älteren Menschen einwirken kann, ist eine Grundannahme des Jheringschen Evolutionsmodells. Darin liegt ein pragmatischer Idealismus, der in dem Begriff der „downward causation", den Popper von Campbell übernimmt und der bekanntlich Rückwirkungen der Inhalte der Welt 3 (objektivierte Kulturwelt) auf Welt 2 (Gefühlswelt) und 1 (physikalische Welt) erklären soll, eine unmit-

telbare Entsprechung hat.³³ Überhaupt hätte sich Jhering heute, wenn er etwas herumgelesen hätte, vielfach sehr bestätigt gefühlt. Was etwa Rupert Riedl auf den letzten Seiten seines vielgelesenen Buchs „Die Strategie der Genesis" über die Naturgeschichte der Finalität, über das Verhältnis von Zweck und Formursache und die Systemabhängigkeit von Sinn sagt, entspricht bis in Einzelheiten hinein dem, was Jhering in dem Vorwort zu seinem „Zweck im Recht" geschrieben hat.³⁴

6. Soziobiologische und kulturgeschichtliche Grundlagen des Rechts

Dieser Einsichten wegen hätte Jhering aber auch den Lehren der Soziobiologie, ihrer Ausweitung der genetisch fixierten Verhaltensprogramme des Menschen den Beifall versagt und vielmehr den Argumenten ihrer Kritiker zugestimmt. Denn genau wie ihr schärfster Kritiker Marshall Sahlins war Jhering davon überzeugt, daß die kulturelle Welt eine von den historischen Menschen – auf der Grundlage nur sehr weniger und sehr grundsätzlicher biologisch begründeter Triebe – geschaffene Ordnung ist, deren Verhaltensregeln bei großer Offenheit der Gestaltungsmöglichkeiten der Logik eigener

---

33 Vgl. *Popper/Eccles*, The Self and its Brain. An Argument for Interactionism (1981), S. 14 ff.; S. 566: „man has created himself, by the creation of descriptive language and, with it, of World 3." Vgl. auch *Popper*, Objective Knowledge. An Evolutionary Approach (1972), und dazu die lehrreiche Besprechung von *Feyerabend*, Problems of empiricism 2 (1981), S. 168 ff. Die Übereinstimmungen zwischen Popper und Jhering sind jedenfalls frappierend.
34 Vgl. etwa *Riedls* Ausführungen (oben, Fn. 9), S. 319 f.: „... ist die Finalursache das Allgemeinere zur Formursache, weil die Formursachen von Schicht zu Schicht andere Gesetzmäßigkeiten formulieren, während die Finalursache als Erhaltungszweck schlechthin stets dieselbe bleibt" mit Jherings Wort, Zweck I, Vorrede, p. IX, vom „Zweckgesetz als dem höchsten weltbildenden Prinzip", dem sich alle beobachtbaren Gesetzmäßigkeiten unterordnen lassen.

symbolischer Formen folgen.³⁵ Und genauso ist Jhering von einem anderen Punkt überzeugt, auf den Sahlins mit Recht großes Gewicht legt, daß nämlich diese Objektivationen auch die Gefühlswelt des Menschen, d. h. seine innersten Handlungsantriebe, zu formen vermögen.³⁶ Es wäre im übrigen interessant zu untersuchen, ob diese Übereinstimmungen nicht nur auf parallele Einsichten, sondern auch auf literarische Beziehungen zurückgeführt werden können.³⁷

---

35 Vgl. *Sahlins* (oben, Fn. 7), S. 11: „The sociobiological reasoning from evolutionary phylogeny to social morphology is interrupted by culture. ... For between the basic drives that may be attributed to human nature and the social structures of human culture there enters a critical indeterminacy. The same human motives appear in different cultural forms, and different motives appear in the same forms. A fixed correspondence being lacking between the character of society and the human character, there can be no biological determinism. Culture is the essential condition of this freedom of the human order from emotional or motivational necessity. Men interact in the terms of a system of meanings, attributed to persons and the objects of their existence, but precisely as these [S. 12:] attributes are symbolic they cannot be discovered in the intrinsic properties of the things to which they refer. ... In the symbolic event, a radical Discontinuity is introduced between culture and nature. ... [S. 13:] Culture is not ordered by the primitive emotions of the hypothalamus; it is the emotions which are organized by culture. We have not to deal, therefore, with a biological sequence of events proceeding from the genotype to the social type by way of a phenotype already programmed for social behaviour by natural selection. The structure of determinations is a hierarchical one set the other way round; a meaningful system of the world and human experience that was already in existence before any of the current human participants were born." ... S. 60: „human beings ... reproduce ... as social beings: not in their capacities as self-mediating expressions of an entrepreneurial DNA."
36 Vgl. *Sahlins* (oben, Fn. 7), S. 14: „,Not only ideas', Geertz [i.e. Clifford Geertz, The interpretation of cultures, 1973, p. 81] writes, ,but emotions too, are cultural artefacts in man'. When the full implications of this simple but powerful argument are finally drawn, a great deal of what passes today for the biological ,basis' of human behaviour will be better understood as the cultural mediation of the organism."
37 Zwischen der Historischen Rechtsschule und der (infolge des 1. Weltkriegs eher still gewordenen) deutschen Ethnologie bestehen ebenso Be-

Jhering und die Evolutionstheorie des Rechts

Mit der Betonung der Selbständigkeit der Rechtswelt und ihrer Fähigkeit, die Gefühlswelt zu prägen, bestreitet Jhering nun allerdings keineswegs die anerkannten soziobiologischen Grundtatsachen des Rechts. Ohne daß er sich diesem für die Jurisprudenz selten praktisch werdenden Thema näher gewidmet hätte, war auch für Jhering völlig klar, daß die Rechtsordnung eine feste biologische Grundlage habe, nicht nur in Gestalt der von ihm ja durch Darwinselektion erklärten menschlichen Rechtskompetenz, sondern auch durch den für sein Denken ganz zentralen individualistischen Selbsterhaltungstrieb, der bei aller Kulturfähigkeit und kulturellen Überformbarkeit in seiner vitalen Grundlage für sein Denken voll in die vorzivilisatorische Zeit zurückreicht. In Jherings berühmter, überaus erfolgreicher Selbsthilfetheorie steckt sogar, wie man beobachtet hat, ein kleines Stück liebevoll konserviertes Faustrecht.
Auch theoretisch gab es für Jhering auf die Frage, in welchem Umfang die menschliche Rechtsordnung inhaltlich festliegenden soziobiologischen Verhaltensdispositionen entspricht und Genüge tut, eine einfache Antwort, auf die er verweisen konnte, und zwar in Gestalt des – aus der antiken sophistisch-skeptischen Aufklärungstradition kommenden – ius naturale seiner Rechtsquellen, das Menschen und bestimmte, im wesentlichen höhere Tiere umfaßt und sie gleichen biologischen Antrieben – das Wort instinctus naturae fällt in diesem Zusammenhang[38] – unterstellt. Dieses deskrip-

---

ziehungen wie zwischen dieser und der französischen und amerikanischen Ethnologie. Für seine Auffassung, daß die menschliche Sprache nicht nur Kommunikationsmittel und ein gegenüber dem Tierreich verbessertes Signalsystem, sondern ein Mittel zur Erzeugung von Sinn und einer in die Natur eingreifenden Kulturwelt ist (S. 62), beruft sich Sahlins nicht nur auf Umberto Eco, A Theory of semiotics (1976), sondern u. a. auch auf Saussure, Durkheim, Lévi-Strauss und Ernst Cassirer.

38 Vgl. *Isidor,* Etymologiae 5, 4, 1. Das ius naturale ist nach dieser aus spätklassischer Juristenüberlieferung schöpfenden Quelle das, was überall kraft Naturtrieb (ubique instinctu naturae) gilt. Dazu gehören zunächst, ganz dem klassischen, menschliches und tierisches Verhalten verbindenden ius-naturale-Begriff entsprechend, die geschlechtliche Verbindung, das Zeugungs- und Erziehungsverhalten und der natürliche Besitz- und Freiheitstrieb (vgl. unten, Fn. 39). Daß Isidor dann auch

tive ius naturale, das mit dem spekulativ-normativen Naturrecht, wie es etwa die Stoa lehrte, natürlich nichts zu tun hat, umfaßt Paarungs- oder besser Paarbildungsverhalten, die Fortpflanzung, die Nachkommenaufzucht, Besitztrieb und Freiheitstrieb.[39] Das ist ein Stück antiker Soziobiologie, das bei allem Fortschritt, den die modernen Methoden und Fragestellungen gebracht haben, für die Rechtstheorie noch immer recht lehrreich ist. Dies antike ius naturale stimmt mit dem Kreis allgemeiner Verhaltensweisen überein, dessen biologische Determination Hubert Markl in seinem Aufsatz „Biologie und menschliches Verhalten" bei aller Vorsicht für relativ

---

ausschließlich menschliche Pflichten der Rechtsmoral, z. B. Rückgabe von anvertrautem Gut, zum ius naturale stellt, ja überhaupt das ius naturale als das Recht aller Nationen mit dem klassischen, spezifisch menschlichen ius gentium gleichstellt, erklärt sich, wie hier nicht näher verfolgt zu werden braucht, aus der näheren Art seiner Quelle, vermutlich einem Lehrbuch der postjulianischen Schule der Sabinianer, in welcher der klassische Gegensatz zwischen ius naturale und ius gentium nicht so sehr aufgehoben als eingeebnet worden ist.

39 Vgl. (Ulpian 1 libro primo institutionum) D 1,1,1,3 Ius naturale est, quod natura omnia animalia docuit. (Genannt werden als Mensch und Tier gemeinsam das Paarungs-, Zeugungs- und Aufzuchtsverhalten.) videmus etenim cetera quoque animalia, feras etiam istius iuris peritia censeri. (D. h., daß der Mensch auch Tiere, Haustiere wie wilde, danach bewertet und einstuft, wie sie diesen Verhaltensangeboten der Natur entsprechen.) Zum naturalistischen, ganz als individualistische Herrschaft über ein Territorium gefaßten, aus einer Verbindung von faktisch-körperlicher und natürlich-triebhafter (corpore et animo) Beziehung abgeleiteten Besitz (Paulus 54 ed) D 41,2,3,5; zur natürlich-faktischen Freiheit von Mensch und Tier (Florentin 9 institutionum) D 1,5,4 pr und (Paulus 54 ed) D 41,2,3,1. Kennzeichnend für diese Menschen und Tiere verknüpfende rechtliche Betrachtungsweise ist auch der animus revertendi halbwilder Tiere (z. B. von Tauben und Pfauen), mit dem das Tier sich besitzfähig hält, aber eben auch nur so lange, wie diese Disposition bei ihm andauert. Vgl. zu alledem näher meinen Aufsatz ‚L'anthropologie juridique de la jurisprudence classique romaine', Revue historique de droit français et étranger 68 (1990) S. 337–362. Es hängt im übrigen mit den realistischen Grundlagen ihrer Kulturanthropologie zusammen, daß die Theorie des Besitzes von Savigny bis Jhering das zentrale Thema der Historischen Rechtsschule war.

naheliegend hält,[40] insbesondere wenn man das quasi ius naturale der gleichen Tradition in den Vergleich einbezieht, das anthropologische Fähigkeit meint, die Normen einer Gruppe aufzunehmen und sich zu eigen zu machen.[41] Schon die Antike hat also beobachtet, daß geschlechtliche Paarbildung, Nachkommenzeugung, Vermittlung von Fertigkeiten an den Nachwuchs, naturalistischer Freiheits- und Besitztrieb – dieser bis hin zur Territorialitätsbildung – Züge sind, die der Mensch mit einer ganzen Reihe von Tieren teilt. Und die gleiche Lehre hat sich folgerichtig auch darum bemüht, bei der rechtlichen Regelbildung, welche die Rechtskompetenz des Menschen ermöglicht, eine gewisse imitatio naturae zu beachten – und die Ehe, das Eigentum und andere elementare Rechtsverhältnisse bei aller symbolischen Selbständigkeit in Analogie zu den biologischen Grundverhältnissen zu gestalten, teilweise mit bis heute anhaltendem Erfolg.[42] Zugleich war dieser Lehre auch klar, daß die anthropologische Fähigkeit des Menschen, intellektuell und emotiv Rechtsordnungen zu erzeugen und sich ihnen einzuordnen, in den verschiedenen Staatswesen die unterschiedlichsten Formen und Werte aufnehmen konnte, so daß bei aller Tendenz zu einem universalen Rationalismus den Besonderheiten der verschiedenen Rechtsordnungen Rechnung getragen wurde.

---

40 *Hubert Markl,* Biologie und menschliches Verhalten, in: Margaret Gruter/Manfred Rehbinder (Hrsg.), Der Beitrag der Biologie zu Fragen von Recht und Ethik (1983), S. 83. Es gebe „anscheinend kaum Hinweise auf biologische Determination spezifischer Inhalte von Verhaltensnormen". Dagegen fände man beim Menschen „offenbar immer eine ausgeprägte Neigung, Normen zu erfinden, zu erwarten, zu befolgen und durchzusetzen". Diese Normen seien „Konstrukte der Vorstellung", und zu deren Erzeugung sei nicht mehr nötig (alles andere sei durchaus bestreitbar) „als ein Gehirn, das zu solchen gedanklichen und emotionalen Operationen fähig ist."

41 Cicero, partitiones oratoriae 37, 130: ut nostros mores legesque tueamur, quodam modo naturali iure praescriptum est. Dieser Quasi-Naturrechtssatz ist die Geltungsgrundlage des (in ius gentium und ius civile zerfallenen) ius humanum dieser klassisch gewordenen Rechtstradition.

42 Vgl. Institutiones Justiniani I, 11,4: adoptio enim naturam imitatur (daher darf der Adoptand nicht älter sein als der Adoptierende).

Okko Behrends

Jherings Rechtstheorie ist in vielen Stücken eine selbständige Erneuerung dieser soeben skizzierten, für das klassische römische Privatrecht prägend gewordenen Rechtstheorie. Auch Jhering geht von der biologischen Natur des Menschen aus;[43] und auch er legt, weil er – übrigens auch bei den Tieren – von der inhaltlichen Formbarkeit der Instinkte durch Lernerfahrungen überzeugt ist,[44] großen Wert auf die Objektivation des Rechts in klaren begrifflichen Formen: denn nur so ist der Erziehungsprozeß des Rechtsgefühls, der dann seinerseits die dauernde Anpassung und Fortbildung des Rechtssystems steuert, für Jhering verläßlich erreichbar.

Kein Raum ist in dieser Evolutionstheorie Jherings, die mit einer großen, über antike Vorstellungen weit hinausgehenden Zukunftsoffenheit des Menschen rechnet, für die nun schon mehrfach erwähnte ‚inclusive fitness'-These, also die Lehre, daß auch der Mensch in seinem sozialen Verhalten auf die Maximierung der Reproduktion seiner genetischen Besonderheiten ausgerichtet ist und daher seinen Altruismus, soweit dieses Prinzip wirkt, auf genetisch Verwandte beschränkt.[45] Jherings Idee, daß der sacro egoismo eines Individuums und einer Nation durch von entsprechenden Zwecken getragene Institutionen des Rechts zu der intellektuellen und emotiven Erkenntnis gebracht werden könnte, daß sein eigenes Interesse über seine engere Gruppe hinaus auch die Erhaltung der rechtlichen und kulturellen Bedingungen der gesamten Menschheit umfaßt, würde danach einen genetisch fixierten Gegenspieler bekommen, mit dem stets zu rechnen wäre. Aber Jhering hätte sich von der Existenz dieses das Individuum nicht nur unbewußt, sondern auch ohne klar angebbaren Reizauslöser steuernden Prinzips

---

43 Zweck I, 4. Aufl., S. 19 ff., 185 ff. (selbst- und arterhaltende Zweckhaftigkeit tierischen Sozialverhaltens); 187 ff., 197 ff. (gleicher Ausgangspunkt des Menschen, aber – in einem mythischen Vorgang – „Erziehung der Menschheit zum Recht" als Voraussetzung für die Ausbildung des Rechtsgefühls); S. 352 ff. (Selbsterhaltungs-, Geschlechts- und Erwerbstrieb des Menschen).
44 Vgl. *Jhering,* Die Entstehung des Rechtsgefühles (oben, Fn. 13), S. 27 ff., 117 f. Jhering berichtet von Beobachtungen, die dem Lernverhalten der berühmten, Milchflaschenverschlüsse aufpickenden Londoner Meisen entsprechen.
45 Vgl. bereits oben, Fn. 6 und 8.

Jhering und die Evolutionstheorie des Rechts

ebensowenig überzeugen lassen wie heutige Kritiker. Deren schon erwähntes Argument, daß die bei den verschiedenen Ethnien nachweisbaren vielfältigen Verwandtschaftssysteme nach Zweck und Form mit der genetisch definierten relatedness nicht in Einklang stehen, hätte er aus eigenem Material vielfältig ergänzen können. Auch die gerade für Rom früh bezeugte Annahme als Kind, die Arrogation des Familien- und Stammfremden, zeigte eine imitatio naturae, die Nachahmung der natürlichen Kindschaftsbeziehung, die in einer ganz anderen Logik steht, nämlich der des Wunsches, dem Haus und dem Ahnenkult eine Fortsetzung zu schaffen. Und wenn, wie es scheint, in der heutigen Adoptionspraxis das affektive Bedürfnis nach Kindern ausschlaggebend ist, so ist damit auch in ihr vom Wirken des selfish gene wenig zu sehen.[46]

In der soziobiologischen Diskussion gibt es angesichts der vorgetragenen Kritik auch schon eine entscheidende Konzession, nämlich die, daß das, was für den Einzelnen genetische Verwandtschaft ist, von diesem nach den Regeln seiner Gruppe gelernt werden muß.[47]

---

46 Daß – hierauf wurde hingewiesen – adoptierte Kinder in der Kriminalstatistik der Kindesmißhandlung und -tötung relativ häufiger auftreten, ist mit dem selfish-gene-Trieb sehr anspruchsvoll erklärt. Es gibt gewiß andere, einfachere Erklärungen, etwa solche, die auf die vor der Adoption liegenden Lebensläufe der Parteien (z. B. die schwierige Frühsozialisation des adoptierten Kindes) hinweisen oder auf die Möglichkeit, daß das (stark von sozialen Vorurteilen beeinflußbare) Bewußtsein, adoptiert zu sein oder zu haben, in Krisensituationen die Belastbarkeit herabsetzt.

47 Vgl. *Richard D. Alexander*, Evolution, Culture and Human Behavior: Some General Considerations, in: R. D. Alexander/D. W. Tinkel (Hrsg.), Natural Selection and Social Behavior (1981), S. 512: „That social learning is, in fact, the general mechanism of the evolution of nepotism, is, I believe, strongly supported by the ease of inducing adoptions of unrelated off-spring and other relatives once the appropriate social situation has been created." Im übrigen ist Alexander ein entschiedener Anhänger des Versuchs, den Menschen von den Interessen seiner Gene her zu interpretieren (S. 511): „We are, then, hedonistic or selfish individualists to the extent that such behavior maximizes the survival by reproduction of those copies of our genes residing in our own bodies; and we are group altruists to the extent that this behavior maximizes the survival by reproduction of the copies of our genes residing

Ist das so, dann ist die kulturelle Vielfalt wieder in ihr Recht gesetzt und die genetische kinship, die ja, wie gesagt worden ist, der babylonischen Sprachverwirrung der aus Geschichte und Ethnologie bekannten Vielfalt der Verwandtschaftssysteme voraufgegangen sein und zu den sich verhaltenden Menschen noch heute in einer einheitlichen Sprache sprechen müßte,[48] aus der sozialen Welt der Menschen wieder verabschiedet.

Jherings Evolutionsmodell dürfte am Ende für das Recht gegenüber den Tendenzen der Soziobiologie, die Verwandtschaft als Organisationsprinzip zu überschätzen,[49] eine ganz andere Tatsache deutlich machen. Die erfolgreichen Rechtskulturen sind gerade diejenigen, die sich früh für die Ordnungsaufgaben des Rechts, die über die Kernbereiche der Familie hinausgehen, von dem biologistischen Modell der Abstammung gelöst und nicht nur Familie und Verwandtschaft selbst durch das Institut der Adoption geöffnet, son-

---

in the bodies of others. At least this is what we have evolved to be – and to all accounts it is all that we have evolved to be." Bei aller Tendenz dahin, hat der Autor freilich schließlich doch Bedenken, damit endlich so etwas wie „a simple general theory of human nature" in Händen zu haben, weil menschliches Verhalten denn doch nicht allein genetisch bestimmt sei, vielmehr in überaus komplexer Weise von der Umwelt bestimmt werde, in die der jeweilige Phänotyp gestellt sei.

48 Vgl. *Marshall Sahlins* (oben, Fn. 13), S. 58: „When sociobiologists use the term „kinship", and mean by that „blood" connections, they imagine they are invoking the common tongue, and the common experience, of men and animals, or at least of men as animals. For them, this pre-Babelian concept refers to nothing else than facts of life: a connected series of procreative acts, upon which natural selection must operate. Yet in cultural practice it is birth that serves as the metaphor of kinship, not kinship as the expression of birth."

49 Vgl. *Christian Vogel* (oben, Fn. 6), S. 55. Danach gilt auch für den Menschen, daß „alle höher entwickelten organismischen Sozialsysteme letztlich auf genealogische Familienstrukturen zurückgehen." Aber der Satz, daß „Menschen in allen Kulturen die genealogische Verwandtschaft zum zentralen Gerüst ihrer Beziehungen machen", bedarf erheblicher Einschränkungen. Die für Herrschaft, Erziehung und Zusammenarbeit grundlegenden Rechtsformen haben sich gerade in erfolgreichen Gesellschaften früh vom Verwandtschafts- und Familienprinzip gelöst.

dern überhaupt das Recht als eine zweckhaft-symbolische Form begreifen gelernt haben, das sich mit dem Begriff des Bürgers und des rechtsfähigen Menschen und dem Prinzip des sozialen Friedens grundsätzlich von dem Stammesprinzip emanzipiert hat. Eine solche formale Rechtsordnung ist einer patriarchalischen Stammesdespotie weit überlegen. Ein symbolisch ordnendes Recht kann ungehemmt durch das beengende Stammesprinzip im Inneren freie und differenzierte Rechtsformen entwickeln und zugleich das Verhältnis zu anderen Völkern ohne Einschränkung als rechtlich geordnet auffassen und empfinden. Darüber hinaus hat der von Jhering hochgehaltene Formalismus im Recht auch sonst die Fähigkeit, der Tendenz jeder materialen Staatsräson, sich in einseitiger Weise durchzusetzen, sei sie extremer biologistischer, ideologischer oder religiöser oder maßvoller nationaler, kultureller oder wirtschaftlicher Art,[50] in freiheitssichernder Weise entgegenzuwirken. Was der Einzelne als verwandt oder fremd empfindet, ist in einer solchen Rechtsordnung weit stärker als durch biologische Verwandtschaft teils durch die symbolischen Formen des Rechts geregelt, teils durch die vielfältigen, ebenfalls symbolischen Formen der auf ihn einwirkenden Zivilisation bestimmt.

7. Rechtsentwicklung und menschliche Verantwortung

Aber damit über die anregende Kontroverse nicht die Hauptsache verlorengeht, ein zusammenfassender Schlußsatz. Jherings Evolutionstheorie des Rechts ist ein Stück an Verstand und Verantwortungsgefühl appellierende Kulturgeschichte des Rechts. Seine Kernsätze sind: Das Recht regelt das soziale Leben des Einzelnen. Es hat nach und nach neben Verirrungen und Abstürzen Institutionen und Wertprinzipien hervorgebracht, mit denen die Menschheit, d. h. die Menschen und die Staatsvölker, die sie beachtet haben, gut gefahren sind und die sie als ihren festen Besitz betrachten sollten. Die Anpassung an neue Situationen ist eine nie beendete Aufgabe,

---

50 Dazu *Jhering*, Kampf um's Recht, 6. Aufl., S. 31 (im Anschluß an Montesquieu).

sollte aber stets in intrasystematischer, alle gemachte Rechtserfahrung verarbeitender Weise geschehen.[51] Die Einrichtungen und Prinzipien des Rechts, welche für die Menschen und Staatsvölker die – ihnen Schranken setzende, aber ihnen auch vielfältige Lebenschancen gewährende – Rechtsordnung bilden, dienen nicht nur ihrer biologischen, sondern auch ihrer kulturellen Existenz und haben daher zum allgemeinsten Zweck auch die Erhaltung der Menschheit als Ganzes einschließlich ihrer Zukunft.[52]

---

51 Vgl. auch *Herbert Zemen*, Evolution des Rechts (1983), der, S. 114 ff., unter Berufung auf Mayer-Maly und Bydlinski zutreffend betont, daß verantwortliche Rechtsfortbildung stets die systematischen Grundprinzipien des Rechts im Auge haben muß.
52 Vgl. bereits oben, Fn. 27; ebenso *Helmut Helsper*, Die Vorschriften der Evolution für das Recht (1989), S. 203/204; Systemzweck „Menschheitserhaltung".

Jherings Rechtsinstitute im deutschen Privatrecht der Gegenwart

Uwe Diederichsen

1. Einleitung
2. Typologien der Jhering-Rezeption
3. Jheringsche Begriffe mit Schrittmacherfunktion
   a) Die Vindikationszession
   b) Die Stellvertretung
4. Die Bedeutung materialer Wertungsprinzipien bei Jhering
   a) Die Stellvertretung (Fortsetzung)
   b) Der Schutz des redlichen Besitzers im Eigentümer-Besitzer-Verhältnis
   c) Die Begründung der Interessenjurisprudenz (am Beispiel des Besitzes)
5. Jherings Einfluß auf die Grundstrukturen des Rechts
   a) Die Sozialbindung des Eigentums
   b) Das Verschuldensprinzip
   c) Die Differenzierung zwischen Rechtswidrigkeit und Schuld
6. Die „culpa in contrahendo"
   a) Das rechtshistorische Zurechnungsproblem
   b) Die „culpa in contrahendo" als Glücksfall der Rechtsfortbildung
7. Schlußbemerkung

1. Einleitung

a) Wenn ich das im folgenden zu erstattende Referat übernommen habe, dann vornehmlich, um endlich einmal einem Autor meinen Dank abzustatten, der mich vom ersten Semester an begleitet hat und dem ich wegen seiner treffsicheren Metaphorik als junger Student ebensoviel Bewunderung zollte, wie ich mir von den meisten Sachfragen, um die es ging, obwohl ich zuvor doch auch schon meinen „Baron" gut durchgearbeitet hatte[1], wenn ich ehrlich bin, kaum je eine richtige Vorstellung zu machen verstand. Aber wenn Jhering den altrömischen Prozeß mit einer Spielbank verglich, in dem um bar gespielt wurde und bei dem der Einsatz sofort bei Prozeßbeginn entrichtet werden mußte, und er daran dann die Anekdote von dem Prediger fügte, der es als Beweis für die Güte und Weisheit Gottes rühmte, daß dieser den Tod an das Ende und nicht an den

---
1 Vgl. *J. Baron*, Pandekten, 8. Aufl., Leipzig 1893.

Anfang des menschlichen Lebens gestellt hat[2], so war ich begeistert; wie Jhering mir auch erlaubte, mich der Jurisprudenz mit dem Herzen zu nähern, weil er selbst eingestand, in seinen jungen Jahren für kein Rechtsinstitut des römischen Rechts so geschwärmt zu haben wie für die „usucapio pro herede": „Wie sehr habe ich die Römer darum beneidet, daß sie ‚pro herede' usukapiren konnten, wie gern hätte ich es getan!"[3].

b) Das Lebenswerk eines so großen Gelehrten wie Jhering kann man sich nur aneignen, wenn man es nach Funktionen zerlegt. Wir haben uns das Fortleben von Jherings Rechtsinstituten im deutschen Privatrecht der Gegenwart zum Thema gewählt. Damit liegen beispielsweise von vornherein seine großen rechts- und kulturhistorischen Werke[4] außerhalb unseres Betrachtungsfeldes und werde ich keine Antwort darauf zu finden versuchen, warum, wie Franz Wieacker formuliert hat, Jhering „einer der wenigen Fachjuristen aller Zeiten (ist), deren Schriften durch echte Vorzüge wie durch Einverständnis mit dem Zeitgeist das große Publikum suchten und fanden"[5]. Außerhalb meines thematischen Zugriffs liegen damit auch

---

2 *Rudolf v. Jhering*, Scherz und Ernst in der Jurisprudenz, 6. Aufl., Leipzig 1892, S. 186. Vgl. dazu *Franz Wieacker*, Gründer und Bewahrer, Göttingen 1959, S. 206: „im Grunde anspruchslose Eulenspiegelei, die vielen Juristengenerationen harmlose Freude gemacht hat". Vgl. auch unten Fn. 58.
3 A. a. O., S. 161.
4 *Rudolf v. Jhering*, Geist des römischen Rechts auf den verschiedenen Stufen seiner Entwicklung, zit. für den Ersten Teil nach der 9., im übrigen nach der 8. Aufl., veranstaltet von der Wiss. Buchgesellschaft Darmstadt 1953/54; Der Kampf um's Recht, 7. Aufl., Wien 1884 (zit. nach dem fotomechanischen Nachdruck der 4. Aufl., Wien 1874 durch die Wiss. Buchgesellschaft); Der Zweck im Recht, zit. nach der 4. Aufl., Leipzig 1904/05. Ganz vorzüglich dazu *Christian Helfer*, Jherings Gesellschaftsanalyse im Urteil der heutigen Sozialwissenschaft, in: Jherings Gesellschaftsanalyse im Urteil der heutigen Sozialwissenschaft, in: Jherings Erbe, S. 79 ff.
5 *Wieacker*, Privatrechtsgeschichte, S. 450. Vgl. auch *Wieackers* feinsinnige Würdigung: Rudolph von Jhering, Zum 50. Todestag, Leipzig 1942, hier zit. nach der 2. Aufl. 1968 und dort insbesondere S. 11 f.; ferner *Wieacker*, Rudolph von Jhering, SavZRom Bd. 86 (1969), S. 1–36, sowie in: Gründer und Bewahrer (Fn. 2), S. 197 ff.

seine Werke zur juristischen Methodenlehre[6] und damit leider fast ganz auch seine Bemühungen um eine Verbesserung des akademischen Unterrichts[7]. Ziel der kommenden Stunde soll es vielmehr nur sein, uns der Aktualität von Jherings Dogmatik im heutigen Privatrecht zu versichern[8]. „Jherings" Rechtsinstitute bedeuten dabei den gesamten dogmatischen Stoff, mit dem sich Jhering auseinandergesetzt und zu dem er sich literarisch geäußert hat. Aber auch hier kann es sich natürlich nur wieder um eine Auswahl handeln, für die ganz entschieden auf seine Aufsätze vor allem in seinen Jahrbüchern[9] zurückgegriffen wurde. Sie waren der „Dogmatik des heutigen römischen und deutschen Privatrechts" gewidmet. Mein Vortrag gilt Jherings Bedeutung für das heutige deutsche Privatrecht, wobei ich nicht umhin kann, dann und wann auch Bemerkungen zum römi-

---

6 Vgl. zu diesen vor allem *Larenz*, Methodenlehre, S. 24 ff. und 43 ff.; *Fikentscher*, Methoden III, S. 187–268; ferner *Theodor Viehweg*, Rechtsdogmatik und Rechtszetetik bei Jhering, in: Jherings Erbe S. 211 ff., besonders 214 ff.
7 Vl. *Christian Helfer*, Rudolf v. Jhering über das Rechtsstudium, JZ 1966, S. 506 ff.; ferner in: Jherings Erbe, den Beitrag von *E. Hirsch*, S. 89 ff. sowie ebd. in der Bibliographie des Jhering'schen Werks von *Mario G. Losano*, S. 252 ff. die Nr. 8, 47, 57, 76, 95, 102, 104, 109, die in der Auflagenfolge die Beliebtheit von Jherings Zivilrechtsfällen ohne Entscheidungen und seiner Jurisprudenz des täglichen Lebens zeigen. Jhering war es, der im Wintersemester 1854/55 an der Juristischen Fakultät Gießen die praktischen Übungen mit schriftlichen Arbeiten in den juristischen Lehrbetrieb eingeführt hat. Für die für den Lehrbetrieb an der Universität früher charakteristische Verbindung von wissenschaftlicher Forschung und akademischem Unterricht gibt *Jhering*, Jb. f. Dogmatik Bd. 23 (1885), S. 179, ein Beispiel, das zeigt, wie er sich aus dem akademischen Unterricht auch eine unmittelbare Förderung seiner Dogmatik versprach. Vgl. i. ü. auch unten unter 6a (S. 68 f.) zu Fn. 128.
8 Beim Göttinger Symposion von 1968 (Fn. 4) war dieser Gesichtspunkt kein Thema. Vgl. zur dogmatischen Wirkung Jherings aber die verständnisvolle Analyse *Fikentschers*, Methoden III S. 163–186, sowie vor allem *Wieacker*, SavZRom (Fn. 5), Bd. 86, S. 1: „Für seine fachwissenschaftliche Leistung stehen im wesentlichen die dogmatischen Einzelabhandlungen ein" (im Detail dann S. 17 ff.).
9 Seit 1857; zur Entstehungsgeschichte *Fikentscher*, Methoden III, S. 176; seit dem Jahre 1893 führen die Jahrbücher ihren Urheber im Titel.

schen Recht zu machen, aus denen jeder Kenner desselben unschwer erkennen kann, wie wenig ich selbst es bin.
c) Gesetzesmaterialien brauchen ebensowenig im einzelnen nachzuweisen, woher ein in der Gesetzgebung aufgegriffener Gedanke stammt, wie ein Gerichtsurteil der Ort für eine vollständige wissenschaftliche Analyse ist. Auch mir war es nicht möglich, zeitraubende Recherchen darüber anzustellen, wo in den Motiven und Protokollen zum BGB oder wo in der gar nicht mehr überschaubaren Literatur zu den Themen, denen sich Jhering gewidmet hat, sein Name auftaucht oder ihn zu erwähnen unterlassen wurde, obwohl es sich um „sein" Gedankengut handelt.
Rechtswissenschaft und Rechtspraxis sind mit dem dogmatischen Werk Jherings in ganz unterschiedlicher Weise umgegangen. Die Effektivität der Rezeption, wie sie dem nur ein Jahr und zwei Monate älteren Bernhard Windscheid nicht zuletzt dadurch zuteil geworden ist, daß er in Gestalt seiner Pandekten[10] ein jederzeit zu allen Einzelproblemen abfragbares Hauptwerk hinterlassen hat, vor allem aber auch dadurch, daß er in den Jahren 1880–1883 der Ersten Kommission für das Bürgerliche Gesetzbuch angehörte: ein solcher äußerer Erfolg blieb Jhering versagt. Manche Vorschriften im BGB und manche Regelungen der durch Rechtsfortbildung geschafffenen Dogmatik sind gleichwohl „von ihm", ganz abgesehen davon, daß die Art und Weise, wie wir heute die Jurisprudenz betreiben, viel mehr der Handschrift Jherings entspricht als derjenigen Windscheids[11].

---

10 Zitiert nach *Windscheid*, Lehrbuch des Pandektenrechts, Bd. 1, 7. Aufl. 1891, sowie nach der von Kipp besorgten und 1906 erschienenen 9. Aufl.
11 Zum Verhältnis von Windscheid und Jhering *Fikentscher*, Methoden III, S. 137 ff. Treffend kennzeichnet *Wieacker*, Jhering (Fn. 5), S. 46, diese Entwicklung dahin, daß sich vor allem in der Zivilrechtswissenschaft die teleologische Begriffsbildung heute als die herrschende gegen die zähen begrifflichen Traditionen durchgesetzt hat. Vgl. auch *Bettermann/Blasius*, Rudolf v. Jhering über seinen Besuch bei Otto v. Bismarck, Nachrichten der Gießener Hochschulgesellschaft, 30. Band (1961), S. 140, 141. Vgl. ferner unten Fn. 75 und 77 und den dazu gehörenden Text meines Referats.

Selbst in seinen frühen Schriften, also zur Zeit seiner sog. „naturhistorischen" Periode[12] stoßen wir immer wieder auf Bemerkungen, die Jherings Energie verraten, neben begrifflicher Sauberkeit das einer Regelung jeweils zugrunde liegende Prinzip zu erfassen und darüber hinaus in seinen Entscheidungen auch das praktisch Richtige zu treffen. Ich werde dies im folgenden, wo möglich, am Rande vermerken.

2. Typologien der Jhering-Rezeption

Den eigentlichen Zugang zu unserem Thema aber wollen wir uns dadurch eröffnen, daß wir eine Rezeptionstypologie zugrunde legen[13].

a) Man könnte etwa nach der *Quantität* der jeweiligen Übernahme forschen und würde beispielsweise sehen, in welchem Umfang Jheringsche Thesen übernommen, verworfen oder teilweise berücksichtigt worden sind[14]. So hat das BGB von seiner „Lehre von der Gefahr beim Kaufkontrakt"[15] den[16] Grundsatz des „periculum est

---

12 Dazu *Per Olof Ekelöf*, in: Jherings Erbe, S. 27 ff. sowie ausführlich *H. J. Hommes*, ebd., S. 101 ff. Zur Zweiteilung des Jheringschen Werks mit der Zäsur seiner „Wende" von der naturhistorischen Methode zur Zweckjurisprudenz vgl. *Fikentscher*, Methoden III, S. 204 ff., S. 220 ff. sowie S. 237 ff.; *Larenz*, Methodenlehre, S. 24 ff. und 43 ff. Die Beschäftigung mit Jherings dogmatischen Schriften macht mir *Wieackers* Feststellung, SavZRom Bd. 86, S. 24, immer plausibler, daß „von einem wirklichen Kontingenzbruch in Jherings Lebenswerk doch wohl nicht die Rede sein" kann. Vgl. unten Fn. 53. Vgl. i. ü. auch unten Fn. 59.

13 Zum typologischen Denken allgemein vgl. *Larenz*, Methodenlehre, S. 463 ff.

14 Vgl. etwa *Fikentscher*, Methoden III, S. 167: „überragende Entdeckungen" (Zession der rei vindicatio, culpa in contrahendo, Schuldmoment), „Anregungen für die Weiterentwicklung des deutschen Rechts" (Stellvertretung, Gesamtgläubigerschaft, Gefahrtragung beim Kauf usw.) und „wichtige Abhandlungen" (Besitz), Beschäftigung „bis ins Alter" und „von der Rechtslehre nicht wieder aufgegriffen" (subjektives Recht, Reflexwirkungen).

15 *Jhering*, Jb. f. Dogmatik Bd. 3 (1859), S. 449 ff.

16 – von Jhering freilich selbst in seiner absoluten Geltung in Frage gestellten –

emptoris" in den §§ 320–323 BGB in das Gegenteil des „periculum est venditoris"[17] verkehrt, während es für die Gefahrtragung beim Gattungskauf in § 243 Abs. 2 BGB Jhering fast bis in den Wortlaut hinein gefolgt ist, wonach nämlich „beim Verkauf generisch bestimmter Gegenstände die Gefahr nicht mit der Ausscheidung, sondern mit dem Momente über(geht), wo der Verkäufer seinerseits alles getan hat, was ihm kontraktlich oblag"[18].

Oder man könnte eine Typenreihe aufstellen nach der *zeitlichen* Geltung der Rezeption. Dann würde man etwa bemerken, daß seine Arbeiten zu den Reflexwirkungen oder zu den passiven Wirkungen der Rechte[19] eher irritierend gewirkt und deshalb in der weiteren Rechtsdogmatik überhaupt keine Bedeutung erlangt haben[20]; daß seine Lehre von der „culpa in contrahendo" sich im BGB sofort einnistete und bis in unsere Zeit virulent geblieben ist; und man würde sehen, daß die von ihm für das Haftungsrecht vertretene Einschränkung der Totalreparation zunächst überhaupt keine Nachfolge gefunden hat, aber in unserer Zeit Jherings Gedanke eines „Gleichgewicht(s) zwischen Schuld und Schadensersatz"[21] immer mehr Anhänger findet.

Die Verfasser des BGB haben sich zur Wahl eines flexiblen, schuldrelativen Schadensbegriff nicht durchringen können, sondern in den §§ 249 ff. BGB am Prinzip der Totalreparation festgehalten. Es darf aber vermutet werden, daß sich das von Jhering in vorzüglicher Weise artikulierte Rechtsgefühl in der Judikatur mitunter unter dem Deckmantel des § 254 BGB Geltung verschafft. Aber auch auf legislatorischer Ebene ist sein Petitum nicht verhallt, sondern hat die rechtspolitische Diskussion seit den Vorarbeiten zum BGB

---

17 Mit Ausnahmen lediglich in den §§ 446, 447, 644 BGB usw. und im Erbrecht.
18 Vgl. *Jhering*, Jb. f. Dogmatik Bd. 4 (1861), S. 366.
19 Vgl. *Jhering*, Die Reflexwirkungen oder die Rückwirkung rechtlicher Tatsachen auf dritte Personen sowie: Passive Wirkungen der Rechte, Jb. f. Dogmatik Bd. 10 (1871), S. 245 ff. und 387 ff.
20 Vgl. etwa *Michel Villey*, Le droit subjectif chez Jhering, in: Jherings Erbe, S. 217 ff.; ferner *Fikentscher*, Methoden III, S. 183 ff., insbes. S. 185 vor und unter Nr. 14.
21 Vgl. *Jhering*, Das Schuldmoment im römischen Privatrecht, in: Vermischte Schriften, 1879, S. 155 ff., S. 215.

begleitet[22]. Diese Entwicklung hin zur Proportionalität von Schuld und Haftung kulminierte in § 255a des Referentenentwurfs eines „Gesetzes zur Änderung und Ergänzung schadensrechtlicher Vorschriften" aus dem Jahr 1967, der in seinem Abs. 1 das Gericht zur Einschränkung des Haftungsumfangs ermächtigte, wenn der Schaden im Hinblick auf die die Ersatzpflicht begründenden Umstände außergewöhnlich hoch sei und die Verpflichtung zur Totalreparation zu einer schweren Unbilligkeit führen würde. Das entspricht ganz Jheringschem Denken. Nachdem das Vorhaben einer gesonderten Reform des Delikts- und Schadensrechts als gescheitert gelten kann, hat sich auch die rechtspolitische Diskussion etwas beruhigt. Heute werden die Vor- und Nachteile einer Reduktionsklausel nüchtern gewürdigt[23].

b) Man könnte sodann eine Typenreihe nach dem Grad der Neuartigkeit der dogmatischen Figuren und Überlegungen, also nach dem jeweiligen *Innovationseffekt,* entwickeln. So hat Jhering in einer späten Arbeit die nach der h. M. für das römische Recht bestrittene Möglichkeit aktiver Solidarobligationen nachzuweisen versucht[24], die das geltende Recht in § 428 BGB ohne weiteres anerkennt. Wo der Begriff vorhanden, ist der Nachweis, daß eine Rechtsordnung, die ohnehin abgelöst werden soll, Anwendungsfälle davon kennt und damit sicherlich auch den Begriff, nicht so bedeutend, wie wenn überhaupt erst der Begriff selbst entwickelt werden muß, wie dies beispielsweise bei der „culpa in contrahendo" der Fall war[25]. Steigern ließe sich der genannte Gesichtspunkt, wenn man nach der *Modernität* Jheringscher Dogmatik fragte. Dann wäre etwa in seiner Abhandlung zum „Rechtsschutz gegen injuriöse Rechtsverletzungen" mit ihrer Entwicklung des Allgemeinen Persönlichkeits-

---

22 Vgl. aus der älteren Literatur etwa *Degenkolb,* Der spezifische Inhalt des Schadensersatzes, AcP Bd. 76 (1890), S. 1 ff.; *Hartmann,* Der Civilgesetzentwurf, das Aequitätsprinzip und die Richterstellung, AcP Bd. 73 (1888), S. 309 ff., 359 ff.
23 *Erwin Deutsch,* Haftungsrecht, Bd. 1, 1976, S. 334 f.; *Hermann Lange,* Schadensersatz, in: Handbuch des Schuldrechts, Bd. 1, 2. Aufl. 1990, Einl. VI 1 S. 19 ff., jeweils m. Nachw.
24 Vgl. *Jhering,* Jb. f. Dogmatik Bd. 24 (1886), S. 129 ff.
25 Vgl. dazu unten unter 6a, S. 68 ff.

rechts und seines Schutzes Jherings erstaunliche Aktualität zu bewundern[26], während wir seine Passage zum kompulsiven Zwang in der Familie heute nicht ohne – allerdings auch wiederum zeitbedingte – Befremdung zu lesen vermögen[27].

c) Das bringt uns schließlich auf die Typenreihe, von der wir im folgenden auch ausgehen wollen: wir wollen Jherings Werk auf unser geltendes Privatrecht projizieren und über die Bedeutung des Jheringschen Denkens dann jeweils das dogmatische Gewicht, das seine einzelnen Arbeiten in unserer Rechtsordnung haben, entscheiden lassen.

Man kann das dem Zivilrecht gewidmete Werk Jherings auch so lesen, wie eine gute juristische Methodenlehre vorgeht: zunächst also betrachten, was Jhering zur *Begrifflichkeit* unseres Zivilrechts beige-

---

26 Vgl. *Jhering*, Jb. f. Dogmatik Bd. 23 (1885), S. 155 ff. sowie dazu *Fikentscher*, Methoden III, S. 178 ff.
Jhering arbeitete in dem besagten Aufsatz – allerdings ohne explizit von Persönlichkeits„recht" zu sprechen – zunächst heraus, daß subjektive Privatrechte auch nichtökonomische Interessen schützen können (S. 158 f.), was z. B. der Fall sein kann, wenn eine Privatperson sich dagegen wehrt, daß ein Fotograf das von ihm angefertigte Portrait ausstellt oder verkauft (S. 312 f.); sodann, daß das Hauptmerkmal (das Prinzip) der injuriösen Klage die persönliche Hybris und Frivolität gegenüber der Persönlichkeit des andern ist (S. 190 ff. und S. 211 f.); ferner grenzt er das Persönlichkeitsrecht tatbestandsmäßig von anderen Schutzgütern, z. B. den Immaterialgüterrechten, ab (S. 309 f.; zum Begriff S. 304); und schließlich wird die noch heute völlig aktuelle „Kasuistik" des Persönlichkeitsrechts entwickelt: im Verhältnis zwischen mehreren Mietparteien eines Hauses (S. 280 ff. und vor allem S. 297 ff., i. ü. Passagen, die uns die „gute alte Zeit" des bürgerlichen Zusammenlebens in einem anderen Licht erscheinen lassen können!); hinsichtlich des geistigen Eigentums an Briefen, bei denen es um den Schutz gegen ihre Veröffentlichung geht (S. 314 ff.); der bereits erwähnten Fotografien von Kunden (S. 318 ff.); der Privatnamen (S. 320 ff.) usw. Modern ist schließlich auch Jherings Eintreten für eine fruchtbare *Rechtsvergleichung* (S. 303).

27 *Jhering*, Zweck, 1. Bd. 4. Aufl. Kap. VIII 4, S. 204: „Der Hausherr, welcher die Familie gründet, muß das Regiment im Hause haben... und die Natur selber hat ihm diese seine Stellung... vorgezeichnet, der Frau gegenüber durch das Übergewicht seiner physischen Kraft und das ihm zufallende höhere Maß der Arbeit...".

tragen hat; sodann, was von den materialen *Rechtsprinzipien,* die unser Zivilrecht beherrschen, von ihm stammt; um schließlich festzustellen, wo er als Urheber mitgewirkt hat, als es darum ging, den gesamten Rechtsstoff zum System zu entfalten, also bei der Entwicklung der *Grundstrukturen* unseres Rechts. Dabei hängen natürlich alle drei Momente wie die Stufen einer Treppe, die man hinauf- und hinabschreiten kann, zusammen. Wir werden etwa sehen, daß bei der Stellvertretung oder auch der „culpa in contrahendo" die begriffliche Arbeit Jherings derjenigen bei der Entwicklung des Prinzips in nichts nachsteht[28]. Trotzdem scheint mir, daß, wenn wir auf die verschiedenen Kategorien der juristischen Methodenlehre abstellen, wir dadurch am ehesten die Bedeutung des Jheringschen Werks für unsere heutige Dogmatik erfassen.

3. Jheringsche Begriffe mit Schrittmacherfunktion[29]

a) Die Vindikationszession

Wir beginnen mit der Vindikationszession. Sie ist eine Erfindung Jherings, von ihm aber doch noch nicht so weit ausgebildet worden, daß sie ohne weitere Modellierungsarbeit in das BGB hätte übernommen werden können. Jherings begriffliche Leistungen waren hier also nur Vorarbeit für die künftige Kodifikation.
Dem römischen Recht war die Vindikationszession unbekannt. Der Eigentumsübergang durch den Willen des bisherigen Eigentümers

---

28 Vgl. dazu unten unter 3b (S. 49) und 4a (S. 50) sowie unter 6a (S. 68) und b (S. 73).

29 Wer einen Eindruck von der Schärfe und Bildhaftigkeit und damit von der Qualität der Jheringschen Begriffsarbeit gewinnen will, lese nur die Differenzierung von Besitz und Eigentum sowie der verschiedenen Besitzformen bei *Jhering,* Der Besitz, Jb. f. Dogmatik Bd. 32 (1893), S. 41 ff. Um so interessanter ist es in diesem Zusammenhang, daß er sich mit seinem erweiterten Eigentumsbegriff zwar im öffentlichen Recht beim Verständnis der Eigentumsgarantie des Art. 14 GG, nicht aber im Zivilrecht durchgesetzt hat, wo vom „geistigen Eigentum" allenfalls metaphorisch gesprochen wird (vgl. Jb. f. Dogmatik Bd. 23 [1885], S. 303 ff., 313).

verlangte neben der Erklärung dieses Willens, wie Windscheid sagt, „einer gewissen Form", und diese Form war die Übergabe der Sache[30]. Von diesem in den Tatbestand des § 929 S. 1 BGB übergegangenen Traditionsprinzip gab es im römischen Recht nicht die Durchbrechung, wie sie sich für das deutsche Recht heute in § 931 BGB findet. Danach kann, wenn ein Dritter im Besitz der Sache ist, die Übergabe dadurch ersetzt werden, daß der Eigentümer dem Erwerber den Anspruch auf Herausgabe der Sache abtritt. Zum Eigentumswechsel genügt also die in der Absicht der Eigentumsübertragung erfolgende Abtretung der „rei vindicatio". Sie war zwar im gemeinen Recht möglich[31], machte den Zessionar aber erst dann zum Eigentümer, wenn er den Besitz der Sache erlangte[32].
Jherings Aufsatz zur Übertragung der „rei vindicatio" auf den Nichteigentümer findet sich im ersten Band seiner Jahrbücher[33]. Jhering blieb darin bei der unvollkommenen Konstruktion des römischen Rechts stehen, daß die Zession nicht das Recht als solches, sondern nur das Klagerecht des Zedenten übergehen ließ; erst wo es ihm um die „Benutzung" der Vindikationszession „zur Konstruktion eines modernen Verhältnisses" ging, nämlich der Rechte des Empfängers eines Konnossements, über die Ware zu verfügen, da wird Jhering dogmatisch offensiv. Das Konnossement soll aus seiner partikularrechtlichen Existenz herausgerissen werden, weil die Möglichkeit, „mit dem Konnossement statt mit der Ware zu operieren, die reelle Übertragung der Ware durch ein juristisches Mittel zu ersetzen", wie er sagt, „für den Handel eine solche Erleichterung" enthält[34]. Freilich muß das Partikularhandelsrecht mit den

---

30 Vgl. *Windscheid/Kipp* (Fn. 10), Bd. 1 § 171, 2 S. 881 f.
31 Vgl. *Ludwig Arndts Ritter von Arnesberg*, Lehrbuch der Pandekten, 11. Aufl., bearb. von L. Pfaff und F. Hofmann, Stuttgart 1883, § 145 S. 249; *Heinrich Dernburg*, Pandekten, Erster Band, Allgemeiner Teil und Sachenrecht, 7. Aufl., Berlin 1902, § 214 S. 496; *Windscheid/Kipp* (Fn. 10), Bd. 2, § 337 S. 395.
32 Vgl. *Windscheid/Kipp* (Fn. 10), Bd. 1 § 172 S. 895 unter 5 sowie Bd. 2, § 337 S. 396 f. unter 4 sowie Fn. 6.
33 Vgl. *Jhering*, Jb. f. Dogmatik Bd. 1 (1857), S. 101 ff.
34 A. a. O., S. 186. Die Orthographie wurde hier und im folgenden dem modernen Gebrauch angepaßt.

Erfordernissen des römischen Rechts auf der Grundlage der Quellen versöhnt werden[35], und Jhering gelingt dies, indem er beim Tatbestand der – unverzichtbaren – Zession selbst ansetzt und ihre Rechtsfolgen differenziert. In einigen Fällen bleibt dem bisherigen Eigentümer die Vindikation gegen Dritte (z. B. wenn es um die Reklamierung der Waren geht, nachdem das Schiff gestrandet ist) oder gegen den Schiffer (wenn dieser etwa in Konkurs gefallen und die Waren zur Masse gezogen werden sollen). Aber die Vindikation des „Noch-Eigentümers" muß, wie Jhering sagt, zurückstehen, „soweit (!) das Recht des Destinatärs und dessen Sukzessoren es verlangt" (namentlich also bei einem Konflikt der beiden Vindikationen gegenüber einem Drittbesitzer)[36].

Den Bedürfnissen des Handelsverkehrs zu entsprechen, nämlich den Inhaber des Konnossements rechtlich so zu stellen, daß er die Ware gegen Vorlage der Urkunde herausverlangen kann, war durch die *Vereinigung der beiden Rechtsinstitute „Zession" und „Vindikation"* hinreichend genüge getan[37]. Als selbständige Form des Eigentumsübergangs aber war die Vindikationszession für Jhering von den Handelsbedürfnissen seiner Zeit her gesehen noch nicht erforderlich, von den Erfordernissen der Rechtsdogmatik seiner Zeit aus betrachtet auch noch nicht möglich.

Aber in der gedanklichen Kombination von Zession und Vindikation zum Begriff der Vindikationszession lag bereits der Übergang zur Erweiterung der Eigentumsübertragungsformen, was bei Jhering schon anklingt, wenn er das Phänomen eines „Eigentums ohne Vindikation" als eine dem gemeinen Recht geläufige Erscheinung verteidigt[38]. Denn wenn mit dem Wechsel des Besitzes an der Urkunde

---

35 Vgl. a. a. O., S. 179, wo Jhering von dem Bestreben spricht, „ein Institut des modernen Rechts mit den Grundsätzen des römischen zu vereinigen", und von dem „Frieden", der zwischen beiden herzustellen versucht werde.
36 Vgl. Jb. f. Dogmatik a. a. O., S. 184 f.
37 Besonders deutlich a. a. O., S. 108, wo er vom „praktischen Bedürfnis" und vom „Zusammentreffen" der beiden Begriffe Vindikation und Zession spricht (vgl. auch *Fikentscher*, Methoden III, S. 168).
38 A. a. O., S. 183.

wesentliche Eigentumsbefugnisse zum Inhaber des Konnossements hinüberwandern, so lag darin schon der Übergang zu einer Erweiterung der Eigentumsübertragungsformen. Wenn der von ihm gleich zweimal zitierte Wilda das Konnossement den „juristischen Schlüssel zur Ware" nennt[39], so bleibt das hinter dem wahren Befund zurück: das Konnossement *verkörpert* den Besitz an der Ware und es ist ihrerseits die Vindikationszession, die einen neuartigen Schlüssel zur Konstruktion der Übertragung von Eigentum enthält. Und so nimmt es nicht wunder, daß Jhering selbst die Verallgemeinerungsfähigkeit seines Gedankens über die Vergegenständlichung im Wertpapier hinaus bemerkt hat, wie in seinen breiten Ausführungen zur „rei vindicatio utilis" zum Ausdruck kommt[40]. Diese bezweckte nach Jhering u. a. die Verstärkung oder Steigerung einer persönlichen Klage, um[41] dem Kläger, der sich sonst mit dem Geldwert der Sache hätte abfinden lassen müssen, mit dem Anspruch auf die Sache selbst weitere Zangsmittel in die Hand zu spielen[42]. Nach Jhering behauptet der Kläger mit der „rei vindicatio utilis" nicht, wie bei der „rei vindicatio directa", Eigentümer „zu sein", sondern ein Recht zu haben, es zu „werden"[43]. Sobald man die prozessualen Steigerungen als materiell-rechtlich begreift, wird die „Verdinglichung" der Obligation deutlich und deutlich, daß hier etwas Sachenrechtliches geschieht: daß – nun wieder auf die Fälle der Vindikationszession bezogen – über die Abtretung des Herausgabeanspruchs die Übertragung des Eigentums bewirkt werden kann. Diese Konsequenz hat erst das BGB aus dem, was auf die beschriebene Weise von Jhering begrifflich vorbereitet worden war, mit Schaffung von § 931 BGB gezogen.

---

39 Vgl. *Jhering,* a.a.O., S. 178 und 183.
40 Vgl. a.a.O., S. 120–176.
41 in den Fällen der Rückforderung der „dos" von seiten der Frau oder einer Schenkung unter Ehegatten oder des Mündels wegen der Sachen, die sein Vormund mit dem Geld des Mündels gekauft hatte, vgl. Jb. f. Dogmatik Bd. 1, S. 120 ff.; tabellarische Zusammenstellung der Fälle S. 157 f.
42 Vgl. *Jhering,* a.a.O., S. 168 ff., insbes. S. 169.
43 A.a.O., S. 176.

Jherings Rechtsinstitute im deutschen Privatrecht der Gegenwart

Ohne Jhering wäre die Vindikationszession als selbständige Form der Eigentumsübertragung wohl nicht möglich gewesen. Aber Jherings Mitwirkung beschränkte sich hier auf vorbereitende Schritte. Sie bestanden in der konstitutiven Zusammenführung anderer Rechtsinstitute zu einem neuen Rechtsinstitut und in der Vorbereitung seiner Verallgemeinerung von einem bloßen Rechtsinstitut des partikularen Handelsrechts zu einem generellen, für den gewillkürten Eigentumswechsel bei sämtlichen beweglichen Sachen verwendbaren Rechtsbehelf[44].

b) Die Stellvertretung

Eine ähnliche Geburtshilfefunktion können wir Jhering wohl im Bereich der Stellvertretung zuerkennen[45], einmal für den auf der Grundlage seiner Arbeit dann von Paul Laband vollzogenen Durchbruch zur Anerkennung des Abstraktionsprinzips bei der Vollmacht[46], zum andern für das den §§ 164 ff. BGB selbstverständliche Offenkundigkeitsprinzip. Nur wer sich vergegenwärtigt, wie noch Schloßmann[47] um die Jahrhundertwende die Unterscheidung zwischen Handeln im eigenen und im fremden Namen zugunsten der gemeinsamen Struktur der Besorgung fremder Angelegenheiten auf Gefahr und für Rechnung des Interessenten aufzugeben bereit war[48], vermag zu ermessen, wieviel intellektuelle Disziplin erforderlich war, um auch nur eine der uns heute völlig geläufigen be-

---

44 Die „Vindikationszession" bietet zugleich ein anschauliches Beispiel für Jherings Bemerkungen, daß „in einen einzigen richtig gefaßten Begriff... der praktische Inhalt von zehn früheren Rechtssätzen aufgenommen" sein kann und daß „durch Kombination der verschiedenen Elemente... die Wissenschaft *neue* Begriffe und Rechtssätze bilden" könne: „Die Begriffe sind produktiv, sie paaren sich und zeugen neue" (Geist, 9. Aufl., 1. Teil, S. 37 und 40). Vgl. unten Fn. 58.
45 Vgl. *Jhering*, Mitwirkung für fremde Rechtsgeschäfte, Jb. f. Dogmatik Bd. 1 (1857), S. 273 ff.; Bd. 2 (1858), S. 67 ff.
46 Vgl. *Laband*, Zeitschrift für das gesamte Handelsrecht, Bd. 10 (1866), S. 183 ff.
47 Die Lehre von der Stellvertretung insbes. bei obligatorischen Verträgen, Teil I 1900; Teil II 1902.
48 Dagegen *Windscheid/Kipp* (Fn. 10), 9. Aufl. Bd. 1, § 73 Fn. 2 auf S. 346.

grifflichen Differenzierungen herauszuarbeiten und durchzusetzen[49].
Für die von uns auszuziehende weite Linie bleibt bemerkenswert, daß Jhering den Begriff des Stellvertreters im wesentlichen deshalb einengte, um bei Beteiligung mehrerer[50] denjenigen herauszupräparieren, der als Darlehensnehmer ggf. auch als effektiver Schuldner zur Zurückzahlung des Geldes verpflichtet ist – weil man doch nur demjenigen Kredit geben könne, von dem man auch wisse, daß man es mit ihm zu tun habe[51].

4. Die Bedeutung materialer Wertungsprinzipien bei Jhering

a) Die Stellvertretung (Fortsetzung)

Wir haben die Stellvertretung als Erfolg Jheringscher Begriffsarbeit gewürdigt und befinden uns damit im Einklang mit Windscheid, der Jhering neben Brinz u.a. dafür belobigt, daß er sich „um die Reinigung des Begriffs der Stellvertretung...verdient gemacht" habe[52]. Wir hätten Jherings Leistung hier aber genausogut auch denjenigen seiner Verdienste zuordnen können, die sich aus der Entwicklung der das ganze Zivilrecht durchwaltenden rechtsethischen Prinzipien ergeben[53].

---

49 In klassischer begrifflicher Klarheit etwa Jb. f. Dogmatik Bd. 1 (1857), a.a.O., S. 312 f. und 314! Vgl. auch *Fikentscher*, Methoden III, S. 173.
50 *Jhering* bezeichnet sie als Teilnehmer, das sind Zeugen und zustimmungsberechtigte Dritte, den heutigen mittelbaren Stellvertreter als Ersatzmann (vgl. auch Jb. f. Dogmatik Bd. 1 (1857), S. 350 Fn.: „stiller Stellvertreter") und den direkten oder „offenen" (vgl. Jb. f. Dogmatik a.a.O.) eben als: Stellvertreter (vgl. auch Jb. f. Dogmatik a.a.O., S. 273 f. Vgl. zur Terminologie auch Jb. f. Dogmatik Bd. 2 (1858), S. 69 und vor allem S. 70 ff).
51 *Jhering*, Jb. f. Dogmatik Bd. 1 (1857), S. 342 ff.; Bd. 2 (1858), S. 100 ff.; vgl. auch *Fikentscher*, Methoden III, S. 173 f., 174: „sehr modern anmutende Begründung".
52 *Windscheid/Kipp* (Fn. 10), 9. Aufl., § 73 Fn. 2 S. 346.
53 Vgl. zu diesen *Larenz*, Methodenlehre, S. 333 ff., 421 ff. und 473 ff. Die Funktionen der „rechtsethischen Prinzipien" etwa im Sinne von Larenz sind bei Jhering, der sich hierfür vielfach auch der Ausdrücke „Idee",

Denn wenn es in § 164 Abs. 1 S. 1 BGB heißt, daß für den Eintritt der Rechtswirkungen in der Person des Dritten der Vertreter „im Namen des Vertretenen" gehandelt haben muß, dann ist diese „direkte Stellvertretung" der Begriff[54]. Dahinter aber und die eigentlich zugrunde liegend Wertung enthaltend steckt der Offenheitsgrundsatz[55]. Wenn wir bei Larenz[56] lesen, das Gesetz verlange grundsätzlich Offenkundigkeit der Fremdbezogenheit des Geschäfts für den Geschäftsgegner, „damit dieser weiß oder wissen kann, mit wem er es zu tun hat, wer sein Geschäftspartner wird", so sind das fast die Worte Jherings[57], lediglich von der Kreditthingabe auf sämtliche Rechtsgeschäfte verallgemeinert. Nur ist Jhering derjenige, der schon vor Larenz mit dieser Einsicht als einem juristischen Prinzip gearbeitet hat.

Überall – und nicht erst in der Zeit nach seiner Abwendung von der „naturhistorischen Methode", die sich damit einmal mehr als bloße Metapher entpuppt![58] –, durch sein ganzes Werk, sage ich,

---

„Grund", ideales oder psychologisches „Motiv" (so Jb. f. Dogmatik Bd. 23 [1885], S. 157/58) bedient, bereits mehr oder minder vorhanden: Die unbewußte Wirksamkeit eines Prinzips, Prinzipien als Quellen neuer Rechtssätze, die Konkurrenz der Prinzipien usw. (vgl. *Jhering*, Geist, 2. Teil 2. Abt., 8. Aufl., § 40, insbes. S. 353 ff. sowie 3. Teil 1. Abt., § 61, S. 355). Wenn *Larenz* ferner in Jherings Erbe, S. 138 die teleologische Begriffsbildung als Errungenschaft der heutigen Rechtswissenschaft in Gegensatz zum Jheringschen Denken bringt, so meine ich, daß auch dies bei Beschäftigung mit dem dogmatischen Werk Jherings dessen Denken nicht überall ganz gerecht wird. Vgl. oben Fn. 12 sowie unten Fn. 75 und 79.

54 Vgl. besonders deutlich dazu *Andreas v. Tuhr*, Der Allgemeine Teil des Deutschen Bürgerlichen Rechts, 2. Band, 2. Hälfte, 1918, § 84 I 1 und III, S. 333 ff.

55 Vgl. *Werner Flume*, Der Allgemeine Teil des Bürgerlichen Rechts, 2. Bd., Das Rechtsgeschäft, 3. Aufl. 1979, § 44 I S. 763; *Dieter Medicus*, Allgemeiner Teil des BGB, 4. Aufl. 1990, Rz. 905.

56 Allgemeiner Teil des deutschen Bürgerlichen Rechts, 7. Aufl. 1989, § 30 II b S. 601 f.

57 Vgl. oben unter 3 b a. E. (S. 50).

58 Vgl. bereits oben Fn. 44, wo die Beschreibung des logischen Vorgangs in einem zweiten Satz lediglich durch ein sprachliches Bild illustriert wird. Vgl. aber auch *Jhering* a.a.O., S. 41: „Ich möchte mich noch eines

zieht sich das Bemühen hindurch, die hinter einer einzelnen Regelung stehende „ratio legis" oder das verschiedene Vorschriften beherrschende Prinzip herauszuschälen[59].

Mit Mario G. Losano[60] bin ich der Überzeugung, daß Jhering dem, was wir heute als inneres System bezeichnen, nämlich dem Zusammenhang der Rechtsprinzipien, die die Rechtssätze des positiven Rechts innerlich zusammenhalten[61], tatsächlich bereits auf der Spur war. Warum sollten wir eigentlich nicht Sätze wie die, daß das System „die Quelle neuen Stoffs" sei oder daß die „Abstraktion eines Prinzips aus gegebenen Einzelheiten" erfolge und der Jurist nachprüfen müsse, ob „der Gesetzgeber ein Prinzip wirklich gehabt und angewandt hat"[62] im Sinne der Rechtsfortbildung aus Rechtsprinzipien verstehen?

---

anderen Vergleichs bedienen..." sowie 2. Teil 2. Abt. S. 334 ff. zur „Übertragbarkeit" der Idee des Alphabets auf das Recht.
In der Lebhaftigkeit seines Geistes wurde Jhering nur allzu oft zum Gefangenen seiner Metaphorik (vgl. zum Sinn dieser „bunten Bilder" auch *Wieacker*, Jhering [Fn. 5], S. 26). Wie man Jherings Werk quasi gegen seine wuchernden Metaphern lesen müsse, hat sehr schön *Mario G. Losano* (in: Jherings Erbe, S. 142 ff., besonders S. 147) gezeigt; vgl. auch *Wieacker*, Jhering (Fn. 5), S. 14: wo von der Prosa Jherings die Rede ist, „die bei aller inneren Wucht und Lebendigkeit in der Form gesucht ,interessant', gelegentlich auch wahllos bis zum Unleidlichen sein kann". Vgl. auch oben Fn. 2.

59 Vgl. beispielsweise und just zur „logischen Unmöglichkeit" der Stellvertretung bei der Obligation *Jhering*, Geist, 3. Teil 1. Abt. 8. Aufl., S. 319 ff. sowie Anm. 431: „Wie selten operieren wir mit dem legislativen Zweck des Instituts, wie häufig mit einem abstrakten Gesichtspunkt, der demselben geradezu widerstreitet". Ebd. i. ü. auch die eigene Beurteilung seines Methodenwechsels, der von *Wieacker*, Jhering [Fn. 5], S. 17, treffend als „Abbruch von der Begriffsjurisprudenz zur Zweckjurisprudenz" gekennzeichnet wird (vgl. zu Jherings „Wende" i. ü. ebd. S. 30 ff. sowie oben Fn. 12).
60 A. a. O. (Fn. 58), insbes. S. 154.
61 Vgl. dazu *Larenz*, Methodenlehre, insbes. S. 473 ff. und 486 ff.
62 Vgl. Geist, 2. Teil 2. Abt. 8. Aufl., S. 383, 352 und 353. Vgl. ferner Jb. f. Dogmatik Bd. 23 (1885), S. 301, wo er auf die Nachbarschaft von Mietern das *Verhältnismäßigkeitsprinzip* anwendet.

b) Der Schutz des redlichen Besitzers im Eigentümer-Besitzer-Verhältnis

(1) Ist der ehemalige gutgläubige Besitzer einer fremden Sache verpflichtet, nach deren Untergang dem Eigentümer derselben den erlösten Kaufpreis herauszugeben? So lautet der Titel eines Aufsatzes aus dem Jahre 1878[63]. Jhering hatte zu dieser Frage bereits früher einmal in anderem, allgemeinerem Zusammenhang Stellung genommen[64]. Und was müssen wir in der schönsten Blüte seiner angeblich nur begrifflichen Phase schon im zweiten Satz dieser – älteren – Abhandlung des damals 26jährigen lesen, nachdem er im ersten Satz auf die Regel der Römer hingewiesen hatte, daß der Eigentümer unter gewissen Voraussetzungen den früheren Besitzer seiner Sache auf den Preis in Anspruch nehmen kann, den der Besitzer durch den Verkauf der Sache gewonnen hat? Jhering fragt: Läßt sich diese Bestimmung auch auf unser „Prinzip" zurückführen? Und daß dies tatsächlich im Sinne grundsätzlicher Überlegungen gemeint und nicht bloße „façon de parler" war, erkennt man unmittelbar darauf, wo er die Singularität (also Nichtverallgemeinerungsfähigkeit) der Gewinnabschöpfung folgendermaßen begründet: „Man tut der Jurisprudenz der Römer einen größeren Dienst, wenn man sie als eine durch das Billigkeitsgefühl der römischen Juristen hervorgerufene juristische Anomalie bezeichnet, als wenn man sie auf ein Prinzip zurückzuführen sucht"[65].

Nach Jhering haftet, wer fremdes Geld oder fremde Sachen in gutem Glauben durch Rechtsgeschäft erhält, dem Eigentümer nie auf Herausgabe dessen, was er damit gewonnen hat: „Der Untergang der rei vindicatio gegen ihn ist gleichbedeutend mit Anspruchslosigkeit des Eigentümers gegen ihn"[66] – ein Prinzip, das heute in § 993 Abs. 1 2. Halbs. BGB gesetzlich verankert ist. Es bedürfte, wie

---

63 Vgl. *Jhering*, Jb. f. Dogmatik Bd. 16 (1878), S. 230 ff.
64 Inwieweit muß der, welcher eine Sache zu leisten hat, den mit ihr gemachten Gewinn herausgeben? in: Abhandlungen aus dem römischen Recht, Leipzig 1844, S. 3 ff., insbes. S. 78–85.
65 A.a.O., S. 78 und 78 f. Die juristische Anomalie ist dann wiederum als Prinzip zu denken (vgl. oben Fn. 59).
66 *Jhering*, Jb. f. Dogmatik Bd. 16 (1878), S. 316.

Fikentscher bemerkt, näheren Studiums, ob hier, möglicherweise zum erstenmal, die Privilegierung des redlichen Besitzers im Eigentümer-Besitzer-Verhältnis angesprochen worden ist[67].

(2) Studieren wir die beiden Aufsätze im Rahmen unserer doppelten Buchführung auch gleich auf ihren Realitätsbezug hin, so lesen wir in der zweiten Abhandlung, auch wenn man berücksichtigt, daß dieser Aufsatz aus der zweiten rechtstheoretischen Periode Jherings stammt, noch immer Erstaunliches: Er wende sich, so schreibt Jhering[68], gegen Windscheid, weil er dessen Ansicht „in ihren praktischen Konsequenzen für ... bedenklich" halte, wobei für ihn „allgemeinere Grundsätze den Ausschlag" gäben, „Grundsätze von höherem legislativen und juristischen Gewicht". Aber auch wiederum: „Der Gesichtspunkt der Praktikabilität im Recht stellt sich ihr (scil. der abstrakten Idee) als gleichberechtigter in den Weg und diktiert ihr das Maß ihrer Verwirklichung"[69].

Um den Sieg der Praktikabilität über die abstrakte Eigentumsidee, nach welcher sich die „rei vindicatio" im Falle ihres Versagens in eine „condictio" verwandeln soll, recht plastisch zu machen, bedient sich Jhering einer herrlichen, den ganzen Wirtschaftskreislauf umfassenden „reductio ad absurdum"[70]:

> „Wohin aber gelangen wir, wenn wir die volle Eigentumskonsequenz in dieser Weise durchführen wollen? Es hat jemand meinen Leinsamen gestohlen, in sein Grundstück gesät, daraus Flachs gewonnen und letzteren verkauft. Der Käufer macht daraus Leinwand, die er wiederum verkauft, und aus der ein anderer Hemden anfertigt; die Hemden, nachdem sie abgetragen, kommen zum Papierfabrikanten, der aus den Lumpen Papier macht, letzteres zum Buchhändler, der es bedruckt, das Buch in die Hände des gegenwärtigen Inhabers. Wer will leugnen, daß in dem Buch, freilich in unendlicher homöopathischer Verdünnung, noch etwas von meinem Leinsamen steckt. Folglich würde mir der starren Konsequenz des Eigentums zufolge gegen den Besitzer des Buches eine ‚rei vindicatio utilis' auf Herausgabe der Bereicherung zustehen, wenn ‚meum est, quod ex re mea superest' l.49 § 1 de R. V. (6, 1) ‚quod ex re nostra fit, nostrum esse verius est', l.12 § 3 ad exh. (10, 4)."

---

67 *Fikentscher,* Methoden III, S. 177 oben unter 9. Vgl. zur Problematik selbst die lesenswerte Analyse von *Fikentscher,* Schuldrecht, 8. Aufl. 1991, § 102 V Rn. 1195 ff.

68 *Jhering,* Jb. f. Dogmatik Bd. 16 (1878), S. 237.

69 A.a.O., S. 242 unter Bezugnahme auf den Geist, Bd. I, S. 51 und Bd. II 1, S. 325 f. der 3. Aufl.

70 Vgl. zu diesem Institut der juristischen Methodenlehre meinen Beitrag in der 1. Festschrift Larenz 1973, S. 155 ff.

Und Jhering fügt hinzu:

"Wer wird nicht ein Kreuz schlagen vor einer solchen Konsequenz und es nicht dem Recht Dank wissen, daß dasselbe es sich nicht zur Aufgabe gesetzt hat, konsequent zu sein, daß es lieber den Vorwurf über sich ergehen läßt, inkonsequent als unpraktisch zu sein."[71]

c) Die Begründung der Interessenjurisprudenz (am Beispiel des Besitzes)

Prinzipielles Denken wirkt sich natürlich zu allererst auf die Begriffsbildung aus. Damit verbindet sich dieser Abschnitt mit dem vorigen über die Begriffe[72]. Dogmengeschichtlich ist mir Jhering immer als der Urheber einer Methode erschienen, die die juristischen Begriffe von dem dahinterliegenden (meist ökonomischen)[73] Interesse her konzipiert[74]. So ist er der eigentliche Begründer der Interessenjurisprudenz[75] – ja noch mehr: das die Begriffe formende

---

71 *Jhering*, Jb. f. Dogmatik Bd. 16 (1878), S. 243 f. Auch die folgende, ausschließlich aus dem praktischen Bezug gewonnene Argumentation besticht durch ihren Realitätssinn. In der Bereicherungsklage gegen den früheren gutgläubigen Besitzer denkt sich Jhering „eine Sache von wechselndem Wert, z. B. ein Sklavenkind", das, als es entwendet wurde, geringwertig, durch eine besondere musikalische Begabung hochwertig und im Alter wiederum oder durch Krankheit ganz in seinem Wert beschränkt sein kann. Auch hier ergeben sich rechte Ungereimtheiten, wenn man sich „die Klage in ihrer praktischen Anwendung zu vergegenwärtigen" sucht (a. a. O., S. 289).
72 Oben unter 3 (S. 45).
73 Andere Interessen sind die Persönlichkeit, Freiheit, Ehre, Familienverbindungen usw. (vgl. *Jhering*, Geist, 3. Teil 1. Abt. 8. Aufl., § 60 S. 339 f.); ferner Jb. f. Dogmatik Bd. 23 (1885), S. 158 ff.
74 Ähnlich *Fikentscher*, Methoden III, S. 168 in einem sprachlich interessanten Hysteron-Proteron.
75 Richtig bleibt, was *Larenz*, Jherings Erbe S. 135 hervorhebt, daß es Jhering nicht gelungen ist, „seine neue Auffassung von der überragenden Bedeutung des Zweckmoments im Recht in eine praktikable Anweisung für die Rechtsanwendung oder gar in eine durchdachte juristische Methodenlehre umzumünzen". Etwas anders als *Larenz*, a. a. O., beurteile ich dagegen die Bedeutung der culpa in contrahendo für eben diese neue Methodenlehre (vgl. dazu unten unter 6 b, S. 73). Und es bedürfte einer eingehenderen Untersuchung, wieweit nicht Jhering trotz sei-

Interesse ist keineswegs etwas rein Faktisches, sondern[76] „das Urteil über die Schutzwürdigkeit und Schutzbedürftigkeit gewisser Interessen", der „abstrakte Interessenmaßstab..., der für den Gesetzgeber bei Aufstellung aller Rechtstypen stets und ohne Ausnahme der maßgebende ist"[77].

---

nes – wenn man so will – gesellschaftswissenschaftlichen Positivismus, der es ihm erlaubte, auch die innerhalb einer Gesellschaft wirksamen sittlichen Elemente als Faktizitäten zu begreifen (vgl. auch Fn. 77), auch im Sinne der teleologischen Auslegung dritter Stufe im Sinne von *Larenz* (a. a. O., S. 138) der Rechtsidee verpflichtet ist, mag diese bei ihm auch vielfach nur im Gewande einer allerdings mit ganz anderer Verbindlichkeit erlebten gesellschaftlichen Konvention daherschreiten.

76 – im Sinne echter Wertungsjurisprudenz (vgl. dazu *Larenz*, Methodenlehre, S. 119 ff.) –

77 *Jhering*, Jb. f. Dogmatik Bd. 32 (1893), S. 41 ff., 66 f.; vgl. i. ü. oben Fn. 11 sowie auch Jb. f. Dogmatik Bd. 23 (1885), S. 242 ff., wo im Hinblick auf Besitz und Eigentum ausgeführt wird, „daß die Begriffe am Interesse ihre Grenze finden, daß der Zweck, nicht die Logik auf dem Gebiet des Rechts zu herrschen berufen" sei usw.
Diese Einsicht wird – ähnlich wie bei Philipp Heck, wenn dieser immer wieder von den „realen" Interessen spricht – nur dadurch verstellt, daß Jhering zu sehr auf das „Rechtsgefühl" abhebt (vgl. zu beidem *Larenz*, Methodenlehre, S. 43 ff. und 49 ff. m. Nachw.). Der Nachweis, wie wenig davon „Gefühl" und bei Heck „Realität" und wie viel davon in Wirklichkeit rechtsethisches Prinzip ist, steht noch aus. Interessant ist unter diesem Gesichtspunkt die Interpretation, die *Fikentscher*, Methoden III, S. 245 ff. Jherings Vortrag über die „Entstehung des Rechtsgefühles" (Wiener Allgemeine Juristenzeitung 7 [1884], S. 121 ff. usw.) angedeihen läßt (vgl. auch *Wieacker*, SavZRom Bd. 86, S. 32 ff.). In diesem Zusammenhang müssen die obigen Andeutungen zum Besitz genügen. Vgl. daneben aber auch unten unter 6 b (S. 73) zur culpa in contrahendo.
Reale Interessen sind freilich mit dem „Geist" des römischen Rechts gemeint (vgl. *Wieacker*, Jhering [Fn. 5], S. 43: die „soziale" Gesetzlichkeit der Rechtstechnik, der „Werdegrund [causa] des Rechts") und ebenso im „Kampf ums Recht", Kampf, 7. Aufl., etwa S. 8, 10, 15 usw. Einleuchtend erklärt *Wieacker* (Jhering [Fn. 5], S. 35) den Welterfolg dieser Gelegenheitsschrift mit der darin enthaltenen „Heroisierung des bürgerlichen Typus".
Die Leistung Jherings lag zweifellos in der methodischen Analysierung der Wirklichkeitsgrundlagen des Rechts als „naturalistische Revision

Jherings Rechtsinstitute im deutschen Privatrecht der Gegenwart

Daß Jhering vom Prinzip her denkt, kommt etwa auch darin zum Ausdruck, daß er darauf besteht, für den Gesetzgeber sei „bei Aufstellung aller Rechtstypen stets und ohne Ausnahme der abstrakte, nicht der konkrete Interessenmaßstab"[78] entscheidend[79]. Ein weite-

---

gegen die metaphysischen Traditionen" im vorigen Jahrhundert (*Wieacker*, Gründer und Bewahrer [Fn. 2], S. 207 ff.). Entgegen Wieacker ist der Begriff eines „naturalistischen Wertes" aber kein Paradoxon. Mein vorliegender Beitrag möchte gerade aufzeigen, wie begrenzt die Naturalisierung im dogmatischen Werk Jherings ist. Jhering verfügt über ein ihm selbstverständliches Repertoire an Wertungen (daher etwa seine Arbeiten über „Das Leben für und durch andere oder die Gesellschaft", die „Sitte", die „Umgangsformen", „Honorar und Gehalt", das „Trinkgeld", den „Takt", die „Mode" und „Tracht", die „Gastfreundschaft" usw.), die nach seiner Vorstellung wohl als gesellschaftliche Werte „naturalistisch" eingesetzt werden konnten (vgl. Fn. 75). Ihr Wertcharakter wird ihnen dadurch aber nicht genommen. Auch bleibt natürlich das kategoriale Problem; „naturalistisch" bedeutet in diesem Zusammenhang jedenfalls nicht „naturwissenschaftlich". Für Jhering war das Recht Teil der gesellschaftlichen Ordnung. Nur wenn wir die Jurisprudenz ausschließlich als von rechtsethischen (!) Prinzipien beherrschte Wertwissenschaft – ohne Verklammerung mit der Gesellschaft – betreiben, erscheint Jherings Denken paradox. Aber schon mit seiner „naturhistorischen Methode" behauptete Jhering „die Unabhängigkeit der fachjuristischen Dogmenbildung" (vgl. *Wieacker*, SavZRom [Fn. 5], S. 18 ff., insb. S. 21 f. unter 2), in der gerade faktisch-gesellschaftliche Faktoren mit rechtsethischen und juristischen Wertungen amalgamiert werden können. Nirgends wird dies deutlicher als in Jherings erfolgreichster Schrift, Der Kampf ums Recht, 4. Aufl. 1874, zit. nach der Ausgabe der Wissenschaftl. Buchgesellschaft, Reihe libelli, Bd. 88, ab S. 19 ff., wo die Durchsetzung des eigenen subjektiven Rechts im Zivilprozeß einerseits als „Charakterfrage", zugleich aber auch als „Pflicht der moralischen Selbsterhaltung" gekennzeichnet wird. Treffend wird der Zusammenhang zwischen Ethik und Gesellschaft bei Jhering von *Okko Behrends* dargestellt und mit dem Ausdruck einer „Kulturtheorie" Jherings bezeichnet: Jhering. Beiträge und Zeugnisse, S. 8 ff., sowie ausführlich: Rudolf v. Jhering und die Evolutionstheorie des Rechts, bei: Günther Patzig (Hrsg.), der Evolutionsgedanke in den Wissenschaften, in: Nachrichten der Akademie der Wissenschaften in Göttingen, Nr. 7 (1991), S. 290 ff., insbesondere S. 298, 299.

78 Also nicht das Interesse des einzelnen Rechtssubjekts!
79 *Jhering*, Geist, 3. Teil 1. Abt., 8. Aufl., § 60 S. 343 ff., 345; sehr viel deutlicher noch Bd. 32 (1893), S. 41 ff. und 66 f. Glänzend beschreibt

res schönes Beispiel enthält eine andere Stelle[80], in welcher er den Eigentumserwerb des Herstellers bei der Verarbeitung als einen der „fruchtbarsten Gedanken des römischen Rechts" bezeichnet, dem das BGB gefolgt ist (vgl. § 950 BGB), während wir in anderen Fällen die „Sicherheit des Eigentumsverkehrs" durch den entsprechenden Rechtsscheinschutz gewährleisten.

Der „Besitz" kann als Paradebeispiel für das prinzipielle Denken Jherings genommen werden[81]. Jhering geht bei der Konzeption des Besitzes nicht, wie die zu seiner Zeit h. L., von einem logisch mit bestimmten Elementen ausgestatteten Begriff aus, der dann etwa bei dem Erfordernis des Besitzwillens oder bei dem Besitzschutz des unrechtmäßigen Besitzers zu vielfältigen Konzessionen zwingt[82], sondern von der Erkenntnis, daß der Eigentümer ohne den Besitz „in bezug auf die ökonomische Verwertung seines Eigentums so gut wie gelähmt" werde und der Wert des Besitzes lediglich in der „Funktion des Mittels zum Zwecke" bestehe[83]. Wie sich die „Art der Innehabung" der Sache als der „wirtschaftlich gebotene(n) Form des äußeren Verhältnisses der Sache zur Person", kurz: die „ökonomische Verwendung" der Sache, bei der Inbesitznahme z. B. von Holz im Wald, Baumaterial auf dem Bauplatz einerseits und andererseits einer beim Baumaterial auf dem Bauplatz liegenden Zigarrentasche, als produktives über die Anwendung der Rechtsbegriffe

---

Wieacker (SavZRom [Fn. 5], S. 18 f. sowie Jhering [Fn. 5], S. 24 und 25 unten) den gedanklichen Mechanismus der Prinzipienbildung bei Jhering, wie denn allerdings umgekehrt auch den Mangel in der rechtstheoretischen Präzisierung. Vgl. dazu auch oben Fn. 53 und 75.

80 Jb. f. Dogmatik a.a.O., Bd. 32, S. 72 f.
81 Wenn *Elemér Pólay* in: Jherings Erbe S. 192 ff., insbes. S. 197 ff., die Besitztheorie Jherings ganz in den Dienst der Verkehrssicherheit (gemeint ist: des Verkehrsschutzes) gestellt sieht und damit als entscheidende Voraussetzung des glatten Warentauschs, so kommt auch darin das den Begriff des Besitzes formende Rechtsprinzip gut zum Ausdruck.
82 Vgl. *Jhering,* Jb. f. Dogmatik Bd. 32, a.a.O., S. 57 f.
83 A.a.O., S. 43 ff.; ferner S. 68 und 78 ff.; vgl. auch Jb. f. Dogmatik Bd. 23 (1885), S. 242 f. sowie Geist, 3. Teil 1. Abt. 8. Aufl., S. 366/67: Besitz ist „Eigentum in der Defensive" die bonae fidei possessio „eine zur Selbständigkeit des Rechts erhobene Form des defensiven Schutzes des Eigentums".

(Diebstahl, Fund usw.) entscheidendes, selbst für den „gemeinen Mann" die Begriffsfrage klärendes „ökonomisches Bestimmungsverhältnis" erweist, das hat Jhering in nicht zu überbietender Deutlichkeit entwickelt, auch wenn er den Ausdruck „Prinzip" in diesem Zusammenhang nicht verwendet[84].

Denken vom Prinzip her zeigt sich auch dort deutlich, wo es darum geht zu erklären, warum in Fällen des abgeleiteten Besitzes der Inhaber der Sache Besitzschutz bald genießt (Pfandgläubiger, Erbpächter), bald nicht (Mieter, Pächter), oder warum im Gegensatz zu den beiden letzteren dem unrechtmäßigen Besitzer der Besitzschutz gewährt wird[85]: Der Eigentümer, der die Sache vermietet oder verpachtet hat, behält ein „doppeltes Interesse", dem „praktische Erwägungen"[86] gegenüber dem Recht auf Selbstbehauptung von Mieter oder Pächter den Vorrang einräumen. Der Eigentümer sollte während der Miet- und Pachtzeit günstige Verkaufsgelegenheiten nutzen und einen untüchtigen oder unliebsamen Mieter oder Pächter jederzeit loswerden können; diese seien auf die Klage aus dem Kontrakt und auf Schadloshaltung beschränkt[87].

Noch deutlicher wird das Denken vom Prinzip her bei der Erörterung des „legislativen Motivs" des Besitzschutzes unrechtmäßiger Besitzer. Polizeiliche Gesichtspunkte, wie sie von Savigny angeführt worden seien[88], haben nach Jhering zwar „etwas höchst Einleuch-

---

84 Vgl. *Jhering*, Jb. f. Dogmatik Bd. 32, S. 77–87; ebenso deutlich bei der Behandlung des Rechtsbesitzes, a.a.O., S. 89 ff., insbes. S. 90 f. bei Eliminierung der „physischen Gewalt" als Moment des Rechts„besitzes". Das entsprechende Rechtsprinzip wird auf S. 93 formuliert, wenn vom „legislativen Zweck des Besitzschutzes" die Rede ist und Jhering die „Summe" seiner Ausführungen in den Satz zusammenfaßt, im Besitz schütze das römische Recht die Tatsächlichkeit des Rechts.
85 *Jhering*, Jb. f. Dogmatik Bd. 32, S. 54 ff. und 57 ff.
86 Trotz dieses Ausdrucks steht dahinter wieder nicht das faktische Interesse, sondern eine eindeutige rechtliche Wertung und damit ein Prinzip!
87 *Jhering*, Besitzwille, unter XVI S. 364 ff. und XVII S. 385 ff.; ferner Jb. f. Dogmatik Bd. 32, S. 57 und 55.
88 Vgl. *Savigny*, Das Recht des Besitzes, 6. Aufl. 1837, S. 8 f., 40 f. Danach ist der Grund des Besitzschutzes die Bewahrung der Person vor Unrecht und Gewalt. Das in der Verübung von Gewalt liegende Unrecht müsse

tendes", würden aber die Gewährung und nicht die Versagung des Besitzschutzes in anderen Fällen verlangen[89]. Den Eingriff in den Besitz als Verletzung des Persönlichkeitsrechts zu qualifizieren, wäre „vom rechtsphilosophischen oder legislatorischen Gesichtspunkte" aus „vollkommen zutreffend", verlangte aber gleichfalls die Ausdehnung des Besitzschutzes auf Hauskinder und Detentoren[90]. Eine wirkliche Erklärung finden diese Ungereimtheiten nach Jhering vielmehr nur dann, wenn man den Besitzschutz als erleichterten „Eigentumsschutz" versteht[91]. Das dem Besitzschutz zugrunde liegende Prinzip ist der Schutz des im Besitz verkörperten Eigentums; geschützt wird „der Besitzer als präsumptiver Eigentümer" und damit auch der ungerechtfertigte Besitzer, insofern er nämlich als (berechtigter) Eigentümer erscheint[92].

5. Jherings Einfluß auf die Grundstrukturen des Rechts

Im folgenden geht es um den Einfluß Jherings auf Rechtsinstitute, die für die Organisation des Rechtsstoffs zentrale Bedeutung haben. Jhering ist hierin in seinen Beiträgen zum Haftungsrecht in doppelter Weise gegenwärtig: einmal erfolgreich, das andere Mal ohne Erfolg. Sodann verdanken wir ihm einen wichtigen Beitrag zum Verhältnis von – wie wir heute sagen würden – öffentlichem und privatem Recht. Beginnen wir mit dem letzteren.

„in seinen Folgen gänzlich ausgetilgt werden" (a.a.O., S. 41). Auf S. 49 f. stellt Savigny dann allerdings ausdrücklich klar, daß es ihm hierbei *nicht* in erster Linie um die Erhaltung der öffentlichen Ordnung, sondern um die privatrechtliche Gewährleistung der persönlichen Integrität geht. Vgl. dazu auch *Max Kaser*, Das römische Privatrecht, 1. Abschn. 2. Aufl. 1971, § 36 II 3, § 94 III 1 und § 96.
89 Jb. f. Dogmatik a.a.O., S. 57 f.
90 Jb. f. Dogmatik a.a.O., S. 58.
91 A.a.O., S. 58 ff.; vgl. auch *Kaser* (Fn. 88), § 96 II 2. Mit Entschiedenheit dagegen auch bereits *Savigny* (Fn. 88), S. 10, 38 f. und 466 ff.
92 A.a.O., S. 58 ff. sowie S. 60 ff. zum Gegensatz zwischen Possessorium und Petitorium. Vgl. auch S. 62: Der Besitzschutz des Unberechtigten ist nur unbeabsichtigte, aber unabwendbare *Folge*, während der legislative „Zweck" desselben dem Berechtigten gilt.

a) Die Sozialbindung des Eigentums

Franz Wieacker hat in seiner „Privatrechtsgeschichte der Neuzeit" knapp und anschaulich geschildert, wie die Entwicklung des Grundeigentums als Palladium wirtschaftlicher Freiheit in einer freien Gesellschaft von Staatsbürgern von Anfang an von einem sozialen Bodenrecht überlagert wurde[93]. Jhering hat sich über Umfang und Grenzen der durch das Grundeigentum verliehenen Befugnisse in einer Abhandlung aus dem Jahre 1863 ausgesprochen[94].

Jhering differenziert zunächst zwischen Grund- und Fahrniseigentum. Während letzteres stets auf die Sache selbst beschränkt sei, erstrecke sich das Grundeigentum auch in die Höhe über und die Tiefe unter der Erdscholle. Dieser Erweiterung in extensiver Beziehung stehe eine Beschränkung in intensiver Hinsicht gegenüber: Der Grundeigentümer könne mit seinem Grundstück nicht nach Belieben verfahren, sondern müsse auf die Interessen seiner Nachbarn Rücksicht nehmen.

Den umfangreicheren Teil seiner Abhandlung widmet Jhering den rechtlichen Grenzen der Ausnutzung des Grundeigentums, also den Handlungsbefugnissen und Duldungspflichten im Nachbarschaftsverhältnis. Dabei geht es ihm weniger um die Aufarbeitung der Kasuistik als wiederum um die Herausarbeitung eines Rechtsprinzips. Zunächst weist er nach, daß aus dem Begriff des Eigentums sowohl das Bestehen unbeschränkter Handlungsbefugnisse als auch die Existenz umfassender Abwehrrechte gefolgert werden kann[95]. Der eine kann auf seinem Grundstück nach seiner freien Willkür Emissionen verursachen; der andere kann das Eindringen jedweder Immission in den Luftraum über seinem Grundstück verbieten. Eine Lösung dieses Interessenkonflikts ist also unumgänglich.

---

93 Vgl. *Wieacker*, Privatrechtsgeschichte S. 550 ff.; vgl. ferner auch in seinem Bodenrecht, 1938, S. 236, 246 ff., jedoch ohne Erwähnung der Jheringschen Arbeiten.
94 *Jhering*, Jb. f. Dogmatik Bd. 6 (1863), S. 81 ff. In der mehr als 20 Jahre später erschienenen Schrift zur Injurienklage kommt er darauf noch einmal zurück (vgl. Jb. f. Dogmatik Bd. 23 [1885], S. 242 ff. und etwa zum Umweltschutz: S. 295).
95 A. a. O., S. 94 f.

Die von Jhering entwickelten Kriterien für den Interessenausgleich im Nachbarverhältnis entsprechen denen des § 906 BGB, das Verdienst ihrer Entdeckung kann aber nicht für Jhering reklamiert werden. Das Abstellen auf die Üblichkeit der lästigen Grundstücksnutzung wurde vielmehr schon durch die römischen Quellen nahegelegt und deshalb auch von anderen Autoren vertreten[96]. Als Jherings Verdienst kann jedoch gelten, daß er den allgemein anerkannten Maßstab näher untersucht und erläutert hat. In Übereinstimmung mit der späteren Regelung des § 906 BGB spricht er sich für eine Gleichbehandlung stofflicher Einwirkungen und sonstiger Beeinträchtigungen, etwa durch Lärm oder Strahlung, aus[97]. Für die Beurteilung der Gewöhnlichkeit sei von besonderen Eigenschaften und Empfindlichkeiten des Betroffenen abzusehen und auf die allgemeine, durchschnittliche Empfänglichkeit einer Person bzw. auf die gewöhnliche Art der Benutzung der beeinträchtigten Sache abzustellen[98]. Dieser Maßstab ist auch heute noch für die Anwendung der Kriterien des § 906 BGB verbindlich[99].
Daß dem insgesamt eine konsistente Theorie der, wie wir heute sagen würden: Sozialbindung des Eigentums zugrunde liegt – Jhering selbst spricht von der „gesellschaftlichen Gestaltung des Eigentums" – geht aus seinem „Zweck im Recht"[100] hervor, wo er vom „Rechtsdruck" auf das Individuum und mit dem Eigentum verbundenen „Lasten" der gesellschaftlichen Existenz spricht und wo er der herrschenden Auffassung vom Eigentum als unumschränkter Herrschaft als einer „grundirrigen Vorstellung" die entsprechende Abfuhr erteilt, indem der Eigentümer von seinem Eigentum denjenigen Gebrauch zu machen habe, „der zugleich auch dem Interesse der Gesellschaft entspricht"[101].

---

96 Vgl. *Windscheid/Kipp* (Fn. 10), 9. Aufl., Bd. 1, § 169 S. 871.
97 A. a. O., S. 110 ff.
98 A. a. O., S. 115.
99 Vgl. *Palandt/Bassenge*, BGB, 52. Aufl. 1993, § 906 Rn. 17.
100 Oben Fn. 4, S. 400 ff.
101 A. a. O., S. 405. Und nur weil er dies freiwillig tue, werde der Rechtsdruck auf das Individuum nicht deutlich.

b) Das Verschuldensprinzip

In seiner Schrift „Das Schuldmoment im römischen Privatrecht"[102] war Jherings zentrales Anliegen, die Herrschaft des Verschuldensprinzips im römischen Privat- bzw. Haftungsrecht nachzuweisen. Er begreift das Verschuldensprinzip als Errungenschaft einer rechtshistorischen Entwicklung, die beim „rohen" Prinzip der Erfolgshaftung ihren Ausgangspunkt genommen habe[103]. Letzteres sei letztlich Ausdruck unkontrollierbarer Rachegelüste und Leidenschaften. Es sei ein Zeichen entwickelter Rechtssysteme und gehobener Kultur, wenn der Täter nicht schlechthin und ohne Rücksicht auf die subjektive Vorwerfbarkeit eines Erfolgs für die Folgen seiner Handlungen verantwortlich gemacht werde[104]. Dementsprechend macht Jhering es sich zur Aufgabe, „den Gedanken der Schuld [...] als allbeherrschendes ehtisches Prinzip aufzustellen und nachzuweisen"[105]. Dabei erweist sich ihm das Schuldprinzip als allgemeiner und alleiniger Haftungsmaßstab des Privatrechts[106], so daß am Ende der Untersuchung der berühmte Satz steht: „Nicht der Schaden verpflichtet zum Schadensersatz, sondern die Schuld"[107]. Die bloß „äußere" Kausalität reiche für die Zurechnung eines bestimmten Erfolgs nicht aus, erforderlich sei vielmehr eine „innere" Beziehung des Täters zum Schaden, nämlich die Schuld. Liege diese Bedingung nicht vor, handele es sich um einen Casus, den der Geschädigte selbst zu tragen habe[108].

---

102 Festschrift für den Gießener Strafrechtler Birnbaum, Gießen 1867, auch abgedruckt in: *Jhering*, Vermischte Schriften (Fn. 21), S. 155 ff. Vgl. zum folgenden auch *Fikentscher*, Methoden III, S. 171 ff.; zur Bedeutung der Schrift für die Strafrechtswissenschaft vgl. *Alessandro Baratta*, Jherings Erbe, S. 17, 18 ff.
103 A.a.O., S. 163 ff. Seinen soziologischen Weitblick bewies *Jhering* mit dem berühmt gewordenen Wort, die Geschichte der Strafe sei ein fortwährendes Absterben derselben (Schuldmoment [Fn. 21], S. 158).
104 A.a.O., S. 164.
105 A.a.O., S. 177.
106 A.a.O., S. 177 f.
107 A.a.O., S. 199.
108 A.a.O., S. 200.

Der Nachweis des Verschuldensprinzips als alleinigem Haftungsgrund im geltenden – gemeinen – Recht seiner Zeit bereitet Jhering allerdings einige Schwierigkeiten. So kannte bereits das römische Recht eine verschuldensunabhängige Einstandspflicht für die Realisierung der mit dem Halten eines Tieres verbundenen spezifischen Gefahr. Die Versuche Jherings, dieses Haftungsregime unter das Verschuldensprinzip zu bringen[109], sind wenig überzeugend. Dies gilt in noch größerem Maße für die Garantiehaftung des Schuldners für anfängliches Unvermögen und die unbedingte Einstandspflicht für Erfüllungsgehilfen im Rahmen von Vertragsverhältnissen. Jhering selbst sieht ein, daß „die im Bisherigen versuchte Zurückführung der Haftung auf den Gesichtspunkt der Verschuldung etwas Gezwungenes hat"[110].

Die Betonung und Verabsolutierung des Verschuldensprinzips durch Jhering steht in der pandektistischen Tradition, die in Vertrag und Delikt die einzigen – bzw. einzig wichtigen – Verpflichtungsgründe des Obligationenrechts sah[111]. Diese Weichenstellung ergibt sich zwanglos bereits aus Savignys auf dem Postulat der Willensfreiheit ruhenden System, welches das Recht als Lehre vom Willensgebrauch (Vertrag) bzw. Willensmißbrauch (Delikt) systematisierte. Darüber hinaus steht Jhering in einer Reihe mit Juristen des 19. Jahrhunderts, die den Verschuldensgedanken als allein herrschendes Haftungsprinzip nachzuweisen suchten. Angesichts dieser Ausgangslage kann es nicht verwundern, daß auch das BGB dem Verschuldensprinzip folgt, wenn es auch wichtige Ausnahmen anerkennt[112]. Die – mehr oder weniger – reine Durchführung des Verschuldensprinzips im BGB wurde allerdings mit dem Entstehen zahlreicher Sondergesetze erkauft, die sich von Willensdogma und Culpaprinzip emanzipierten und auf eine sozial gerechte Verteilung von Unglücksschäden zielten. Bereits im Jahr 1838 war § 25 des Preußischen Eisenbahn-Gesetzes in Kraft getreten, der die Betreibergesellschaften einer verschuldensunabhängigen Gefährdungshaf-

---

109 A.a.O., S. 200 f.
110 A.a.O., S. 208.
111 Vgl. zum folgenden *Ogorek,* Untersuchungen zur Entwicklung der Gefährdungshaftung im 19. Jahrhundert, 1975, S. 7 ff.
112 Vgl. etwa §§ 231, 278, 279, 287, 440 Abs. 1, 833 S. 1, 904 S. 2 BGB.

tung unterwarf. Dieser Vorschrift mitsamt der ihr zugrundeliegenden Haftungsprinzip wurde von Seiten der Theorie keinerlei Beachtung geschenkt.

Bei Rudolf von Jhering, einem Denker, der sich sozialen Problemen stets gestellt und um ihre Bewältigung durch das Rechtssystem gerungen hat, muß die Ignoranz gegenüber dem empirischen Phänomen der Unglücksschäden und der juristischen Möglichkeit anderer Haftungsgründe als dem Verschuldensprinzip besonders verwundern. Dies um so mehr, als Jhering sich im selben Jahr der Arbeit zum Schuldmoment auch gutachterlich mit Eisenbahnen auseinandersetzen mußte[113] und bei der Abfassung des „Schuldmoments" im Jahr 1868 die mangelhafte Bewältigung der Arbeitsunfälle durch das dem Verschuldensprinzip huldigende gemeine Recht eines der drängendsten politischen Probleme der Zeit war[114]. Nur drei Jahre nach Erscheinen der Schrift über das Schuldmoment wurde durch § 2 des Reichshaftpflichtgesetzes die – verschuldensunabhängige – Einstandspflicht des Arbeitgebers für ein Verschulden seiner leitenden Angestellten eingeführt. Da sich auch dieser Schritt als ungenügend erwies, kam es kurze Zeit später zur Einführung der sozialen Unfallversicherung, deren Leistungspflicht von einem Verschulden des Arbeitgebers oder seiner Angestellten gänzlich abgekoppelt wurde und umgekehrt Entschädigung sogar bei vom Arbeiter selbst verschuldeten Unfällen gewährte. In der sozialpolitisch heiß umkämpften Zeit Ende der 60iger Jahre des vorigen Jahrhunderts das Verschuldensprinzip als alleinigen Haftungsgrund des römischen Rechts, ja des Rechts allgemein[115], zu behaupten, kann nach alledem nicht als dogmatische Glanzleistung Jherings gelten.

---

113 Vgl. *Jhering*, Der Lucca-Pistoja-Eisenbahnstreit, Archiv für praktische Rechtswissenschaft, Neue Folge, IV, 1867, S. 225 ff., in dem es u.a. auch um die Dolus-Theorie ging.

114 Vgl. zum folgenden: *Barta*, Kausalität im Sozialrecht, 1983, S. 93 ff.; *Bienenfeld*, Die Haftungen ohne Verschulden, 1933, S. 29 ff.; *Esser*, Grundlagen und Entwicklung der Gefährdungshaftung, 2. Aufl. 1969, S. 49; *Ogorek*, Fn. 111, passim; *Wickenhagen*, Geschichte der gewerblichen Unfallversicherung, Bd. 1, 1980, S. 21 ff.

115 Vgl. dazu Jherings Würdigung der materiell-inhaltlichen Leistungen der römischen Jurisprudenz in „Schuldmoment" (Fn. 21), S. 176.

Gleichwohl ist der Einfluß des von Jhering so nachdrücklich propagierten Verschuldensgrundsatzes auch für die heutige Dogmatik nicht zu unterschätzen. Dieser liegt vor allem in der rechtsethischen Begründung und Absicherung dieses Haftungsgrundes, der auch für die heutige Theorie unentbehrlich ist. So hat man heute das Verschuldensprinzip auch nicht etwa zugunsten eines anderen Grundsatzes aufgegeben, sondern lediglich um weitere Zurechnungsgründe ergänzt[116].

c) Die Differenzierung zwischen Rechtswidrigkeit und Schuld

Die bleibende dogmatische Leistung in diesem Bereich liegt in der rechtsgrundsätzlichen Unterscheidung von objektivem und subjektivem Unrecht; Rudolf von Jhering gilt als Begründer der Differenzierung zwischen Rechtswidrigkeit und Schuld[117], die sich bereits in der Pandektistik des ausgehenden 19. Jahrhunderts durchsetzte[118] und von dort als selbstverständlich in die Kodifikation des BGB übernommen wurde.

Im „Schuldmoment" entwickelt Jhering seine Distinktion, indem er das Verhältnis des Sacheigentümers zum unrechtmäßigen, redlichen Besitzer mit demjenigen zum Dieb vergleicht[119]. Im ersteren Fall handele es sich um die Rechtswidrigkeit eines sachlichen Zustands, zu der der Schuldvorwurf hinzutreten könne, aber nicht müsse. Zur Annahme eines Diebstahls sei hingegen ein Element

---

116 Vgl. dazu *Larenz*, Die Prinzipien der Schadenszurechnung, JuS 1965, S. 373 ff. Zur Bedeutung der Schuldlehre Jherings für die Strafrechtswissenschaft: *Wieacker*, Jhering (Fn. 5), S. 49.
117 Vgl. *H. A. Fischer*, Die Rechtswidrigkeit unter besonderer Berücksichtigung des Privatrechts, München 1911, S. 120 f.; *Deutsch*, Fahrlässigkeit und erforderliche Sorgfalt, 1963, S. 20 f.; ders., Haftungsrecht (Fn. 23), S. 192 f.; vgl. auch *Thon*, Rechtsnorm und subjektives Recht, 1878, S. 73.
118 Vgl. *Alois Brinz*, Lehrbuch des Pandektenrechts, 2. Bd., 2. Aufl. 1879, § 250 S. 51 ff.; *Ferdinand Regelsberger*, Pandekten, Bd. 1, Leipzig 1893, § 178 V S. 645; *Karl Adolph v. Vangerow*, Lehrbuch der Pandekten, 1. Bd., 6. Aufl. 1851, § 105 S. 179 ff.; *Windscheid/Kipp* (Fn. 10), 9. Aufl., Bd. 1, § 101 S. 524 ff.
119 A. a. O., S. 159 ff.

„subjektiver Verschuldung" unerläßlich. Da man in beiden Fällen von Unrecht sprechen könne, sei der bloß unrechtmäßige Zustand als objektives Unrecht, die auch subjektiv vorwerfbare Handlung hingegen als subjektives Unrecht zu bezeichnen. Dem Unterschied in den Voraussetzungen der beiden Unrechtsarten entspricht bei Jhering eine Stufung der Rechtsfolgen[120]: Während bei unverschuldeten Rechtsverletzungen „der Idee der Gerechtigkeit zufolge" nur die Aufhebung des objektiv unrechtmäßigen sachlichen Zustands verlangt werden könne, sei die Verpflichtung zum Schadensersatz „natürliche Folge" einer schuldhaften Rechtskränkung. Als Hauptbeispiel für eine auf bloße Rückgängigmachung eines rechtswidrigen Zustands gerichtete Klage nennt Jhering wiederum die rei vindicatio. Auch die actio negatoria setze eine bloß objektiv rechtswidrige Eigentumsstörung voraus und sei deshalb auch nur auf die Beseitigung des widerrechtlichen Zustands gerichtet[121].

Die Unterscheidung von (objektivem) Unrecht und (auch subjektiver) Schuld ist – wie gesagt – aus dem heutigen Straf- und Zivilrecht nicht mehr hinweg zu denken. Umstritten geblieben ist hingegen, welche Tatbestandsmerkmale im einzelnen die beiden Wertungsstufen konstituieren[122]. Dies trifft insbesondere auf die Fahrlässigkeit zu, die von der im Strafrecht h. M. sowie von der handlungsunrechtlichen Lehre des Zivilrechts entgegen der Vorschrift des § 276 Abs. 1 S. 2 BGB bereits zur Rechtswidrigkeit gezählt wird[123]. Auch diese Ansicht bricht aber keineswegs mit der auf Jhering zurückgehenden Differenzierung zwischen objektivem und subjektivem Unrecht, sondern behauptet umgekehrt, erst die zutreffenden Konsequenzen aus ihr zu ziehen[124].

---

120 Schuldmoment (Fn. 21), S. 161 f.
121 Schuldmoment (Fn. 21), S. 183.
122 Grundlegend dazu *Deutsch*, Fahrlässigkeit (Fn. 78), insbes. S. 93 ff., 195 ff., 211 ff.
123 Vgl. *Esser/Schmidt*, Schuldrecht Allgemeiner Teil, § 25 IV, *Esser/Weyers*, Schuldrecht Besonderer Teil, § 52 II, *Nipperdey*, NJW 1957, S. 1777, 1778; ders., Karlsruher Forum 1959, S. 3 ff.
124 *Nipperdey*, Karlsruher Forum 1959, S. 6.

6. Die „culpa in contrahendo"[125]

Die Vindikationszession war ein Beispiel dafür, wie Jhering aus eins und zwei ein neues Drittes gemacht hat[126]. Die „culpa in contrahendo" ist dagegen ganz seine Erfindung, sie ist sein Rechtsinstitut, und – was die dogmengeschichtliche Karriere dieses Rechtsinstituts anlangt – trifft den Vorgang noch besser Dölle, der sie als Hauptbeispiel seiner juristischen „Entdeckungen" präsentiert[127]. Die Ausgangsfrage war einfach, das Quellenmaterial dürftig, der Aufsatz umfangreich, das gefundene Rechtsinstitut von einem wunderbaren rechtshistorischen Erfolg. Kein anderes bestätigt Jherings Gegenwart im deutschen Privatrecht mehr als dieses. Und trotzdem würde all das es noch nicht rechtfertigen, sich mit der „culpa in contrahendo" – wie hier – in einem Sonderabschnitt zu beschäftigen. Äußerlich ließe es sich vielleicht damit rechtfertigen, daß die „culpa in contrahendo" in allen drei Erscheinungsformen ihre Rolle hätte übernehmen können: als Begriff, als Prinzip und selbst als das Privatrechtssystem strukturierender Komplex. Die Sonderstellung hat jedoch kategorial andere Gründe. Auf sie will ich jetzt eingehen.

a) Das rechtshistorische Zurechnungsproblem

Jhering berichtet, wie ihm bei dem Vortrag der Lehre vom wesentlichen Irrtum in seinen Vorlesungen schon seit Jahren ein Punkt große Schwierigkeiten gemacht hätte, auf den eine befriedigende Antwort zu erteilen er nicht imstande gewesen sei, nämlich die Frage:

---

125 *Jhering*, Culpa in contrahendo, Jb. f. Dogmatik Bd. 4 (1861), S. 1–112. Vgl. auch *Fikentscher*, Methoden III, S. 169 ff. sowie neuerdings *Byoung Jo Choe*, Culpa in contrahendo bei Rudolph von Jhering (Göttinger Rechtswissenschaftliche Studien, Bd. 138 [1988] sowie dazu *Klaus Luig*, Zeitschrift für neuere Rechtsgeschichte 1990, S. 68.
126 Vgl. oben unter 3a, S. 45.
127 Vgl. *Hans Dölle*, Festvortrag auf dem 42. Deutschen Juristentag, Düsseldorf 1957, Bd. II, Sitzungsberichte 1959, S. B 1, 7 ff.; ebenso schon vorher *Franz Wieacker*, Jhering (Fn. 5), S. 20: die „großen dogmatischen Entdeckungen Jherings"; *Fikentscher*, Methoden III, S. 170: „Neuentdeckung".

ob nicht der irrende Teil dem Gegner auf Ersatz des durch seine Schuld ihm verursachten Schadens hafte? Jemand wolle 100 Pfund einer Ware bestellen, verwechsle aber das Pfund- mit dem Zentnerzeichen und weigere sich, die alsbald bei ihm eintreffenden 100 Zentner abzunehmen. Oder jemand bestelle etwas anderes als er gewollt habe. Der Vertrag sei (nach römischem Recht) nichtig. Allein wer trage die nutzlos aufgewendeten Verpackungs- und Versendungskosten[128]?
Savigny hatte die Schadensersatzpflicht mit der Begründung abgelehnt, hier fehle ein Vertrag und nur in Verbindung mit diesem könne eine „culpa" die aus dem Vertrag entsprechende Obligation modifizieren oder erhöhen[129]. Nur zwei Autoren hatten die Haftung des sich irrenden Käufers bejaht. Jhering führt aus, der eine Autor, er hieß Schweppe, habe sich nur auf „allgemeine Grundsätze" berufen, diese allgemeinen Grundsätze anzudeuten aber nicht für gut befunden, während der andere Autor der einzige gewesen sei, der seine Frage nicht nur einer näheren Betrachtung gewürdigt, sondern nach seiner – Jherings – Ansicht auch das Richtige vollkommen getroffen hätte, indem er auf Grund zweier Pandektenstellen die Behauptung aufgestellt habe, daß die Nichtigkeit des Kontrakts zwar die Klage auf Erfüllung desselben, nicht aber die auf Schadensersatz wegen „culpa" ausschließe[130].
Dieser Mann hieß Richelmann. Dessen von Jhering zitierten Ausführungen finden sich in einem 1837 erschienenen Buch über den „Einfluß des Irrtums auf Verträge"[131]. Und jetzt wird es für unser Thema interessant: Warum verbinden wir mit der „culpa in contra-

---

[128] *Jhering*, Jb. f. Dogmatik Bd. 4 (1861), S. 2. Einen vergleichbaren Fall hatte vor einigen Jahren das LG Hanau zu entscheiden: Die Konrektorin einer Schule sah sich einer Lieferung von 3 600 Rollen WC-Papier gegenüber, obwohl sie – in Unkenntnis der Bedeutung des altdeutschen Mengenmaßes „Gros" – nur 25 „große" Rollen hatte bestellen wollen (LG Hanau NJW 1979, S. 721).

[129] *Savigny*, System des heutigen römischen Rechts, 1840, Bd. 3, S. 294 f. Fn. d.

[130] *Jhering*, Jb. f. Dogmatik Bd. 4 (1861), S. 3.

[131] A. a. O., S. 129 ff.

hendo" nicht „Richelmann", sondern den Namen von Jhering? Jener hatte doch den richtigen „Riecher" gehabt und Jhering war nur auf seiner Spur geblieben. Nur? Mir kommt es so vor, als könnten wir hier einen Blick in die Werkstatt Klios tun und eine Antwort auf die Frage finden, wie Rechtsgeschichte entsteht. Und schon das rechtfertigt natürlich, sich mit der „culpa in contrahendo" gesondert zu beschäftigen.

Daß wir Jhering die „culpa in contrahendo" als seine Erfindung zurechnen, hat m. E. fünf – mehr oder minder zusammenhängende – Gründe:

(1) Ein mehr äußerer Grund ist der Umstand, daß – wo die wenigen anderen Autoren darüber redeten, ob die Negierung eines Vertragsschlusses auch zur Verneinung der Haftung führen müsse oder ob die der Sache nach fremde Culpa-Haftung eingreife – Jhering dem Problem mit dem Ausdruck „culpa in contrahendo" nicht nur eine eingängige, gleichsam wie ein Fanal wirkende sprachliche Kontur gab, sondern dafür auch sogleich eine eigene Rechtsprovinz vindizierte[132].

(2) Auch der nächste Grund ist eher linguistischer Natur. Mit dem Ausdruck „culpa in contrahendo" wurde zugleich auch das dogmatische Wesen dieses neuartigen Haftungsgrundes auf begrifflich schärfste Weise formuliert. Die von vielen Pandektisten als sachfremd empfundene Heranziehung der „culpa" verlor dadurch, daß sie wie ein Oxymoron mit dem „Kontrakt" in eine Wortverbindung gelangte, ihre Exklusivität; und umgekehrt verlor die Verbindung des Vertrags mit der culpa alles Widrige dadurch, daß das Gebäude des Kontrakts selbst gar nicht gemeint war, sondern mit dem Gerundium „in contrahendo" gleichsam nur der Vorraum des Vertragsschlusses betreten wurde. Dadurch erhielt die ganze Rechtsfi-

---

132 *Jhering* selbst, a.a.O., S. 52: „Wer freilich den Beruf der Jurisprudenz in nichts anderem findet, als mit Hilfe der hermeneutischen Leuchte dunkle Gesetzesstellen zu erklären, möge immerhin meine ganze Theorie mit dem einfachen Einwande abtun, daß der Ausdruck culpa in contrahendo im ganzen corpus iuris nicht vorkomme." Jhering war sich also seiner Rechtsfortbildungsfunktion durchaus bewußt! Vgl. auch *Fikentscher*, Methoden III, S. 171.

gur etwas Schwebendes, weil „in contrahendo" eigentlich wieder nur für „dolus" gehaftet wurde[133].
Von uns Heutigen, die wir oft gedankenlos einfach von der „c. i. c." sprechen, wird der Abgrund, der mit der Zusammenfassung der beiden Begriffe im Gemeinen Recht überbrückt wurde, nicht mehr klar, aber die Leistung Jherings vermögen wir daran zu erkennen, daß in der c. i. c. die beiden „c"'s über die sprachliche zur juristischen Gleichberechtigung gefunden haben. Die Schaffung des erforderlichen Gleichgewichts kommt besonders treffend in der Stelle zum Ausdruck, in der Jhering für das „werdende Kontraktverhältnis" als Konsequenz die systematische Stellung, den Haftungsgrad und die personelle Begrenzung aus dem Vertrag selbst in Anspruch nimmt[134].

(3) Der nächste Grund für den Erfolg der von Jhering auf den Weg gebrachten „culpa in contrahendo" ist die sorgfältige Entwicklung ihrer Dogmatik[135].

(4) Ein weiterer und wiederum wichtigerer Grund als die bisher genannten ist das praktische Bedürfnis für die Haftung aus vorvertraglichem Verschulden. In einer auf mündliche Kommunikation hin strukturierten Gesellschaft wie der römischen, deren Handelsverträge wohl zumeist auf dem offenen Markt und jedenfalls im unmittelbaren Gespräch zustande kamen, waren Fehler beim Vertragsschluß, wie sie die „culpa in contrahendo" im Auge hat, wenn sie schon vorkamen, doch in aller Regel sogleich und an Ort und Stelle zu korrigieren, so daß sie keinen Schaden anrichteten, der nach Ersatz schrie. Ein wahres Eldorado vorvertraglicher Pflichtverletzungen entstand aber mit den modernen Kommunikationsmitteln, so daß ich keinen Zufall, sondern ein Symptom darin sehe,

---

133 Vgl. *Max Kaser*, Römisches Privatrecht, 14. Aufl. 1986, § 33 IV 3 S. 157.
134 A.a.O., S. 52 f.
135 Hinsichtlich der persönlichen Handlungsunfähigkeit, der Unfähigkeit des Subjekts, des Objekts und der Unzuverlässigkeit der Mitteilung des Willens sowie hinsichtlich der Anbindung an die Vertragshaftung einschl. der Kontraktsklage, verbunden schließlich mit einer eben darauf bezogenen reichhaltigen Kasuistik (Jb. f. Dogmatik Bd. 4 (1861), S. 44 ff., S. 52 ff. und S. 56 ff.).

wenn Jhering in einem Nachtrag zu seiner Abhandlung die Bedeutung der „culpa in contrahendo" für das „Telegraphenrecht" behandelte[136]. Damit hängt ein letzter Grund für den privatrechtshistorischen Erfolg der c. i. c. zusammen.

(5) Das BGB hat die „culpa in contrahendo" in Form und Umfang im wesentlichen so, wie sie von Jhering bereits im gemeinen Recht für geltendes Recht gehalten worden war, wenn es nicht die in Frage stehenden Probleme anderweit löste[137], in die Kodifikation aufgenommen: also Ersatz des negativen Interesses bei unabsichtlicher Nichtübereinstimmung von Wille und Erklärung, insbesondere also in den Irrtumsfällen[138], und bei objektiver Unmöglichkeit[139]. Die Rechtsentwicklung ist dabei jedoch nicht stehengeblieben und hat die „culpa in contrahendo" zu einem eigenständigen Rechtsinstitut mit einem ausgedehnten Netz vertragsunabhängiger Aufklärungs-, Obhuts-, Sorgfalts- und anderen Pflichten entwickelt und auch längst die Rechtsfolgen von der Beschränkung auf die Haftung für das negative Interesse gelöst und auf Ersatz des Erfüllungsinteresses erweitert sowie als Rücktrittsgrund oder Grundlage für eine Vertragsanpassung usw. anerkannt[140].

Der Name Jherings und nicht Richelmanns wird mit der „culpa in contrahendo" verbunden, weil Jhering das damit gemeinte Phänomen mehr als nur eine Savigny'sche Fußnote wert war, weil er seine Bedeutung für die moderne Wirtschaft erkannte und weil er bereits im ersten Anlauf eine tragfähige Dogmatik und eine vollständig wirkende Kasuistik dazu schuf. Und mit dem so Gesagten läßt sich die „culpa in contrahendo" nunmehr tatsächlich doch noch als

---

136 A.a.O., S. 106 ff. Symptomatisch ist dementsprechend, daß der Irrtum im römischen Recht besondere Bedeutung für die Wirksamkeit von Testamenten hatte.
137 Das gilt etwa für das Zustandekommen des Vertrags bei „Unzuverlässigkeit des Willens" (vgl. einerseits *Jhering*, a.a.O., S. 86 ff. und andererseits die §§ 145 ff. BGB).
138 *Jhering*, a.a.O., S. 75 ff. und § 122 BGB.
139 *Jhering*, a.a.O., S. 63 ff. („Unfähigkeit des Objekts") und §§ 307, 309 BGB.
140 Vgl. nur *Palandt/Heinrichs* (Fn. 99), § 276 Rn. 65 m. Nachw.

vierte Stufe unserer Typologie der Rezeptionsintensität und Rezeptionsmethodik einfügen.

b) Die „culpa in contrahendo" als Glücksfall der Rechtsfortbildung

In seinem berühmten Vortrag vor der Karlsruher Juristischen Studiengesellschaft hat Larenz in der „culpa in contrahendo" alle „Kennzeichen geglückter richterlicher Rechtsfortbildungen"[141] wiedergefunden: (1) Die „culpa in contrahendo" beruhte nicht auf einer subjektiven Billigkeitsentscheidung in Einzelfällen, sondern ließ sich in Form eines gesetzlichen Tatbestandes formulieren und war damit ein *verallgemeinerungsfähiger* Rechtssatz[142]. (2) Sie wurde von einem *rechtsethischen Prinzip* gefordert, hier vom Vertrauensschutz nach Eintritt in Vertragsverhandlungen[143]. (3) Es sprach keine eindeutige gesetzliche Wertung gegen die Rechtsfortbildung. (4) Das neue Prinzip ließ sich mit den übrigen Prinzipien des *Rechtssystems* vereinbaren[144].

---

141 Karlsruhe 1965, S. 13; dort auch zur culpa in contrahendo als Hauptbeispiel, weitere Beispiele a. a. O., S. 5; vgl. auch *Larenz*, Methodenlehre S. 422 sowie Lehrbuch des Schuldrechts, Bd. I, 14. Aufl. 1987, § 9 I a S. 106 ff.

142 *Larenz*, Kennzeichen (Fn. 141), S. 13: „Es muß eine Regel aufgestellt werden, die auf typische Fälle gleichmäßig angewendet werden kann". Vgl. zu diesem Erfordernis der Verallgemeinerbarkeit des Rechtssatzes, eben der Aufstellung einer „Regel", auch *Wieacker,* in: Xenion, Festschrift für Zepos, 1973, Bd. I, S. 391, 411 f.

143 Auf die Entdeckung des „normativen Prinzips" stellt auch *Dölle* (Fn. 127), S. B 8 f., ab. In den Kennzeichen (Fn. 141) verlangt *Larenz* weniger: Die Verbindung zwischen der neuen Rechtsfolge und dem Tatbestand müsse „aus rechtlichen Erwägungen begründet sein". Zum „Mehr" des rechtsethischen Prinzips vgl. *Larenz,* Methodenlehre S. 421 ff.

144 Die Erfordernisse (3) und (4) differenzieren lediglich die Maxime von *Larenz* a. a. O., S. 13: Die Regel müsse „sich in das gegebene Ganze der Rechtsordnung bruchlos einfügen lassen". Die „Wahrung der inneren Übereinstimmung der Rechtsordnung" enthält aber zwei verschiedene Aspekte. Die Sicherungsübereignung (dazu *Larenz,* Kennzeichen [Fn. 141], a. a. O., S. 6 ff.) widersprach bereits dem Prinzip des numerus clausus der Sachenrechte; fehlt ein solcher offenkundiger Wider-

Die „culpa in contrahendo" war gleich zweimal Gegenstand der Rechtsfortbildung[145]. Schon bei ihrer Entdeckung durch Jhering war die Basis, auf der er seine Dogmatik dazu entwickelte, außerordentlich schmal, mit bloß zwei Fällen eigentlich zu schmal[146]. Jhering hat in seinem Aufsatz den Vorgang der Rechtsfortbildung minutiös geschildert[147].
Das Einzigartige ist nun, daß die „culpa in contrahendo" auch im BGB nur rudimentär entwickelt war; ihre Haupt„anwendungs"fälle haben sich zwar als Fälle der Haftung „in contrahendo", aber ggf. ohne „culpa" erwiesen[148]. Längst hat sich die moderne „culpa in contrahendo" aus dem Bereich der Vertragsanbahnung gelöst und zum allgemeinen Haftungsprinzip entwickelt und den Zwischenraum zwischen der Vertragshaftung und der deliktischen Verantwortlichkeit eingenommen[149]. Jhering würde „sein" Rechtsinstitut heute nicht wiedererkennen; aber er bleibt gleichwohl derjenige, der diese Entwicklung mit seinem Aufsatz aus dem Jahre 1861 in Gang gesetzt hat.

7. Schlußbemerkung

Ich hatte in meiner Einleitung mit Bedauern darauf hingewiesen, daß ich zu den Gründen, warum Jhering beim großen Publikum so große Berühmtheit erlangte, in meinem Vortrag nichts würde bei-

---

spruch, bedarf die Einpassung in das innere System einer viel geringeren Aktivität des Rechtsfortbilders.
145 Vgl. *Dölle* (Fn. 127), S. B 9.
146 So vor allem *Friedrich Mommsen*, Erörterungen aus dem Obligationenrecht, Bd. II, 1879, S. 33 ff.; *Walther Brock*, Das negative Vertragsinteresse, 1902, S. 20 ff.; vgl. auch *Fikentscher*, Methoden III, S. 170 f.
147 *Jhering*, Jb. f. Dogmatik Bd. 4 (1861), S. 1 ff.; vgl. dazu auch *Larenz*, Methodenlehre, S. 422.
148 Vgl. *Larenz*, Schuldrecht I (Fn. 141), § 9 I a S. 107 zu § 122 BGB und in Anm. 1 zu §§ 307, 309 BGB.
149 Daraus hat C. W. Canaris den Schluß gezogen, ihr zusammen mit der positiven Vertragsverletzung auch einen selbständigen Haftungsraum zu vindizieren (vgl. *Canaris*, JZ 1965, S. 475; krit. dazu *Dieter Giesen*, NJW 1969, S. 583; *Palandt/Heinrichs* [Fn. 99], § 276 Rn. 106 m. Nachw.).

tragen können. Mit um so größerer Befriedigung will ich jetzt in meinen Schlußbemerkungen einen Grund nennen, warum Jhering für uns Zivilrechtler eine so große Bedeutung hatte und hat, daß wir ihn als gegenwärtig betrachten dürfen und allen Anlaß haben, seinen hundertsten Todestag in dankbarer Verehrung für ihn und sein Werk festlich zu gestalten.

Windscheid hatte mit seinen Pandekten den Gesamtraum des engeren Zivilrechts abgeschritten, Jhering seinerseits sich auf die Behandlung von Einzelfragen beschränkt – aber welch sicherer Instinkt in der Auswahl seiner Themen: die für das Wirtschaftsleben so angenehme Form, Eigentum übertragen zu können, ohne dafür jeweils einen u. U. mühseligen und ggf. überflüssigen Besitzwechsel zu verlangen; die für das Wirtschaftsleben so wichtige Vervielfältigung der eigenen Handlungsmöglichkeiten durch Einschaltung dritter Personen als Stellvertreter; oder als Kehrseite eines sich vornehmlich durch die Industrialisierung entfaltenden Wirtschaftslebens: der notwendige Schutz der Betroffenen, sei es des Grundeigentümers gegen Immissionen, sei es der Ausbildung einer opfergerechten, aber wirtschaftlich auch zumutbaren Schadenshaftung.

Jhering war groß, indem er den Geist seiner Zeit erfaßte und rechtsdogmatisch umsetzte; und er ist groß geblieben, wenn wir sehen, wieviel von „seinen" Rechtsinstituten auch noch unser gegenwärtiges Recht prägt.

Wie Sie wissen, komme ich gerade vom 59. Deutschen Juristentag aus Hannover und war dadurch verhindert, von Anfang an an diesem Jhering-Symposion teilzunehmen. Jhering war Mitbegründer des Deutschen Juristentags[150] und verkörperte – im Hinblick auf

---

150 Vgl. *Fikentscher*, Methoden III, S. 119. Zu Einzelheiten vgl. *Hermann Conrad*, Der Deutsche Juristentag 1860–1960, in: v. Caemmerer u. a. (Hrsg.), Hundert Jahre deutsches Rechtsleben, Festschrift zum 100jährigen Bestehen des Deutschen Juristentages, Karlsruhe 1960, sowie speziell zu Jhering: *Diethelm Klippel*, Jhering Beiträge u. Zeugnisse, S. 34 sowie unter den Zeugnissen unter Nr. 21 auf S. 68 die Fotografie einer Zeichnung der Mitglieder der ersten ständigen Deputation des Deutschen Juristentags von 1861, zu denen auch Rudolf Jhering gehörte (m. Nachw.).

seine Wiener Zeit – den späteren Initiatoren der Juristentage die Einheit der deutschen und österreichischen Rechtswissenschaft[151]. Es wäre ihm eine Genugtuung gewesen zu wissen, daß diese Institution auch hundert Jahre nach seinem Tod noch besteht. Wie hätten ihn die Themen interessiert: Schutz des Persönlichkeitsrechts gegenüber den Massenmedien, die Entwicklung des Rechts der rechtsberatenden Berufe, die Schaffung eines Arbeitsvertragsgesetzes, die Zuweisung von Risiken und Lasten im Sozialrecht, das Recht faktischer Unternehmensverbindungen, die Schaffung eines Umweltgesetzbuchs, die Ergänzung strafrechtlicher Sanktionen. Er hätte in jeder der Abteilungen sitzen können und hätte voller Befriedigung feststellen dürfen, daß jenes wirklichkeitsbezogene juristische Denken, welches das seine war, heute Gemeingut der Juristen ist, und daß in der Privatrechtsdogmatik begrifflich, prinzipiell und strukturell als selbstverständlich behandelt wird, worum er selbst noch hatte ringen müssen. Wie würde es mich freuen, wenn er erfahren könnte, daß wir die von ihm hinterlassene wissenschaftliche „hereditas iacens" usukapiert haben.

---

[151] Vgl. *von Schwind,* Festgabe der DJZ zum 31. DJT, Berlin 1912, S. 14, 15 f.

Jherings Geist in der heutigen Rechtsfortbildung

Ein Streifzug durch den „Geist des römischen Rechts" aus heutiger Sicht

Karsten Schmidt

1. Einleitung oder: Was das Referat leisten kann und soll (Leitsatz 1)
2. Zur Theorie und Legitimation der Rechtsfortbildung
   a) Zum Verständnis der Rechtsfortbildung (Leitsatz 2)
   b) Der „Geist" als Methodenlehre der Rechtsfortbildung (Leitsatz 3 und 4)
   c) Rechtsfortbildung als Entdeckungsverfahren (Leitsatz 5)
   d) Das Sonderproblem der gesetzesübersteigenden Rechtsfortbildung (Leitsatz 6)
3. Zur Phänomenologie der Rechtsfortbildung
   a) Grundsätzliches (Leitsatz 7)
   b) Rechtsfortbildungsanstöße aus der sozialen Welt (Leitsatz 8)
   c) Rechtsfortbildung durch und gegen Umgehungsgeschäfte (Leitsatz 9)
   d) Rechtsfortbildung als Bestandteil der Prozeß-Politik (Leitsatz 10)
   e) Rechtsfortbildung und Rechtsangleichung (Leitsatz 11)
4. Schluß
   a) Ausklang
   b) Zusammenfassung in Leitsätzen

1. Einleitung oder: Was das Referat leisten kann und soll (Leitsatz 1)

Meinem Referat will ich *vier Vorbemerkungen* vorausschicken. Die erste ist eine Apologie. Ich bin, wie meine Zuhörer wissen, kein Romanist, kein Jhering-Forscher und auch kein Methodologe, wohl allerdings ein Wissenschaftler, der um der Fragen von Gegenwart und Zukunft willen den Anschluß an das 19. Jahrhundert sucht und auf diese Weise immer wieder auf Jherings Rechtsdenken stößt[1]. Kritiker werden mir jedenfalls den Mut zum Dilettieren – was bekanntlich nicht immer ein Schimpfwort war[2] – wohl nicht

---

1 Vgl. nur das meinem Festschriftbeitrag vorausgestellte Motto in: Festschrift Stimpel, 1985, S. 217.
2 Vgl. nur die Ausführungen über das 18. Jahrhundert bei *Rudolph Hanslick*, Geschichte des Concertwesens in Wien, 1869 (Nachdruck 1979), S. 36 ff., 53 ff.

absprechen, und ich will mich zu meiner Ehrenrettung auf Jhering zurückziehen, der seinen philosophischen Dilettantismus – wir wissen leider, mit welchem Erfolg – bei einem Wagnis des „Zwecks im Recht" mit den Worten zu rechtfertigen suchte[3]: „Aber der Versuch..., die allgemeinen Ideen aufzusuchen, geht, wenn der Mann sonst nur die nötige Sachkenntnis, den wissenschaftlichen Ernst und den Blick für das Allgemeine mitbringt... schwerlich ohne irgendeinen Nutzen vorüber; ich hoffe, daß sich dies auch bei dem meinigen bewähren wird." Da Jhering das römische Recht nur als ein Paradigma des Rechts überhaupt[4], die Römer nur als historisch besonders fortgeschritten in der allgemeinen Rechtsidee[5] und die „Einsicht in das wahre Wesen des römischen Rechts"[6] als Prüfstein für das Wissen um Recht und Rechtsmethode im allgemeinen ansah[7], hätte er sich schwerlich richtig verstanden gefühlt, wenn er sein Werk ausschließlich in den Händen von Historikern und Rechtstheoretikern wüßte. Der, dessen wir hier gedenken, hätte demnach wohl Verständnis für meine fachliche Einmischung.
Die *zweite Vorbemerkung* betrifft Jherings Aktualität. Als unsere Hamburger Fakultät vor drei Jahren eine Ringvorlesung mit dem scheinbar ganz zukunftsbezogenen Thema „Rechtsdogmatik und Rechtspolitik"[8] veranstaltete, stellten zwei der Referate – übrigens gerade nicht das des romanistischen Historikers[9] – unabhängig voneinander Jhering in den Mittelpunkt ihrer Darstellung[10]. Rechtsdenken, wie Jhering es lehrt, so versuchten wir zu verdeutlichen, kann moderner sein als ein druckfrisches Kurzlehrbuch[11].
Meine *dritte Vorbemerkung* betrifft das Verhältnis von Wissenschaft, Rechtsprechung und Gesetzgebung. Es ist wohl nicht zu ge-

---

3 Zweck I, 4. Aufl. 1904 (Nachdruck 1970), Vorrede S. VI f.
4 Wenn auch nicht „das absolute Recht"; vgl. Geist II, 1, S. 294; Geist II, 2, S. 348.
5 Geist I, 5. Aufl. 1891, S. 14.
6 Geist I, 5. Aufl. 1891, S. 24.
7 Geist II, 2, S. 311.
8 *Karsten Schmidt* (Hrsg.), Rechtsdogmatik und Rechtspolitik, Hamburger Ringvorlesung, 1991.
9 *Seiler*, ebd., S. 109 ff.
10 *Kötz*, ebd., S. 75 ff.; *Karsten Schmidt*, ebd., S. 9 ff.
11 Ebd., S. 31.

wagt, festzuhalten, daß dies von Savigny bis Windscheid das Grundthema aller war, die über das „heutige römische Recht" und über den „Beruf ihrer Zeit für Gesetzgebung und Rechtswissenschaft" nachdachten. Daß dies auch ein Thema für heute und morgen ist, hat uns Horst Heinrich Jakobs in seiner wachrüttelnden Monographie über „Wissenschaft und Gesetzgebung" vor Augen geführt[12]. In der neuesten NJW, ihr Erscheinensdatum fällt fast auf den Tag mit Jherings Todestag zusammen, wird dokumentiert, daß diese Diskussion bis in das Bundesjustizministerium gedrungen, dort allerdings eher auf Kopfschütteln gestoßen ist. Da zeichnet Walter Rolland, Ministerialdirektor im Bundesjustizministerium, die Arbeiten der Schuldrechtskommission nach[13] und prallt mit Jakobs hart aufeinander. Jakobs, in der Rechtskultur des 19. Jahrhunderts fest verwurzelt, unterscheidet mit großer Strenge zwischen dem rechtspolitischen Auftrag des Gesetzgebers, nämlich „der schnellen Reaktion auf den nur durch die politische Entscheidung zu beseitigenden Mißstand, der Reform, ja des Experiments"[14] und dem rechtsdogmatisch und wissenschaftlich fundierten – von Jakobs mißverständlich als „technisch" bezeichneten[15] – Anteil des Privatrechts. Er begreift die Kodifikation im Anschluß an Windscheid „als eine Position in der Entwicklung, als Werdendes wie Gewordenes"[16] und streitet für einen Primat der Jurisprudenz in der Fortbildung des Zivilrechts. Gegenüber diesem Standpunkt macht es sich Rolland mit seiner Replik insofern ein wenig leicht, als er das Beispiel der Verjährung nach § 477 BGB zum Diskussionspunkt erhebt, deren teleologische Reduktion Jakobs gefordert hatte[17]. Dazu meint Rolland[18]: „Was Jakobs nicht wahrhaben will, ist, daß die

---

12 *Jakobs,* Wissenschaft und Gesetzgebung im bürgerlichen Recht nach der Rechtsquellenlehre des 19. Jahrhunderts, 1983, insbes. S. 45 ff., 76 ff., 134 ff.
13 *Rolland,* Schuldrechtsreform – Allgemeiner Teil, NJW 1992, 2377 ff.
14 *Jakobs,* Wissenschaft und Gesetzgebung, S. 47.
15 Dazu die Erklärung im Vorwort, ebd., S. 6.
16 Ebd., S. 112, 113.
17 *Jakobs,* Gesetzgebung und Leistungsstörungsrecht, 1985, S. 170 ff., 188 ff.
18 NJW 1992, 2378.

forensische Praxis das aufgenommene, schlüssige Konzept der Jurisprudenz zu § 477 BGB nicht ohne weiteres nachvollzieht, sondern allenfalls in besonders krassen Fällen zu gewagten Konstruktionen greift, um unangemessene Ergebnisse zu vermeiden. Daß der Gesetzgeber warten sollte, bis die mangelnde Einsichtsfähigkeit der forensischen Praxis sich gelegt hat, wird ihn (scl.: den Gesetzgeber) nicht überzeugen." Sehen wir einmal von dem verfänglichen Beispiel gerade einer Verjährungsfrist ab, so ist die Kontroverse für unsere Zeit in mehrfacher Hinsicht kennzeichnend:
- kennzeichnend erstens für unsere Ungeduld in Dingen der Rechtspolitik;
- kennzeichnend zweitens für unser Vertrauen in die Gesetzgebung, das uns bei jedem Rechtsfortbildungsakt die bange Frage nach seiner Legitimation stellen läßt, während wir dem Gesetzgeber bis zur Grenze der Verfassungswidrigkeit alles zutrauen und zubilligen, um dann allerdings über die Produkte der Gegenwartsgesetzgebung zu wehklagen.

Meine *vierte Vorbemerkung* leitet zum Hauptteil des Referats über (Leitsatz 1). Sie betrifft das von mir zugrundegelegte Jhering-Bild. Die Nachwelt – Spezialwissenschaftler ausgenommen – liebt es, Autoren der Vergangenheit auf gleichsam aphoristische Formeln festzulegen. Wer heute ein Kodifikationsvorhaben – z. B. die Insolvenzrechtsreform – verreißen will, holt Savignys „Beruf unserer Zeit" hervor[19]. Wer die Rechtswissenschaft verdammen will, zitiert jenen allseits bekannten Makulatur-Satz v. Kirchmanns aus der „Werthlosigkeit der Jurisprudenz als Wissenschaft"[20], ohne zur Kenntnis zu nehmen, daß Kirchmann die Wissenschaft nicht verhöhnen, sondern von der Magd des Gesetzgebers wieder zu seiner Herrin machen wollte[21]. Auch das Jhering-Bild ist von solchen Verallgemeinerungen nicht frei, und bestehen sie nur in der Konfron-

---

19 Charakteristisch jüngst wieder die Verhandlungen des 59. Deutschen Juristentages 1992 in der Arbeits- und der Sozialrechtlichen Abteilung.
20 „Indem die Wissenschaft das Zufällige zu ihrem Gegenstand macht, wird sie selbst zur Zufälligkeit; drei berichtigende Worte des Gesetzgebers, und ganze Bibliotheken werden zu Makulatur."
21 Dazu *Karsten Schmidt*, Die Zukunft der Kodifikationsidee, 1985, S. 30.

tation des jungen „Naturhistorikers" und des alten „Utilitaristen"[22], gerade so, als bestimme der große Bruch – und nur er – das Bild des Gesamtwerks[23]. Auch ich will es, was die Unvollständigkeit anlangt, nicht besser machen – der „ganze" Jhering ist, wenn überhaupt, nicht im vorliegenden Rahmen und schon gar nicht von diesem Referenten zu fassen –, ich will aber klarstellen, welcher Art meine Vereinfachung ist. Das Referat geht von der letzten Auflage des „Geists" aus und fragt nicht viel nach den großen Anteilen des jungen und den geringeren des alten Jhering daran. Die Frage wird sein: Was sagt uns der „Geist des römischen Rechts" im Rahmen der Gesetzgebung und Rechtsfortbildung unserer Tage? Man mag darüber staunen, daß nicht der nach der Intention des Referats scheinbar näherliegende „Kampf um's Recht" für eine solche Betrachtung gewählt worden ist. Gewiß wäre eine solche – in Anbetracht der gegenwärtigen Turbulenzen um die Klagen von „räuberischen Aktionären"[24] für Jherings Konzept wohl nicht immer schmeichelhafte – Retrospektive von dramaturgischem Reiz. Wer aber bereit ist, auf das Aufblitzen solcher Effekte zu verzichten, wird im „Geist des römischen Rechts" mehr an Substanz für ein Recht für heute und morgen entdecken. Das wird nun zu zeigen sein.

2. Zur Theorie und Legitimation der Rechtsfortbildung

a) Zum Verständnis der Rechtsfortbildung (Leitsatz 2)

(1) Es wird niemanden verwundern, daß Jherings „Geist des römischen Rechts" in der rechtsfortbildenden Rechtsprechung nicht explizit berufen wird. Kaum anders verhält es sich aber auch in der Li-

---

22 Charakteristisch *Bydlinski*, Juristische Methodenlehre und Rechtsbegriff, 1982, S. 115; *Larenz*, Methodenlehre, 6. Aufl. 1991, S. 47 f.; noch deutlicher außerhalb der Rechtswissenschaft *Thomas Nipperdey*, Deutsche Geschichte 1866–1918, Bd. I 1991, S. 657.
23 Vgl. demgegenüber *Fikentscher*, Methoden III, 1976, S. 273 f.; *Behrends*, Durchbruch zum Zweck, S. 229 ff.
24 Vgl. nur BGHZ 107, 296 = NJW 1989, 2689.

teratur. Das ist kein Zufall. Liest man die gegenwärtigen Standardwerke zur Methodenlehre der Rechtswissenschaft, so erscheint als vorderste Aufgabe die der Gesetzesauslegung[25], ergänzt freilich durch unvermeidbare Akte einer Rechtsfortbildung, die in erster Linie gesetzesimmanent auf Lücken des Gesetzes zu reagieren[26], ganz ausnahmsweise auch als gesetzesübersteigende Rechtsfortbildung sich gegen das Gesetz aufzulehnen hat. Dabei pflegen abgeschlossene Fortbildungsprozesse – die etwa von Larenz angeführten Beispiele sind heute kaum noch als contra-legem-Entscheidungen zu erkennen[27] – als akademisches Standardwissen durch die Bücher transportiert, aktuelle Fortbildungsprozesse dagegen als Nagelproben der Rechtstreue debattiert zu werden. Das eine hätte wohl Jhering so wenig erstaunt wie das andere, denn[28]: „Nur zu leicht vergessen wir, daß das, was uns vom Standpunkt der heutigen Zeit aus als natürlich und vernünftig erscheint, das Product eines langen und mühsamen Prozesses ist." Und[29]: „Jede Jurisprudenz producirt, selbst wenn sie sich dessen nicht bewußt ist oder wohl gar in der Theorie sich das Recht dazu abspricht, wie dies ja noch heutzutage von Manchen geschieht." Jhering setzt die Akzente anders als die Methodenliteratur der Gegenwart. Man darf wohl sogar sagen, daß die bloße Interpretation von Gesetzen im „Geist des römischen Rechts" als ein nur gelegentlich aufgeworfenes Detail[30] von dem Hauptthema Rechtsfortbildung ganz in den Schatten gestellt wird. Die Gründe hierfür lassen sich auf zwei Formeln bringen:
– Da ist erstens die Verwurzelung im Gemeinen Recht, dem Rechtsfortbildung – übrigens sogar als terminus technicus[31] – Normalität war[32].

---

25 Vgl. *Bydlinski* (Fn. 22), S. 560.
26 *Larenz*, Methodenlehre (Fn. 22), S. 370 ff.
27 *Larenz* nennt: Sicherungsübereignung und Zuerkennung der aktiven Parteifähigkeit an nichtrechtsfähige Vereine (Methodenlehre [Fn. 22], S. 428).
28 Geist I, 5. Aufl. 1891, S. 102.
29 Geist II, 2, S. 388.
30 Z.B. Geist I, 5. Aufl. 1891, S. 11 ff.
31 Auch bei *Jhering;* vgl. Geist II, 2, S. 341.
32 Vgl. nur *v. Kirchmann*, Die Werthlosigkeit der Jurisprudenz als Wissenschaft, ein Vortrag, gehalten in der Juristischen Gesellschaft zu Ber-

– Und da ist zweitens, was damit zusammenhängt, die schon erwähnte Ablehnung des Gesetzespositivismus in einem wissenschaftsgetragenen Privatrecht.

(2) Die gegenwärtige Rechtsfortbildungsdiskussion trägt – gewollt oder ungewollt – Züge des Gesetzespositivismus, die Jhering fremd sind. Das wird nicht zuletzt an folgenden Kennzeichen deutlich:
– Rechtsfortbildung wird als ein notwendiges Übel, bedingt durch die Unvollkommenheit der Gesetze, begriffen[33].
– Rechtsfortbildung wird als Ereignis erlebt und beschrieben, etwa in Gestalt einer sensationellen Gerichtsentscheidung[34].
– Rechtsfortbildung wird als Ersatzgesetzgebung durch Gerichte[35] von den einen gescholten, von den anderen gepriesen, und demgemäß wird diskutiert, ob Rechtsfortbildung als „Richterrecht"[36] zurückwirken[37] und ob sie die Gerichte gesetzesähnlich binden kann[38], ob sie der Bekanntmachung bedarf[39] usw.

All dies ist nicht Jherings Problem, und das hängt mit dem schon erwähnten wissenschaftlichen Rechtsverständnis seines Jahrhunderts zusammen und mit der Praxis und Wissenschaft des gemeinen Rechts, das nicht als Zustand, sondern nur als Prozeß zu be-

---

lin 1848, Nachdruck 1973, S. 45: „Jene vielgerühmte Fortbildung des Rechts durch die Juristen, von der man jetzt in allen Kompendien lesen kann..."

33 Charakteristisch *Säcker*, in: MünchKomm. BGB, 2. Aufl. 1984, Einl. Rdnr. 131.

34 Charakteristisch *Boujong*, GmbHR 1992, 211 f.

35 Dazu *Pawlowski*, Einführung in die Juristische Methodenlehre, 1986, Rdnr. 117 ff.

36 Beachtliche Kritik bei *Friedrich Müller*, in: Richterliche Rechtsfortbildung, Festschrift der Juristischen Fakultät zur 600-Jahr-Feier der Universität Heidelberg, 1986, S. 65 ff., 78 ff.

37 Vgl. nur *Knittel*, Zum Problem der Rückwirkung bei einer Änderung der Rechtsprechung, 1965, S. 46 ff., 50 ff.

38 Dazu *Kriele*, Das Problem der Rechtsgewinnung, 1967, S. 243 ff.; *Esser*, Vorverständnis und Methodenwahl..., 1970, S. 184 ff.; *Fikentscher*, Methoden IV, 1977, S. 336 ff.; mit Recht kritisch *Larenz*, Methodenlehre (Fn. 22), S. 430 f.; schroff ablehnend namentlich *Picker*, JZ 1984, 157 f.

39 In dieser Richtung *Reinicke*, JuS 1964, 428; dazu *Fikentscher*, Methoden III, 1976, S. 718.

greifen war. Rechtsfortbildung ist für Jhering ein Kontinuum, ist Normalität und ist vor allem nicht bloß Gesetzeskritik. Bei Jhering ist auch kein Platz für einen Primat oder gar ein Monopol der Rechtsprechung bei der Fortbildung des Privatrechts. Daran ist heute nachhaltig zu erinnern. Wissenschaftlich getragene und wissenschaftlich verantwortete Rechtsfortbildung muß nicht i. S. von Art. 19 Abs. 2 GG vom Volke ausgehen, denn sie ist nicht Staatshandeln, sondern Aufgabe der Wissenschaft. Höhere Jurisprudenz, wie es Jhering[40] genannt hätte, ist ihr Geschäft, und wo ein Richter rechtsfortbildend agiert, hätte Jhering diese Tätigkeit gewiß eine wissenschaftliche genannt. Der Unterschied seiner Tätigkeit gegenüber der des reflektierenden Gelehrten besteht nicht in der Zuständigkeit des Richters für die Rechtsfortbildung, sondern in der Autorität seiner Entscheidung, die diese zum verfassungsgebundenen Staatshandeln macht. Auch das vieldiskutierte Legitimationsproblem der „richterlichen" Fortbildung des Rechts hat seine Ursache nicht in der allein den Richtern zugewiesenen Aufgabe der Rechtsfortbildung, sondern allein in der Autorität der Gerichte, denn wer dem Fortbildungsbeitrag eines Wissenschaftlers nicht folgt, braucht nur den Kopf zu schütteln, während er einer Gerichtsentscheidung gegenüber gleich auf das Grundgesetz verweisen muß, sofern er ihre Wirkung inter partes überwinden will[41]. Wo es dagegen um den künftigen Weg der Rechtsprechung geht, unterliegt diese der „formlosen Kassation kraft besserer Einsicht"[42], eben weil der Stand auch der richterlichen Rechtsfortbildung höhere Jurisprudenz im Sinne Jherings und eben nicht Ersatzgesetzgebung ist.

b) Der „Geist" als Methodenlehre der Rechtsfortbildung (Leitsatz 3 und 4)

(1) Im dritten Leitsatz behaupte ich, daß sich Jherings „Geist des römischen Rechts" – wohlgemerkt neben der historischen Bestandsaufnahme – als eine Methodenlehre der Rechtsfortbildung ver-

---

40 Geist II, 2, S. 358.
41 Charakteristisch BVerfGE 72, 155 gegen BGHZ 92, 259.
42 Picker, JZ 1984, 158.

steht. Jhering konstatiert, wo er auf die juristische Methode zu sprechen kommt[43], „daß ein eigentliches Bewußtsein über sie den meisten Juristen völlig fehlt... Auch die römischen Juristen, Virtuosen in der praktischen Handhabung der Methode..., haben doch, so viel wir wissen, nicht den bescheidensten Ansatz zu einer Theorie derselben gemacht". Diese Methode ist aber das A und O aller Rechtsfindung und Fortentwicklung des Rechts, und soweit Jhering sie am römischen Recht exemplifiziert, geht es ihm um Erkenntnis und Fortschritt im Recht überhaupt. Denn das Recht ist mehr als nur ein „Aggregat willkürlicher Bestimmungen"[44]. Die Aufgabe des Gesetzgebers ist, solange er sich im systematischen Kontext der „naturhistorischen Methode" bewegt, darstellender Art. Da Jhering das römische Recht nur als ein historisch besonders fortgeschrittenes Bild des Privatrechts überhaupt betrachtet[45], erhebt der „Geist des römischen Rechts" überpositive Geltung. Die seit Jhering in Kraft gesetzten Kodifikationswerke – insbesondere also das Bürgerliche Gesetzbuch – können jedenfalls nach der Intention unseres Autors an der Aktualität seiner Befunde nichts ändern. Es wird zu zeigen sein, in welchem Umfang der „Geist" diesem Ziel gerecht wird.

(2) Mein vierter Leitsatz schließt gedanklich an den dritten an. Er lautet: „Das wissenschaftliche Rechtsverständnis im ‚Geist des römischen Rechts' öffnet die Augen dafür, daß Rechtsfortbildung nicht Ereignis (z.B. in Gestalt eines sensationellen höchstrichterlichen Urteils), sondern ein fortwährender Prozeß ist und daß die Kodifikation ‚als eine Position in der Entwicklung, als Werdendes wie Gewordenes' (Windscheid) begriffen, diesen Prozeß nur lenken, nicht aber aufhalten kann." Es ließen sich zahlreiche Beispiele aus dem Bürgerlichen Recht – insbesondere dem Haftungsrecht[46] – nennen, die nur zu deutlich belegen, daß unsere Gesetzesverfasser, blickten sie nach einem Jahrhundert auf die gegenwärtige Praxis, ihr BGB kaum wiedererkennen würden, dies aber nicht, weil sich

---

43 Geist II, 2, S. 310.
44 Geist I, 5. Aufl. 1891, S. 25 f.
45 Geist I, 5. Aufl. 1891, S. 13 ff.
46 Man denke nur an den Kreis der „sonstigen Rechte" in § 823 Abs. 1 BGB oder an die actio negatoria nach § 1004 BGB.

diese Praxis in beständigem Rechtsbruch übt, sondern weil die Kodifikation ihr diese Entwicklungsfähigkeit läßt. Darlegen ließe sich auch, daß die Fortbildung des Privatrechts eben das Geschäft der Rechtswissenschaft ist, deren Diskussionsergebnisse, wo sie die Richter überzeugen, von den Gerichten lediglich beglaubigt und mit Autorität versehen werden. Rechtsfortbildung, so entschieden sie heute als eine „richterliche" apostrophiert wird, ist eben in einem wissenschaftlich geordneten Recht das Geschäft aller Juristen.

Das Beispiel des Eigenkapitalersatzes habe ich im vierten Leitsatz angeführt, weil es für das Verhältnis von Gesetzespositivismus und Wissenschaft charakteristisch ist. Seit Jahrzehnten entscheidet der Bundesgerichtshof, daß Kreditmittel, die ein GmbH-Gesellschafter an Stelle von Eigenkapital zur Verfügung stellt, wie Eigenkapital gebunden und im Konkursfall verloren sind[47]. Jeder Schritt dieser Rechtsprechung wurde von der Literatur vorbereitet. Als 1980 die Rechtsprechungsgrundsätze in die GmbH-Novelle Eingang fanden, erhoben sich Stimmen, die zweierlei sagten: erstens, nun seien die Rechtsgrundsätze über den Eigenkapitalersatz festgeschrieben, und zweitens, nunmehr stehe fest, daß diese Grundsätze zwar für die GmbH und für die GmbH & Co. KG, nicht aber für andere Rechtsformen gelten[48]. Beides hat sich als schlechte Prophetie erwiesen. Die Rechtsprechung führt, unbeeindruckt von der Dokumentation ihres bisherigen Standes im Gesetz, in der Konsolidierung der sich abzeichnenden Regeln fort[49]. Sie hat auch die Grundsätze bereits auf Aktiengesellschaften ausgedehnt[50], und ich bin seit Jahren um den Nachweis bemüht, daß es bei allen Handelsgesellschaften eigenkapitalersetzende Darlehen geben kann[51].

---

47 Nachweise bei *Hachenburg/Ulmer*, GmbHG, 8. Aufl., Lfg. 1992, §§ 32a, b Rdnrn. 14 ff.
48 Charakteristisch etwa *Winter* in der 6. Aufl. des *Scholz*-Kommentars (§§ 32a, b Rdnr. 14).
49 Charakteristisch BGHZ 90, 370.
50 Vgl. BGHZ 90, 381.
51 Vgl. zuletzt *Scholz/Karsten Schmidt*, GmbHG, 8. Aufl. 1992, §§ 32a, b Rdnr. 21.

c) Rechtsfortbildung als Entdeckungsverfahren (Leitsatz 5)

(1) In Jherings Rechtsfortbildungskonzept geht es, so sehr er auf die spekulative Phantasie[52] und auf das durch Methode gelenkte[53] Rechtsgefühl[54] des Juristen setzt, nicht um willkürliche Sozialgestaltung, sondern um ein Entdeckungsverfahren, dessen Erkenntnisse aus den gesellschaftlichen Fakten, aus den schon anerkannten rechtlichen Regeln und aus dem „System" resultieren. Das ist kurz zu erläutern, denn die Bildhaftigkeit der „naturhistorischen Methode" suggeriert eine Selbstschöpfungskraft der Rechtsbegriffe, die imstande sind, sich zu paaren und neue zu zeugen[55]. Es ist aber folgendes zu bemerken:

(aa) Erstens entstehen Rechtssätze auch nach der „naturhistorischen Methode" nicht von selbst, denn[56]: „In steter Abhängigkeit verläuft die Bildungsgeschichte des Rechts, und neben den gewaltigen historischen Mächten, welche dieselbe bestimmen, schrumpft die Mitwirkung des menschlichen Verstandes, wenn er statt Werkzeug Schöpfer sein will, in Nichts zusammen." Es gibt einen Bestand des Rechts, den „jede legislative Reflexion und Willkür vorfindet, und woran sie nicht rütteln kann, ohne selbst zu Schanden zu werden"[57]. Die Anknüpfung aller Rechtsfortbildung bei den Tatsachen, gern dem Utilitarismus des Spätwerks zugeschrieben, ist demnach auch dem „naturhistorischen" Jhering nicht fremd.

(bb) Zweitens knüpft alle Rechtsfortbildung an erkanntes Recht an, denn „unversiegbare Quelle neuen Stoffs"[58] ist das „System", und dieses ist zugleich die praktisch vorteilhafteste Form des positiv gegebenen Stoffs"[59]. Der von dem „System gekennzeichnete Rechtsfortbildungsprozeß ist seinerseits bestimmt durch die Geset-

---

52 Geist II, 2, S. 387.
53 Geist II, 1, S. 37 f.
54 Z. B. Geist II, 2, S. 465.
55 Geist I, 5. Aufl. 1891, S. 40.
56 Geist I, 5. Aufl. 1891, S. 26.
57 Ebd.
58 Geist II, 2, S. 386.
59 Geist II, 2, S. 383.

ze der „Deckung des positiven Stoffs", des „Nichtwiderspruchs" und, wo es angeht, der „juristischen Schönheit"[60].
(cc) Was nun drittens die Ergebnisse des unablässigen Erkenntnisprozesses anlagt, so erhalten sie ihren materialen Inhalt durch die „Natur der Sache"[61], folgen aber methodisch den von Jhering angegebenen Konstruktionsprinzipien, und wenn sie auf Rechtssätzen aufbauen, geschieht dies im Einklang mit der sozialen Realität, denn[62] „die Wirklichkeit beglaubigt erst den Text, den das Gesetz oder eine andere Formulierung des Rechts aufstellt, als wahrhaftes Recht, sie ist mithin das einzige sichere Erkenntnismittel derselben."
(2) Sieht man von der in meinen Augen rein bildhaften „naturhistorischen" Darstellungsweise ab, so halte ich Jherings Beobachtung eines allmählichen systematischen Erkenntnisprozesses noch heute für vorbildlich und habe das mehrfach anhand von Problemen exemplifiziert, die hier nicht wieder aufgegriffen werden sollen. Das gilt zunächst für das Gesetz der „Deckung des positiven Stoffes", das nur an die Rechtsfolgenanordnungen, nicht dagegen an die rechtsdogmatischen Prämissen des Gesetzgebers bindet[63]. Das gilt sodann für die ständige Frage nach der Verallgemeinerungsfähigkeit singulär scheinender Regeln[64] und schließlich für das, was Jhering das Gesetz der logischen Sparsamkeit nennt[65]. Juristische Ökonomie ist nach Jhering die Kunst, sich in geschickter Weise mit dem Vorhandenen zu behelfen[66].

---

60 Geist II, 2, S. 371 ff.
61 Geist II, 2, S. 388.
62 Geist I, 5. Aufl. 1891, S. 49.
63 Geist II, 2, S. 371; modernes Beispiel: Nichtigkeitsklagen als Gestaltungsklagen; vgl. *Karsten Schmidt,* JZ 1988, 729 ff.
64 Geist II, 2, S. 338; modernes Beispiel: aktienrechtliche Anfechtungsklage; vgl. *Karsten Schmidt,* in: Festschrift Stimpel, 1985, S. 217 f. (unter einem Jhering-Motto publiziert).
65 Geist III, S. 242; dazu auch *Gromitsaris,* Theorie der Rechtsnormen bei Rudolph von Ihering, 1989, S. 292 ff.
66 Geist III, S. 243.

Hauptbeispiel ist die von ihm sognannte „historische Fiktion". Die Beobachtung selbst stammt von Savigny, der 1814 gesagt hatte[67]: „Entsteht eine neue Rechtsform, so wird diese unmittelbar an eine alte, bestehende angeknüpft, und ihr so die Bestimmtheit und Ausbildung derselben zugewendet. Dieses ist der Begriff der Fiction, für die Entwicklung des Römischen Rechts höchst wichtig und von den neueren oft lächerlich verkannt." Jhering greift diesen Gedanken auf. Er meint, daß die Fiktion im Recht zu solch „lächerlicher Verkennung" nun allerdings einlade, eben weil sie dem Unkundigen läppisch und verlogen erscheine[68]. Jhering selbst sieht sie als eine „technische Notlüge" an, als eine Medaille mit zwei Seiten[69]: Sie ist eine „wissenschaftlich unvollkommene Form" der Aufgabenbewältigung, aber indem sie einen gedanklich bequemen Weg geht, „erleichtert sie... den Fortschritt, macht ihn möglich zu einer Zeit, wo es der Wissenschaft noch an Kraft fehlen würde, die Aufgabe in der ihr entsprechenden Gestalt zu bemeistern"[70]. Wörtlich sodann: „Es ist leicht, zu sagen: Fiktionen seien Notbehelfe, Krücken, deren sich die Wissenschaft nicht bedienen sollte. Sobald letztere ohne sie fertig werden kann, gewiß nicht! Aber immer besser, daß sie mit Krücken geht, als ohne Krücken ausgleitet oder sich nicht aus der Stelle bewegt... Anderseits freilich liegt in jeder Fiktion, eben weil sie ein unvollkommenes Mittel ist, für die Wissenschaft die Mahnung, sie möglichst bald durch ein vollkommeneres zu ersetzen." Jhering spricht hier von der „historischen Fiktion"[71], also von einem fruchtbaren, aber notwendig provisorischen Mittel der Rechtsfortbildung. In der schon erwähnten Hamburger Ringvorlesung habe ich anhand von drei Beispielen, die hier nicht eingehend nachgezeichnet werden sollen, ausführlich dargestellt, in welchem Umfang noch heute der Weg der Rechtsfortbildung über die Fiktion

---

67 *Savigny*, Vom Beruf unsrer Zeit für Gesetzgebung und Rechtswissenschaft, Heidelberg 1814, S. 32 = Hattenhauer (Hrsg.), Thibaut und Savigny, Ihre programmatischen Schriften, 1973, S. 116.
68 Geist III, S. 302.
69 Geist III, S. 305.
70 Hierzu und zum folgenden Geist III, S. 305 f.
71 Geist III, S. 306.

von Verträgen und über die endliche Überwindung dieser „historischen Fiktion" führt[72]:
- am Beispiel der Auskunftshaftung,
- am Beispiel des Vermögensausgleichs in nichtehelichen Lebensgemeinschaften und
- am Beispiel des Verlustausgleichs von Konzernmüttern, also der Übernahme von Verlusten der Tochtergesellschaften.

Der Sache nach geht es hier um die Frage, ob ungeschriebene gesetzliche Schuldverhältnisse anerkannt werden dürfen, doch bevor man sich dieser Frage offen stellt, werden stillschweigende Auskunftsverträge, Innengesellschaften zwischen Lebenspartnern oder Unternehmensverträge zwischen Mutter- und Tochtergesellschaften konstruiert, bis eines Tages zugegeben wird, daß nicht der Wille der Parteien, sondern die Anerkennung vertragloser Sonderverbindungen in Frage steht. Man mag die Existenz solcher Sonderverbindungen dann befürworten oder ablehnen, aber mit der Anknüpfung bei dem Parteiwillen ist es vorbei. Der klare Blick auf die provisorische Technik der historischen Fiktion zwingt zur Methodenehrlichkeit.

Ein bekanntes, viel zu wenig unter dem hier besprochenen Aspekt betrachtetes Beispiel ist die Theorie der Wandlung beim Kauf. Als wir Ältere studierten, tobte noch die Schlacht um die Herstellungs- oder Vertragstheorie: Ist die Wandlung ein schlichtes Rückforderungsrecht[73], ein dem Rücktritt entsprechendes Gestaltungsrecht[74], oder kann der Käufer nur, wie es § 462 BGB für die ädilitischen Rechtsbehelfe formuliert, vom Käufer die Rückgängigmachung des Kaufvertrages durch Aufhebungsvertrag verlangen[75]? Still wurde es

---

72 *Karsten Schmidt,* in: Rechtsdogmatik und Rechtspolitik, S. 24 ff.
73 Herstellungstheorie; vgl. *Enneccerus/Lehmann,* Recht der Schuldverhältnisse, 15. Bearb. 1958, S. 443; zusammenfassend *Soegel/Huber,* BGB, 11. Aufl. 1986, § 462 Rdnr. 40.
74 So *Henle,* Schuldrecht, 1934, S. 613 („Anfechtungstheorie"), *Kreß,* Schuldrecht, 1934, S. 613; *Raape,* in: Festschrift Lehmann, 1937, S. 159 ff.
75 *Windscheid/Kipp,* Lehrbuch des Pandektenrechts, 6. Aufl. 1906, Anh. § 395; *Leonhard,* Schuldrecht II, 1931, S. 67 ff.; *Oertmann,* Recht 1904, 4 ff., 29 ff.

Jherings Geist in der heutigen Rechtsfortbildung

erst um die Kontroverse, als Bötticher mit der modifizierten Vertragstheorie eine Lösung erarbeitet hatte, die dem praktischen Anliegen der Herstellungstheorie gerecht wurde, ohne den Boden der Vertragstheorie formal zu verlassen[76]: Nach der modifizierten Vertragstheorie wird vom wandelnden Käufer auf Rückzahlung des Kaufpreises geklagt und der eigentlich notwendige Wandlungsvertrag durch eine verdeckte richterliche Inzidentgestaltung ersetzt. Die herrschende Auffassung ist es zufrieden[77] und ruft heute zu einem Schluß der Debatte auf[78], weil praxiserhebliche Erkenntnisse von dieser nicht mehr erwartet werden. Als vor zwei Jahrzehnten Kupisch die modifizierte Vertragstheorie im Archiv für die civilistische Praxis – wie hier zugespitzt formuliert sei – als rechtsdogmatisch überflüssig und methodisch unaufrichtig brandmarkte[79], dankte man ihm dies durch Desinteresse. Wer nur in den Kategorien „richtig" und „falsch" denkt, wird hierüber in Anbetracht des von Kupisch aufgewendeten Scharfsinns staunen, denn es war ein Akt der Erkenntnis, die Unsichtbarkeit der „verdeckten richterlichen Gestaltung" in eine Kritik derselben einmünden zu lassen, gleich dem kleinen Mädchen in Andersens Märchen von des Kaisers neuen Kleidern, das ungeniert ausruft: „Er hat ja gar nichts an!" Wer die Entwicklung mit Jhering'schen Augen verfolgt, wird das historische Verdienst von Böttichers Lehre einzuordnen wissen: Sie bewerkstelligte den Anschluß an das Gesetz und an die sich auf das Gesetz berufende Vertragstheorie durch eine Fiktion, der sie den Namen verdeckte Gestaltung gab, gleich, als wäre die Gestaltung dem hinter die Dinge blickenden Auge wahrnehmbar. Aber diese Fiktion hat ihre Schuldigkeit getan. Statt auf Andersens Märchen

---

76 *Bötticher*, Die Wandlung als Gestaltungsakt, 1938, S. 5 ff.
77 BGH; WM 1983, 1891; *Larenz*, Schuldrecht, II, 1, 13. Aufl. 1986, S. 55 f.; *Fikentscher*, Schuldrecht, 8. Aufl. 1991, S. 436; *Palandt/Putzo*, BGB, 51. Aufl. 1992, § 465 Rdnrn. 3 ff.
78 Charakteristisch *Esser/Weyers*, Schuldrecht II, 7. Aufl. 1991, S. 46 f.; *Staudinger/Honsell*, BGB, 12. Aufl. 1978, § 465 Rdnr. 6.
79 *Kupisch*, AcP 170 (1970), 477 ff.; *Kupischs* Hauptthese war, daß es einer Vertragsaufhebung für den Rückforderungsanspruch überhaupt nicht bedürfe: Der Rückforderungsanspruch stehe dem Käufer ex lege, also ohne Gestaltungsakt, Gestaltungsurteil oder Wandlungsvertrag, zu.

sollten wir damit auf Jhering bauen und ausrufen: „Weg mit den Krücken!" Die allgemeine Anerkennung der modifizierten Vertragstheorie setzt uns instand, diese Theorie zu überwinden, und uns einzugestehen: Geltendem und praktiziertem Recht entspricht die Herstellungstheorie!

d) Das Sonderproblem der gesetzesübersteigenden Rechtsfortbildung (Leitsatz 6)

(1) Sofern bisher der Eindruck entstanden sein sollte, es sei überhaupt nicht von den Gegenwartsproblemen der Rechtsfortbildung die Rede gewesen, so wäre dies mit dem gesetzespositivistischen Grundverständnis der gegenwärtigen Rechtsfortbildungsdebatte zu erklären. Von Jhering sollten wir lernen, daß der Fortschritt im Recht, auch wo er sich in Auslegungs- und Theoriendiskussionen niederschlägt, insgesamt Rechtsfortbildung ist. Aber das kann kein Grund sein, die umstrittenen Legitimationsprobleme der gesetzesübersteigenden Rechtsfortbildung zu verschweigen und die qualitative Verschiedenheit der hier als Fortbildungen des Rechts zusammengefaßten Prozesse zu vernachlässigen. Setzt jede Rechtsfortbildung eines Gesetzeslücke voraus[80]? Inwieweit ist bei der Feststellung von Lücken im Gesetz rechtspolitisches Denken, also die Berufung auf unbefriedigte Rechtswerte erlaubt[81]? Welcher Grad an rechtsethischer Mißbilligung muß erreicht sein, bevor eine Gesetzesnorm als unverbindlich beiseitegeschoben werden kann? Auf keine dieser Fragen gibt uns der „Geist des römischen Rechts" eine befriedigende Antwort. Er kennt und billigt zwar „die Opposition gegen ein unhaltbares Gesetz", möge die Theorie sie „noch so scharf verdammen", denn „die Thatsache wird dadurch nicht anders: dem Verdammungsurteil der Juristen ist auf die Dauer kein Gesetz gewachsen"[82]. Was aber die Voraussetzungen dieser Auflehnung gegen das Gesetz anlangt, so schweigt sich der „Geist" aus,

---

80 In dieser Richtung *Bydlinski* (Fn. 22), S. 116, 472 ff.
81 Dazu eingehend *Canaris,* Die Feststellung von Lücken im Gesetz, 2. Aufl. 1983, S. 71 ff., 93 ff., 141 f., 201 f.
82 Geist II, 2, S. 465.

und auch im Sozial-Utilitarismus des späten Jhering scheinen sich keine klärenden Kriterien zu finden. Das verwundert zunächst. Jhering mag zwar die bewußte Zuteilung von Gruppeninteressen durch Richter als „Sozialingenieure" heraufbeschworen haben, aber als Realität einkalkuliert hat er sie anscheinend nicht. Es mag dies eine Inkonsistenz seiner Rechtstheorie indizieren, die beim frühen wie beim späten Jhering die Frage aufkommen läßt, ob er der historischen Rechtsschule verläßliche Aussagen über die Herkunft der Rechtswerte entgegengesetzt hat. Dies wird das Thema anderer Referate sein. Hier soll nur konstatiert werden, daß uns der „Geist", so sehr er die gesetzesübersteigende Rechtsfortbildung für zulässig erklärt, bei der Frage nach dem „Wann" im Stich läßt.

(2) Unsere heutige Praxis sucht Hilfe bei der Normenhierarchie und beruft sich für wie gegen die Rechtsfortbildung auf Verfassungsnormen. Als 1979 das Bundesarbeitsgericht den Sozialplanforderungen contra legem einen Rang vor den erstrangigen Konkursforderungen zugewiesen hatte[83], wurden seine Urteile vom Bundesverfassungsgericht wegen Verstoßes gegen den rechtsstaatlichen Grundsatz des Art. 20 Abs. 3 GG kassiert[84]. Als im letzten Dezember der Bundesgerichtshof den Konkursverwaltergebühren beim „Konkurs im Konkurs" einen Rang vor allen übrigen Masseverbindlichkeiten zuwies, berief er sich – wohl um einem gleichen Verdikt zuvorzukommen – seinerseits auf die Verfassung und meinte, die dem öffentlichen Interesse dienende Tätigkeit des Konkursverwalters müsse von Verfassung wegen mit einer angemessenen Entschädigung und Sicherung des Verwalters einhergehen[85]. Auch das am Ende des sechsten Leitsatzes angedeutete Beispiel belegt die sichernde Zufluchtnahme zur Verfassung. Es geht um die Kritik von Canaris an § 105 BGB, jener Regel, die Rechtsgeschäfte eines Geschäftsunfähigen für nichtig erklärt[86]. Canaris sieht hier das Übermaßverbot verletzt und verweist – wohlgemerkt de lege lata! – auf die differenzierenden Regeln der §§ 107 ff. BGB. Dies erlaubt ihm die An-

---

83 BAGE 31, 176 = NJW 1979, 774.
84 BVerfGE 65, 182 = NJW 1984, 475.
85 BGHZ 116, 233 = JuS 1992, 524 m. Anm. *Karsten Schmidt* = ZIP 1992, 120.
86 *Canaris*, JZ 1987, 996 f.

nahme, daß § 105 BGB gegen Art. 2 i. V. m. Art. 1 GG verstößt. Man mag dem nun zustimmen oder nicht. Eines scheint mir doch klar: Im Anspruch auf formale Legitimität ist dieser positivistische Ansatz dem schlichten Ungehorsam gegen unvernünftiges Recht überlegen. Die Frage, wie unvernünftig eine Gesetzesnorm sein muß, um unverbindlich zu sein, wird durch die Grundrechtsdogmatik versachlicht, und doch bleibt sie schwierig wie eh und je. Wir sind seit Jhering an Erfahrungen reicher, in der Sache jedoch nicht viel sicherer geworden.

3. Zur Phänomenologie der Rechtsfortbildung

a) Grundsätzliches (Leitsatz 7)

Wer unsere Gegenwartsdiskussion über die Rechtsfortbildung zugrundelegt, mag hiernach den „Geist des römischen Rechts" mit einer Mischung aus Ermutigung und Ernüchterung beiseitelegen: mit Ermutigung, weil Jhering einer Rechtsfortbildung das Wort redet, die notfalls bis hin zum Gesetzesungehorsam gehen kann; mit Ernüchterung, weil die von Jhering angepriesene „Methode" keine praktikablen Handlungsanleitungen gibt. Aber abgesehen davon, daß das Buch diese Schwäche mit dem größeren Teil der gegenwärtigen Methodenliteratur teilt, sind wir es dem Jhering'schen „Geist" schuldig, ihm selbst seinen historischen Platz in der Rechtsfortbildung und den „verschiedenen Stadien ihrer Entwicklung" zuzuweisen. Dieser Platz besteht, was die Methodenlehre anlangt,
- in der Bewahrung der gemeinrechtlichen Erkenntnis, daß Rechtsfortbildung eine unablässige Aufgabe der Wissenschaft ist und
- in der aufrüttelnden Bekräftigung, daß sich die Rechtsfortbildung ausnahmsweise sogar gegen das Gesetz kehren kann.

Darüber hinaus hat das Werk Darstellungswert und überzeugt als eine Phänomenologie der Rechtsfortbildung, begriffen im Sinne eines ständigen Wechselspiels der Konstanten und Variablen im Recht[87]. Weit über den Bereich der heute diskutierten „richterli-

---

87 Vgl. denn auch *Wieacker*, Privatrechtsgeschichte, 2. Aufl. 1967, S. 451: „nicht immer historisch richtig, aber mit treffender Anschauung".

chen Rechtsfortbildung" hinaus prägt diese Fortbildung die Beschaffenheit und Veränderung des Privatrechts, und sie prägt die Tätigkeit eben nicht nur der Gerichte, sondern auch der Wissenschaft, der Gesetzgebung und der Gestaltungspraxis. Jherings bestechender Blick für die hier ablaufenden Prozesse und die bleibende Gültigkeit seiner Befunde sei hier anhand modellhafter Erscheinungen unterstrichen.

b) Rechtsfortbildungsanstöße aus der sozialen Welt (Leitsatz 8)

(1) Der Historiker Jhering beobachtet, auf das ältere Recht zurückschauend, ein *Hineinwachsen standardisierter Vereinbarungen in das dispositive Recht:* Mußte im älteren Recht „die concrete lex contractus... die abstracte lex contractus ersetzen"[88], so hatten sich Formulare als Vorläufer, Surrogate und endlich Fundgruben des dispositiven Rechts zu bewähren[89]. Das ist zunächst ein archaischer Vorgang, aus dem längst ein Wechselspiel geworden ist. Entwickeln sich heute neue Vertragstypen – wie etwa das Leasing, das Factoring oder das Franchising –, so mischt sich alsbald vorhandenes dispositives Recht – z.B. als Miet-, Dienst- oder Werkvertragsrecht – ein[90], und sei es über § 9 des AGB-Gesetzes[91]. Das kann unter einem gereiften Gesetzesrecht nicht anders sein, und Jhering wäre gewiß der letzte gewesen, solcherlei Dialektik zu leugnen. Wie berechtigt Jherings Beobachtung auch heute noch ist, wird aber doch vielfach erkennbar. Ich verweise im Leitsatz 8a auf die *Verdingungsordnung für Bauleistungen (VOB),* die als eine von privater Seite geschaffene Vergabeordnung der privaten Vereinbarung unterliegt, aber durch einen unserer Großkommentare[92] mehr und mehr in das dispositive Werkvertragsrecht hineingeschmuggelt wird. Mein zweiter Hinweis im Leitsatz 8a zielt auf das *Transportrecht,* dessen Normen zu einem erheblichen Teil den Karriereweg von Handelsbräuchen über

---

88 Geist II, 1, S. 300.
89 Geist II, 1, S. 301.
90 Charakteristisch BGHZ 97, 136, 139 f. (Leasing).
91 Vgl. nur BGHZ 81, 298, 302 f. im Anschluß an BGHZ 68, 118, 124 (gleichfalls zum Leasing).
92 *Soergel,* in: MünchKomm. BGB, 2. Aufl. 1986, z.B. § 633 Rdnr. 76.

Standarddokumente und Standardvertragsbedingungen bis hin zur normativen Verfestigung hinter sich haben[93]. Es ist dies ein Fortbildungsprozeß, der außerhalb der gegenwärtig üblichen Vorstellung einer „richterlichen Rechtsfortbildung" liegt, aber für Jherings naturhistorische Betrachtung geradezu affirmative Tragweite hat.

(2) Das zweite Phänomen, von dem ich sprechen will, ist die *Entformalisierung des Rechts*, was nicht mit einer Widerlegung des Referats von Mr. Summers[94], viel dagegen mit einer funktionsbedingten Begrenzung rechtlicher Formen zu tun hat. Es ist keine neue Beobachtung, daß archaische Rechte auf formelhaften, symbolischen und solennen Akten bestehen und daß mit der Modernisierung des Verkehrs eine Entformalisierung des Rechts einhergeht[95]. Jhering, der die Form als die geschworene Feindin der Willkür bezeichnet[96], geht dieser Erscheinung nach, wobei seine Analyse der römischen Rechtsgeschäftslehre beiseitegelassen sei. Jhering führt die Plastizität im deutschen Recht auf „die Phantasie, die sinnige Natur des germanischen Charakters"[97], die Plastizität im römischen Recht dagegen einfach auf einen „praktischen Gesichtspunkt" zurück[98]. Entwicklungsgeschichtlich vergleicht er die schwindende Handgreiflichkeit rechtlicher Vorgänge mit dem Übergang von mechanischen zu termischen oder elektrischen Prozessen und meint[99]: „Wie die Wärme oder Electricität die Körper, so durchdringt heutzutage das Recht die Wirklichkeit; es ist derselben völlig immanent, seine Bewegung und Wirksamkeit wird dem Auge nur selten bemerklich." Man mag über diese mit naivem Stolz der Physik seiner Zeit entnommene Bildhaftigkeit lächeln – die Richtigkeit der Beobachtung selbst ist doch unbestreitbar und ist von bleibender Aktualität. Das

---

93 Vgl. *Basedow*, ZHR 150 (1986), 487 ff.
94 „Jherings Influence on American Legal Thought", demnächst in: Behrends (Hrsg.), Jherings Rechtsdenken; vgl. die Einführung zu diesem Band (S. 1).
95 Geist II, 2, S. 470, 504 ff.
96 Geist II, 2, S. 471.
97 Geist II, 1, S. 15.
98 Geist II, 1, S. 16.
99 Geist II, 1, S. 8.

im Leitsatz 8 b genannte *Beispiel des Geldes* ist nur eines von vielen[100]: Von der individuell zugewogenen Tauschware über das durch Standardaufdrucke in seinem Wert garantierte Edelmetall hatte es sich schon zu Jherings Lebzeiten zu der nur noch golddeckten Währung entwickelt, deren unkörperliche Dubiosität in Goethes Faust II auf das Schönste karikiert wird[101]. War für die Gegenwart Jherings noch umstritten, ob jedenfalls prinzipiell der Metallwert das Prinzip des Geldes bestimmen solle[102], so sind wir heute längst über die Golddeckung hinweggegangen[103]: Money is what money does. Geld ist nichts als Liquidität, und das hat sich der Privatrechtsanwendung unmittelbar mitgeteilt. Galt noch vor Jahren die Banküberweisung nur als Leistung an Zahlungs Statt[104], so wird sie zunehmend als Zahlung anerkannt[105]. Sieht man von vielbelächelten Atavismen wie dem Honorargebot in der Zwangsversteigerung[106] oder von Gebräuchen wie der Barzahlung hinter der Opernbühne ab, so geht der Zahlungsverkehr heute durch Kontenbewegungen vor sich – was für ein weiter Weg seit der Zuwägung von Metall! Auch *der stückelose Wertpapierhandel* mit all seinen Problemen des gutläubigen Erwerbs[107] entspricht diesem Phänomen. Die Präponderanz der Sache im archaischen und ihre zunehmende Zurückdrängung im modernen Recht – beides von Jhering konstatiert[108] – ist ein bis heute fortwirkendes Phänomen, dem wir z. B. auch im Handelsrecht begegnen, das bis heute dem Warenhandel

---

100 Eingehend *Hahn,* Währungsrecht, 1990, S. 1 ff.; *Karsten Schmidt,* Geldrecht, 1983, Vorbem. A 6.
101 Dazu *Karsten Schmidt,* JuS 1984, 738.
102 So *Goldschmidt,* ZHR 13 (1869), 368 ff., gegen *Hartmann,* Über den rechtlichen Begriff des Geldes und den rechtlichen Inhalt von Geldschulden, 1868.
103 Überblick bei *Palandt/Heinrichs,* §§ 244, 245 Rdnrn. 1 ff.
104 BGH, NJW 1953, 897; OLG Hamm, NJW 1988, 2115.
105 Vgl. statt vieler *Palandt/Heinrichs,* § 362 Rdnr. 9; *Karsten Schmidt,* Geldrecht, Vorbem. Rdnr. C 48.
106 § 49 ZVG.
107 Dazu *Canaris,* Bankvertragsrecht, 2. Aufl. 1981, Rdnrn. 1972 ff.; *Koller,* DB 1972, S. 1857, 1905.
108 Geist II, 2, S. 431 ff.

verhaftet geblieben ist, aber sich mehr und mehr den Dienstleistungen, also unstofflichen Produkten, zuwenden muß[109].

c) Rechtsfortbildung durch und gegen Umgehungsgeschäfte (Leitsatz 9)

Die Umgehung hat in Jherings Werk ein doppeltes Gesicht: Sie taucht unter dem uns schon von den Fiktionen her bekannten Stichwort der „Juristischen Ökonomie" auf[110] und unter dem Stichwort der „Schleichwege des Lebens"[111]. Einmal geht es um die Umgehung als Mittel, dann als Objekt der Fortbildung des Rechts, einmal gleichsam um die „gute", dann um die „böse" Umgehung. Beide Gesichtspunkte interessieren bis heute. Allerdings haben sich die rechtlichen Aspekte verändert. Auch macht Jhering es sich etwas zu einfach, indem er bei der guten Umgehung – Stichwort: juristische Ökonomie – die „Wissenschaft" und bei der bösen Umgehung – Stichwort: die Schleichwege – „das Leben" auf die Bühne ruft. Diese recht platte Gegenüberstellung soll offenbar nur verdeutlichen, daß Praxis und Wissenschaft sich einmal der Umgehungsgeschäfte zu bedienen, ein andermal diese zu bekämpfen haben. Aber auch diese Befunde haben sich verschoben.

(1) Beginnen wir mit dem Umgehungsgeschäft als Mittel „juristischer Ökonomie", also mit der gleichsam schöpferischen Umgehung. Sie spielt heute vor allem im Sachenrecht eine Rolle, dessen Aktstypen nicht ohne weiteres durch praxisgerechte Neuerfindungen ergänzt werden können. Die Sicherungsübereignung als Ersatz für das besitzlose Vertragspfandrecht ist ein geradezu klassischer Fall. Im übrigen aber ist dem wissenschaftlich geleiteten Recht unserer Tage der starrsinnige Konservativismus fremd, der oft zu den von Jhering geschilderten Erscheinungen führt. Wo wir Umgehungsgeschäfte erkennen, die eine notwendige Rechtsfigur zu ersetzen haben, beeilen wir uns, diese Rechtsfigur einzuführen, also vom provisorischen Stadium in das des fortgebildeten Rechts vor-

---

109 Vgl. *Karsten Schmidt*, Handelsrecht, 3. Aufl. 1987, S. 903.
110 Geist III, S. 242 ff.
111 Geist III, S. 262 ff.

zudringen. Mein Klammerzusatz im Leitsatz 9 a nennt zwei miteinander zusammenhängende Beispiele. Noch vor wenigen Jahrzehnten galt der Anteil an einer Personengesellschaft als unübertragbar[112]. Wollte der Gesellschafter X seinen Anteil an Y verkaufen, so ließ man ihn gegen eine Abfindung austreten und den Y gegen eine Einlage eintreten, wobei dann die Zahlungen dadurch abgekürzt wurden, daß Y direkt an X zahlte. Dieser so gar nicht gewollte Vorgang konnte allerdings unangenehme Haftungsfolgen haben[113]. Da man sich mit einem solchen Provisorium nicht abfinden wollte, setzte man beim Prinzip an. Heute ist die Übertragbarkeit des Anteils anerkannt, die notwendige Rechtsfortbildung also vollzogen[114]. Nicht ganz so weit gediehen ist die Praxis beim Nießbrauch am Anteil. Da seine Zulässigkeit – eine Nachwirkung der früher angenommenen Unabtretbarkeit! – noch immer bezweifelt wird[115], weicht ein Teil der Praxis auf die Treuhand aus, überträgt also dem Nießbraucher den Anteil, obwohl nur ein Nießbrauch gewollt ist[116]. Das ist jene produktive Umgehung, von der Jhering spricht. Sie wird über kurz oder lang der Vergangenheit angehören[117], eben weil die Diskussion unserer Tage solche Provisorien rascher zu überwinden trachtet.

(2) Wo Jhering von den „Schleichwegen des Lebens" spricht, geht es ihm um die Beobachtung, „daß eins der schwierigsten Probleme, die an den Gesetzgeber überhaupt herantreten können, darin besteht, sein Gesetz gegen Umgehungen sicher zu stellen, und daß alle Kunst, die er aufbietet, es zu schützen, derjenigen, die das Leben anwendet, es zu durchlöchern, zu untergraben, zu stürzen, kaum gewachsen ist". Auch in dieser Hinsicht sind die Dinge seit Jherings

---

112 RGZ 83, 312, 314 f.; 128, 172, 176; KG, JW 1934, 2699.
113 Vgl. *Schlegelberger/Karsten Schmidt*, HGB, 5. Aufl. 1986, §§ 171, 172 Rdnr. 73.
114 BGHZ 13, 179, 185; 24, 106, 114; 44, 229, 231; 45, 221, 222; dazu *Karsten Schmidt*, Gesellschaftsrecht, 2. Aufl. 1991, S. 1088 f.
115 Vgl. nur *Petzold*, in: MünchKomm. BGB, § 1068 Rdnr. 14; *Sudhoff*, NJW 1971, 481.
116 Näher *Schlegelberger/Karsten Schmidt*, Vorbem. § 335 a. F. (§ 230 n. F.) Rdnr. 9.
117 Vgl. ebd.

Tagen erheblich fortgeschritten. Richtig schwer fällt unserem Recht das *Problem der Gesetzesumgehung* noch, wo die Interessen von Bürger und Staat im Spiel sind, z. B. im Steuerrecht, das bis heute ein Motor kunstvoller Umgehungspraktiken ist, oder im Strafrecht, das nachhaltig am Grundsatz „nulla poena sine lege scripta, stricta et praevia" festhält und deshalb den Gesetzgeber beständig zwingt, den von Jhering apostrophierten „Schleichwegen des Lebens" hinterdreinzulaufen[118]. Wo es dagegen um die Interessen der Bürger untereinander und um private Schutzgüter – m. a. W. um Jherings eigenem Terrain – geht, tun sich Gesetze und Gerichte mit der Umgehungsfestigkeit weniger schwer. Kaum zwei Jahre nach Jherings Tod wurde das Abzahlungsgesetz verabschiedet[119], das von Anfang an gemäß § 6 die Umgehungsgeschäfte mit umfaßte. Das dem Abzahlungsgesetz nach fast einhundertjähriger Geltung nachgefolgte Verbraucherkreditgesetz[120] formuliert sein Umgehungsschutzprogramm in dem schlichten Satz (§ 18 Satz 2 VerbrKredG): „Dieses Gesetz ist auch anzuwenden, wenn seine Vorschriften durch anderweitige Gestaltungen umgangen werden." Ähnlich pauschal lesen wir seit einem Jahrzehnt in der novellierten Fassung des GmbH-Gesetzes über die Behandlung von eigenkapitalersetzenden Gesellschafterdarlehen als Haftkapital statt als Kreditkapital den wahrhaftig nicht zimperlich formulierten Satz (§ 32 a Abs. 3 GmbHG): „Diese Vorschriften gelten sinngemäß für andere Rechtshandlungen eines Gesellschafters oder eines Dritten, die der Darlehensgewährung nach Abs. 1 oder 3 wirtschaftlich entsprechen." Die Gerichte wenden diese Bestimmungen entschlossen an, und Jhering wäre vermutlich der letzte gewesen, dies zu bedauern.

---

118 Zu den Grenzen richterlicher Korrektur vgl. *Lackner*, in: Richterliche Rechtsfortbildung, S. 39 ff.
119 Gesetz vom 16. 5. 1894, RGBl. S. 450.
120 Gesetz vom 17. 12. 1990, BGBl. I S. 2840.

d) Rechtsfortbildung als Bestandteil der Prozeß-Politik (Leitsatz 10)

Der Gesetzestext erfährt seine Beglaubigung als wahrhaftes Recht erst durch die Wirklichkeit[121], und dazu gehört seine Realisierbarkeit[122]. Zu ihr kann das Recht selbst beitragen, denn es ist gleichsam lernfähig. Als einen charakteristischen Zug in der Fortbildung des Rechts erkennt Jhering die *Tatbestandsvereinfachung im Interesse der Beweiserleichterung*. Mit Blick auf die prätorische Praxis stellt Jhering zunächst fest, daß abstrakte Begriffe – wir dürfen ergänzen: und Tatbestandsmerkmale – in der Regel aus der Prozeßführung hervorgegangen sind[123]. Hieraus erklären sich die Gesetze der elementaren Einfachheit der „Rechtskörper" und der analytischen Vereinfachung des Tatbestandes[124]. Diese Vereinfachung exemplifiziert er an einer „Veräußerlichung des Tatbestandes" und beschreibt sie als „Substituierung äußerer Kriterien und Erfordernisse an Stelle der inneren"[125]. Dazu dann erläuternd[126]: „Das Wesen dieser ... Operation besteht darin, daß von den zu irgend einem Verhältnis erforderlichen Momenten gewisse aus dem Thatbestand derselben ausgeschieden und in die Form besonderer selbständig wirkender Begriffe und Rechtsmittel gebracht werden." Das von Jhering damals herangezogene Beispiel – die Abstraktheit des Eigentumsüberganges durch traditio – ist unter der Geltung der §§ 929 ff. BGB von nur noch geringem Interesse. Unleugbar ist aber die ständige Suche nach den legitimen Voraussetzungen einer die subjektiven Merkmale ersetzenden Verobjektivierung.

(1) Daß der *Gesetzgeber* so verfährt, hat er uns häufig bewiesen. Ich greife als Beispiel die Konkursanfechtung heraus. Das Leitmotiv ihrer Entwicklung heißt Entsubjektivierung. Sie war in der deliktsrechtlich eingeordneten actio Pauliana noch als Verschuldenshaftung konzipiert, noch als „alienatio in fraudem creditorum" subjek-

---

121 Geist I, 5. Aufl. 1891, S. 49.
122 Geist I, 5. Aufl. 1891, S. 51.
123 Geist III, S. 179.
124 Geist III, S. 181.
125 Geist III, S. 207.
126 Geist III, S. 207 f.

tiviert[127] und in der Konkursordnung nur sehr maßvoll für den Fall der inkongruenten Deckung objektiviert[128], während es nunmehr in der Regierungsbegründung zum Entwurf einer Insolvenzordnung heißt[129]: „Wegen der besonderen Verdächtigkeit inkongruenten Erwerbs ist es gerechtfertigt, für einen Zeitraum von bis zu einem Monat vor dem Eröffnungsantrag auf subjektive Voraussetzungen in der Person des Anfechtungsgegners ganz zu verzichten."

(2) Die *Rechtsfortbildung* verfährt nach derselben Methode. Wir brauchen uns nur den Mißbrauch der Vertretungsmacht anzusehen, der von der Kollusion zwischen Vertreter und Vertragspartner[130] zu einem rein objektiven Tatbestand geworden ist: Objektive Pflichtwidrigkeit des Vertreters und deren objektive Evidenz genügt, um das Vertretergeschäft unwirksam zu machen[131].
Doch bleiben wir bei dem in meinem Leitsatz 10 noch genannten prozeßrechtlichen Beispiel. Die Zivilprozeßordnung läßt einen Vollstreckungstitel mit dem Eintritt der Rechtskraft unangreifbar werden. Das Gesetz versagt also dem rechtskräftig verurteilten Schuldner, selbst wenn die Forderung unberechtigt war, jeden Rechtsbehelf. Dem tritt, unter dem Pfeifkonzert eines Teils der Doktrin[132], seit Jahrzehnten eine Rechtsprechung entgegen, die dem Schuldner einen deliktsrechtlich konstruierten Gegenanspruch wegen vorsätzlicher arglistiger Schädigung zuerkennt, wenn der Titel entweder arglistig erschlichen ist oder für die Vollstreckung arglistig ausgenutzt wird[133]. Daß es sich in Wahrheit nicht um die Haftung des Gläubigers für vorsätzliche Schädigung, son-

---

127 Vgl. *Grützmann*, Das Anfechtungsrecht der benachteiligten Konkursgläubiger nach gemeinem Rechte und nach der Reichs-Konkursordnung, 1882, S. 60 ff.; *Gerhardt*, Die systematische Einordnung der Gläubigeranfechtung, 1969, S. 56 ff.
128 *Hahn*, Materialien zur Konkursordnung, 1882, S. 117 ff.
129 BT-Drucks. 12/2443, S. 158.
130 Vgl. RGZ 9, 148; 130, 131, 142; 136, 359, 360.
131 BGH, NJW 1988, 3012.
132 Vgl. statt vieler *Gaul*, Die Grundlagen des Wiederaufnahmerechts und die Ausdehnung der Wiederaufnahmegründe, 1956, S. 99 ff.
133 BGHZ 40, 130, 132 f.; 50, 115, 117 f.; 101, 380, 383 f.; std. Rspr.; eingehende Nachweise bei *Braun*, in: MünchKomm. ZPO, 1992, vor § 578 Rdnrn. 10 ff.

dern um einen durch Rechtsfortbildung herausgearbeiteten Zusatzrechtsbehelf gegen unberechtigte Titel handelt, ist rasch zu erkennen[134]. So konnte es auch nicht ausbleiben, daß der Vorsatz des Gläubigers im Steit um die sittenwidrige Titelausnutzung von den Gerichten immer wieder zur Disposition gestellt wurde. Mehr und mehr wird nach dem Grundsatz verfahren, daß aus einem evident unberechtigten Titel – Hauptbeispiel ist die Forderung aus einem sittenwidrigen Ratenkreditvertrag – nicht vollstreckt werden darf. Das ist Prozeß-Politik, die nur noch zum Schein auf dem Vorsatztatbestand des § 826 BGB basiert und eben das vollzieht, wovon Jhering spricht.

e) Rechtsfortbildung und Rechtsangleichung (Leitsatz 11)

(1) Nur mit allergrößter Vorsicht sei abschließend auf die Frage hingewiesen, ob auch das Heranwachsen eines „europäischen Zivilrechts"[135] mit dem „Geist des römischen Rechts" in Verbindung gebracht werden darf. Jhering[136] zeigt sich gleich im ersten Band kosmopolitisch und lehnt jede Fixierung gerade auf das römische Recht ebenso ab wie eine nationalistische Deutung und Problematisierung der Rezeption, wie sie damals verbreitet war[137]. Rezeption und Assimilation sind für ihn Bewährungsproben der Rechtsordnung. Allein die praktische Überlegenheit und Entwicklungsfähigkeit des römischen Rechts vermochte ihm jenen Rang beizugeben, auf dem Jhering das römische Recht vorfand. Im Blick auf die europäische Entwicklung gibt dieses Denken zu gespannten Erwartungen Anlaß, gleich als würden vor dem Konzert der europäischen Rechte die Instrumente gestimmt. Voraussetzung für ein solches Konzert wäre allerdings, daß in diesem Fortbildungsprozeß wie seinerzeit in der Rezeption und in der Fortbildung des gemeinen

---

134 Treffend *Braun*, ebd., Rdnrn. 22 ff.
135 Vgl. nur *Hommelhoff*, AcP 192 (1992), 71 ff.; *Ulmer*, JZ 1992, 1 ff.; *Lutter*, JZ 1992, 593 ff.; *Taupitz*, JZ 1993, 533 ff.
136 Geist I, 5. Aufl. 1891, S. 8 ff.
137 Dazu mit großer Schärfe, in der *Windscheids* Rolle geradezu tragische Züge gewinnt, *Jakobs*, Wissenschaft und Gesetzgebung, S. 84 ff., 101 ff.

Rechts die wissenschaftlichen Kräfte die Oberhand behielten. Hier wird man, was die Zukunft Europas anlangt, Zweifel anmelden müssen. Doch sollten wir über solche Befürchtungen die Augen nicht vor der Herausforderung und Verpflichtung verschließen, die sich mit dem Zusammenwachsen der Völker gerade für die Rechtswissenschaft abzeichnet.

(2) Jhering sagt[138]: „Die Frage von der Reception fremder Rechtseinrichtungen ist nicht eine Frage der Nationalität, sondern eine einfache Frage der Zweckmäßigkeit, des Bedürfnisses." Entgegen dem Ansatz der historischen Schule sah Jhering Rechtsbildung und Rezeption nicht aus „dem Innern der Nationalität" entstehen[139], sah vielmehr im Spannungsfeld zwischen „Nationalität und Universalität"[140] das gemeine und kanonische Recht als Garanten der Befreiung aus nationaler Enge und geriet über die Folgen der Rezeption ins Schwärmen[141]: „Welch ein erhebendes Gefühl diese Gemeinschaft, überhaupt wie beneidenswerth die damalige Lage der Jurisprudenz! Eine völlig neue, jugendliche Wissenschaft mit all' dem Reiz und all' der Anziehungskraft, die der Anbruch eines frischen wissenschaftlichen Morgens in sich schließt, von vornherein emporgehoben auf die Höhe europäischer Universalität." Daß eine solche Situation allerdings Illusionisten und Schwärmer anziehen kann, hat Jhering gleichfalls erkannt[142]: „alle neuen großartigen Ideen üben dieselbe Wirkung aus, es sind Sonnenaufgänge in der Geschichte – die Mittagssonne begeistert nicht, nur die Morgensonne."

---

138 Geist I, 5. Aufl. 1891, S. 8.
139 Ebd.
140 Ebd., S. 9.
141 Ebd., S. 10.
142 Ebd., S. 10.

4. Schluß

a) Ausklang

Auf einem dem Gedächtnis eines Großen aus der Vergangenheit gewidmeten Symposion wird es nicht unerlaubt sein, wenn ein Vortrag mit einem Geständnis endet, das die Hinwendung des Referenten zum Werk des solcherart Geehrten erkennen läßt. Ihn an Savigny zu messen, wie er selbst es versuchte[143], ließe gewiß seine Rolle in der Rechtsentwicklung verkennen. Auch „ein Gelehrter wie Windscheid"[144] darf er wohl schwerlich genannt werden, wohl aber ein Beobachter und Künder, dessen dynamische Rechtsbetrachtung rechte und schlechte Bewunderer anzog: auch mich. Zwei Gründe gibt es hier zu betonen. Da ist zum einen die Kraft einer Gedankenwelt, die, auch wo ihr keine präzisen Argumentationshilfen zu entnehmen sind, stärkt: Jhering-Lektüre macht Mut, und bei dem schweren Geschäft einer wissenschaftlich gelenkten Rechtsfortbildung ist Mut ebenso unerläßlich wie Verantwortungsbewußtsein. Zum anderen paart sich mit solcher Ermutigung auch Erbauung. Jhering hat nicht nur die höhere Jurisprudenz selbst[145], sondern auch seine schriftstellerische Arbeit als eine Kunst begriffen, und so finden wir, ähnlich Franz Schuberts „An die Musik"[146], auch einen Dankeshymnus im „Geist des römischen Rechts", der abschließend zu Gehör gebracht sei[147]:

„Es öffnet sich denn der Wissenschaft im System ein unabsehbares Gebiet der Thätigkeit, ein unerschöpfliches Feld des Forschens und Entdeckens und eine Quelle des reichsten intellektuellen Genusses. Nicht die engen Schranken des positiven Gesetzes bezeichnen ihr

---

143 Dazu der Beitrag von *Klaus Luig* in diesem Band (S. 161); zum Nekrolog auf Savigny s. auch *Klemann,* Rudolf von Jhering und die Historische Rechtsschule, 1989, S. 289 f.
144 So der Buchtitel von *Ulrich Falk,* 1989; vgl. dort S. 66 ff. mit dem bemerkenswerten Methodenvergleich anhand Jherings Kohlefalls.
145 Geist II, 2, S. 314, 380; Geist III, S. 7; treffend deshalb auch die Beobachtungen über Rechtsgedanken und Laienverständnis in Geist II, 2, S. 314 ff.
146 Franz Schubert op. 88 Nr. 4.
147 Geist II, 2, S. 388 f.

hier die Gränzmarken ihres Reichs, nicht die mittelbar praktischen Fragen die Pfade, die sie zu wandeln hat. Frei und ungehindert, wie in der Philosophie, kann der Gedanke hier schweifen und forschen und dennoch sicher gegen die Gefahr sich zu verlieren. Denn die praktische Natur der Welt, in die er sich versetzt findet, lenkt ihn immer wieder zu den realen Dingen zurück. Aber daß er, indem er zurückkehrt, sich gestehen darf, nicht einem bloß subjectiven Erkenntnisdrange genügt zu haben, daß er nicht die bloße Erinnerung an einen hohen geistigen Genuß, sondern etwas für die Welt und Menschheit Werthvolles mit zurückbringt, daß die Gedanken, die er gefunden, keine bloßen Gedanken bleiben, sondern praktische Potenzen werden – eben das gibt all unserm Philosophiren und Construiren in der Dogmatik erst seinen wahren Werth, und die römischen Juristen hatten nicht Unrecht, wenn sie von ihrer Wissenschaft rühmten; veram (nisi fallor) philosophiam: non simulatam affectantes (L. 1 § 1 de J. et J. 1. 1.)."

b) Zusammenfassung in Leitsätzen[148]

Leitsatz Nr. 1:

Das Referat basiert auf dem „Geist des römischen Rechts" in der 4./5. Auflage und bringt nicht den „ganzen Jhering" ein, auch soweit es das Spätwerk berücksichtigt. Es basiert zugleich auf der anhaltenden Aktualität Jherings und auf der anhaltenden Diskussion um Gesetzespositivismus und Wissenschaft (zuletzt Rolland, NJW 1992, 2377 ff.).

Leitsatz Nr. 2:

Jherings „Geist des römischen Rechts" wird bei der rechtsfortbildenden Rechtsprechung unserer Tage nicht berufen. Die Gegenwartsdiskussion über die Rechtsfortbildung ist gekennzeichnet durch den isolierten Blick auf die Rechtsprechung („richterliche Rechtsfortbildung") und durch einen gesetzespositivistischen Denkansatz (Rechtsfortbildung als Korrektur oder Ergänzung mangelhaften positiven Rechts). Demgegenüber gilt es, auch bei der Beurtei-

---

148 Die Leitsätze lagen den Teilnehmern des Jhering-Symposions vor.

lung und Förderung gegenwärtiger Rechtsfortbildungsprozesse das wissenschaftliche Rechtsverhältnis der gemeinrechtlichen Literatur und damit den „Geist des römischen Rechts" in die Erinnerung zu rufen.

Leitsatz Nr. 3:
Jherings „Geist des römischen Rechts" versteht sich als eine Methodenlehre der Rechtsfortbildung und erhebt Anspruch auf Geltung über das römische und das gemeine Recht hinaus. Da Gesetz und Recht nicht dasselbe sind und das Recht nicht nur ein „Aggregat willkürlicher Bestimmungen" ist, konnte sich hieran durch die seither in Kraft gesetzten Kodifikationswerke nichts ändern.

Leitsatz Nr. 4:
Das wissenschaftliche Rechtsverständnis im „Geist des römischen Rechts" öffnet die Augen dafür, daß Rechtsfortbildung nicht Ereignis (z. B. in Gestalt eines sensationellen höchstrichterlichen Urteils), sondern ein fortwährender Prozeß ist und daß die Kodifikation, „als eine Position in der Entwicklung, als Werdendes wie Gewordenes" (Windscheid) begriffen, diesen Prozeß nur lenken, nicht aber aufhalten kann (modernes Beispiel: Eigenkapitalersatz im Gesellschaftsrecht).

Leitsatz Nr. 5:
Der immerwährende Prozeß der Rechtsfortbildung ist nach Jhering ein Entdeckungsverfahren, dessen Ergebnisse aus den gesellschaftlichen Fakten, den schon anerkannten rechtlichen Regeln und dem „System", also aus dem als „natürlich" verstandenen Streben des Rechts nach Lückenlosigkeit und Stimmigkeit gewonnen werden. Es geht um die beständige Überwindung von Lücken und Provisorien (nicht selten durch das Zwischenstadium der Willensfiktion). Beispiele sind auch in der Gegenwart feststellbar (Auskunftshaftung, nichteheliche Lebensgemeinschaft, qualifizierter faktischer Konzern). Positive Entscheidungshilfen liefert die „Methode" hierbei nicht. Sie teilt diese Begrenzung mit dem größeren Teil der gegenwärtigen Methodenliteratur.

Leitsatz Nr. 6:

Das Legitimationsproblem der gesetzesübersteigenden Rechtsfortbildung (modernes Beispiel: Einführung einer „Rangstufe 0" für Sozialplanforderungen im Konkurs durch das Bundesarbeitsgericht und Aufhebung durch BVerfGE 65, 182) kann von der „naturhistorischen Methode" nicht gelöst, sondern nur beschrieben werden („dem Verdammungsurteil der Juristen ist auf die Dauer kein Gesetz gewachsen") und findet offenbar auch im Sozial-Utilitarismus des späteren Jhering keine Lösung, weil dieser eine bewußte Zuteilung von Gruppeninteressen durch Richter als „Sozialingenieure" wohl doch nicht vorausgesehen hat. Zumindest formal zeigt sich die positivistische Legitimation einer contra-legem-Rechtsfortbildung durch übergeordnetes Verfassungsrecht hierin überlegen (Beispiel: Canaris' Kritik des § 105 BGB am Maßstab des Art. 2 GG).

Leitsatz Nr. 7:

Der „Geist des römischen Rechts" überzeugt als eine Phänomenologie der Rechtsfortbildung, begriffen im Sinne eines ständigen Wechselspiels der Konstanten und Variablen im Recht, an dem Wissenschaft, Gesetzgebung, Rechtsprechung und Gestaltungspraxis teilhaben (im Gegensatz zum gegenwärtigen Schlagwort von der „richterlichen Rechtsfortbildung").

Leitsatz Nr. 8:

Als Rechtsfortbildung aus der sozialen Welt lassen sich etwa begreifen
a) das Hineinwachsen standardisierter Verträge in das dispositive Recht (moderne Beispiele: VOB; Transportrecht),
b) die Entformalisierung des Rechts (modernes Beispiel: Geld- und Währungsrecht).

Leitsatz Nr. 9:

Als Rechtsfortbildung durch und gegen Umgehungsgeschäfte („juristische Ökonomie" und „Schleichwege des Lebens") sind zu verstehen
a) die „gute" oder „konstruktive" Umgehung (modernes Beispiel: Anteilsübertragung und Nießbrauch im Personengesellschaftsrecht) und

b) die „böse" Umgehung (moderne Beispiele: Verbraucherkredit und Gesellschafterdarlehen).

Leitsatz Nr. 10:
Rechtsfortbildung als Bestandteil der Prozeß-Politik zeigt sich bei der Entsubjektivierung von Tatbeständen (moderne Beispiele: Insolvenzanfechtung; sittenwidrige Ausnutzung von Vollstreckungstiteln).

Leitsatz Nr. 11:
Rechtsfortbildung im geschilderten Sinn ist kein nationales Phänomen. Sie bewährt sich deshalb auch
a) im Wettstreit der nationalen Rechtsordnungen und
b) bei Prozessen der Rechtsangleichung (modernes Beispiel: „europäisches Zivilrecht").

Jherings Rechtstheorie – eine Theorie evolutionärer Rechtsvernunft[1]

Ralf Dreier

1. Das Jhering-Bild im Streit der Meinungen
2. Jherings Suche nach einer allgemeinen Theorie des Rechts
3. Rechtstheorie zwischen Rechtsdogmatik und Rechtsphilosophie
4. Evolution des Rechts und Rechtsvernunft
5. Das Recht als Organismus der Freiheit
6. Die Selbständigkeit des Rechts gegenüber Sitte und Moral
7. Der Zwangscharakter des Rechts und das „teleologische System der sittlichen Weltordnung"
8. „Kritischer Positivismus"?

1. Das Jhering-Bild im Streit der Meinungen

Rudolf von Jhering (1818–1892) war neben Friedrich Carl von Savigny (1779–1861) einer der beiden bedeutendsten deutschsprachigen Juristen des 19. Jahrhunderts. Sein Rang als Romanist und Rechtsdogmatiker steht außer Streit. Er war aber auch Rechtstheoretiker, und sein rechtstheoretisches Werk ist noch immer in einem ungewöhnlich hohen Maße umstritten[2].

---

1 Meinem Fakultätskollegen Okko Behrends danke ich bei dieser Gelegenheit für wertvolle Anregungen in vielen Gesprächen – nicht zuletzt im Rahmen eines Seminars, das wir unter dem Titel „Vom Volksgeist zum Bürgerlichen Gesetzbuch" im Wintersemester 1991/92 gemeinsam durchgeführt haben.

2 Aus dem umfangreichen Sekundärschrifttum zu Jhering vgl. den Sammelband *F. Wieacker / C. Wollschläger* (Hg.), Jherings Erbe. Göttinger Symposion zur 150. Wiederkehr des Geburtstages von Rudolph von Jhering, Göttingen 1970, sowie *O. Behrends*, Rudolph von Jhering (1818–1892). Der Durchbruch zum Zweck des Rechts, in: F. Loos (Hg.), Rechtswissenschaft in Göttingen. Göttinger Juristen aus 250 Jahren, Göttingen 1987, S. 229–269; ders., Das „Rechtsgefühl" in der historisch-kritischen Rechtstheorie des späten Jhering, in: R. v. Jhering, Über die Entstehung des Rechtsgefühls, hg. v. O. Behrends, Napoli 1986, S. 55–184; *W. Fikentscher*, Methoden des Rechts, Bd. III, Tübingen 1976

Das ist nicht verwunderlich. Jhering hat die Arbeit an seinem ersten Hauptwerk – „Geist des römischen Rechts auf den verschiedenen Stufen seiner Entwicklung" (drei Teile in vier Bänden, 1852–1865, 1397 Seiten) – abgebrochen, weil er meinte, es nicht vollenden zu können, ohne sein zweites Hauptwerk – „Der Zweck im Recht" (zwei Bände, 1877/1883, 1293 Seiten) – abgeschlossen zu haben. Am Ende sind beide Werke unvollendet geblieben. Dazwischen liegt ein „Umschwung", ein „Damaskuserlebnis"[3], das seine Interpreten bis heute in Verlegenheit versetzt. Von der Begriffsjurisprudenz zum Sozialdarwinismus – so lautet die eine These; Kontinuität im Wandel – so lautet die Gegenthese.

Die Hauptquellen der Rechtstheorie Jherings lassen sich rasch benennen. Es sind die beiden erwähnten Hauptwerke, ein Programmaufsatz (Unsere Aufgabe, 1857)[4], zwei Vorträge (Der Kampf ums Recht, 1872[5]; Über die Entstehung des Rechtsgefühls, 1884[6]) und eine (aus den „Vertraulichen Briefen" hervorgegangene) Nebenschrift (Scherz und Ernst in der Jurisprudenz, 1884)[7].

(Kap. 23: R. v. Jhering, S. 101–282); *A. Grotsimaris*, Theorie der Rechtsnorm bei Rudolph von Jhering. Eine Untersuchung der Grundlagen des deutschen Rechtsrealismus, Berlin 1989; *K. Larenz*, Methodenlehre der Rechtswissenschaft, 6. Aufl. Berlin u. a. 1991, S. 24 ff., 43 ff.; *W. Pleister*, Persönlichkeit, Wille und Freiheit im Werke Jherings, Ebelsbach 1982; *F. Wieacker*, Rudolph von Jhering, 2. Aufl. Stuttgart 1968; ders., Gründer und Bewahrer, Göttingen 1959, S. 197–212; ders., Privatrechtsgeschichte der Neuzeit, 2. Aufl. Göttingen 1967, S. 450 ff.; ders., Jhering und der „Darwinismus", in: Festschr. f. K. Larenz, München 1973, S. 63–92; *E. Wolf*, Rudolf von Jhering, in: ders., Große Rechtsdenker der deutschen Geistesgeschichte, 4. Aufl. Tübingen 1963, S. 622–668.

3 Anlaß jenes Umschwungs war ein Gutachten zum Problem der Gefahrtragung bei einem Doppelverkauf, das Jhering im Wintersemester 1858/59 für die Gießener Juristenfakultät zu erstatten hatte; vgl. dazu *O. Behrends*, Durchbruch zum Zweck des Rechts, S. 252 ff.
4 In: Jb. f. Dogmatik Bd. 1 (1857), S. 1–52.
5 Mit den stenographischen Aufzeichnungen der Vortragsfassung neu herausgegeben von *H. Klenner*, Freiburg/Berlin 1922.
6 Neu herausgegeben und kommentiert von *O. Behrends* (oben Fn. 2).
7 Ergänzend wäre anzuführen: *R. v. Jhering*, Einleitung in die Entwicklungsgeschichte des Rechts (posthum), in: C. Rusche (Hg.), Der Kampf ums Recht, Nürnberg 1965, S. 401–444.

Jherings Rechtstheorie – eine Theorie evolutionärer Rechtsvernunft

Von der internationalen Rechtstheorie ist Jhering vor allem als Methodologe rezipiert worden. Der junge Jhering gilt als Klassiker der Begriffsjurisprudenz, der späte Jhering als Begründer der Zweckjurisprudenz. In seinen beiden Hauptschaffensphasen wird er als Repräsentant des juristischen Positivismus angesehen, was allerdings umstritten ist. Unstreitig ist, daß er nicht nur Methodologe war, sondern eine allgemeine Theorie des Rechts und der Rechtswissenschaft vorgelegt hat, in deren Rahmen nahezu alle Themen der Rechtstheorie und der Rechtsphilosophie, teils auch der Rechtssoziologie, behandelt werden. Vieles davon harrt der Wiederentdeckung oder Neubewertung, und es scheint, daß sich gegenwärtig eine Jhering-Renaissance abzeichnet, die dieser Wiederentdeckung und Neubewertung gewidmet ist.

Es versteht sich von selbst, daß in diesem Beitrag nur Randbemerkungen zur Rechtstheorie Jherings gemacht werden können, und ich möchte von vornherein betonen, daß ich diese Bemerkungen im vollen Bewußtsein der Tatsache äußere, daß ich kein Jhering-Spezialist bin und das umfangreiche Sekundärschrifttum zu ihm nur unvollkommen überblicke. Ich greife einige Punkte heraus, die meinen eigenen Interessen naheliegen und von denen ich meine, daß sie die Möglichkeit bieten, wichtige Aspekte der Rechtstheorie Jherings in den Blick zu bekommen. Ich beginne mit Jherings Suche nach einer allgemeinen Theorie des Rechts[8].

2. Jherings Suche nach einer allgemeinen Theorie des Rechts

Jhering verwendet gelegentlich den Ausdruck „Theorie des Rechts", aber noch nicht den Ausdruck „Rechtstheorie", wie er heute gewöhnlich gebraucht wird. In der Sache war er der Auffassung, daß

---

8 Die beiden Hauptwerke Jherings werden nach der jeweils letzten veränderten Auflage zitiert: Geist des römischen Rechts auf den verschiedenen Stufen seiner Entwicklung, 10. bzw. 9. Aufl. Aalen 1968, Neudruck der 5. Aufl. Leipzig 1894 (Teile I und II 1), 1898 (Teil II 2) und 1906 (Teil III); Der Zweck im Recht, Bd. 1, 3. Aufl. Leipzig 1893; Bd. 2, 2. Aufl. Leipzig 1886. Die Seitenzahlen wörtlicher Zitate sind i. d. R. im Text angegeben. Die Fußnotenbelege beschränken sich auf ein Minimum.

die von ihm vorgelegte, auf rechtshistorischer Basis erarbeitete allgemeine Theorie des Rechts und der Rechtswissenschaft teils der Rechtsphilosophie und teils der Rechtsdogmatik angehöre. Er stand damit unter dem Einfluß der Dreiteilung aller auf das Recht bezogenen Disziplinen, wie sie sich, im Anschluß an Gustav Hugo[9], seit Beginn des 19. Jahrhunderts herausgebildet hatte. Diese Trias umfaßt die Rechtsdogmatik als Lehre vom geltenden Recht, die Rechtsgeschichte als Lehre vom Recht, das in der Vergangenheit gegolten hat, und die Rechtsphilosophie als Lehre von der Vernunft im Recht oder der Vernünftigkeit des Rechts.

Jhering hat sich mehrfach dagegen gewehrt, daß sein „Geist des römischen Rechts" als in erster Linie rechtshistorisches Werk aufgefaßt wurde: „Man würde den ganzen Zweck meines Werkes verkennen, wenn man es als ein wesentlich rechtshistorisches auffassen wollte. Mein Augenmerk ist nicht das römische, sondern das Recht, erforscht und veranschaulicht am römischen, m. a. W. meine Aufgabe ist mehr rechtsphilosophischer und rechtsdogmatischer Art als rechtshistorischer ..." (Geist I, Vorwort zur 5. Auflage, VII). Den ursprünglich beabsichtigten Untertitel, „Ein Beitrag zur Naturlehre des Rechts", habe er nur weggelassen, weil er ihm zu schleppend und anspruchsvoll erschien. In der Vorrede zu Teil II 2 des „Geist" heißt es in einer Antwort auf Kritiker: „Ich bitte ... zu berücksichtigen, daß es mir nach meiner Erklärung in der Einleitung meines Werks ... nicht bloß auf das *römische* Recht ankommt, sondern zugleich darauf, an und in dem römischen Recht das Wesen des Rechts überhaupt zur Anschauung zu bringen. Wer liest heutzutage noch Untersuchungen über das Wesen des Rechts? Wer sie feil hat, darf sie daher dem Publikum nicht in dieser Gestalt vorführen, sondern in und an einem concreten Stoff. Meiner festen Überzeugung nach gereicht dies ihnen selbst zu hohem Nutzen. Die Rechtsphilosophie würde ihren Credit nicht in dem Maße eingebüßt haben, wie sie es leider heutzutage hat, wenn sie sich das

---

9 *G. Hugo,* Lehrbuch der juristischen Enzyklopädie (1792), 2. Aufl. Berlin 1799, § 16. Vgl. dazu und zum folgenden *R. Dreier,* Rechtstheorie und Rechtsgeschichte, in: ders., Recht – Staat – Vernunft, Frankfurt/M. 1991, Kap. 9, bes. S. 213 ff.

Jherings Rechtstheorie – eine Theorie evolutionärer Rechtsvernunft

Element des Historischen und des Concreten nicht zu sehr hätte abhanden kommen lassen. Ihre Zukunft liegt m. E. in einer energischen Wiederaufnahme desselben, in einer auf dem Wege der Analyse und Vergleichung des *Einzelnen* zu gewinnenden *Naturlehre des Rechts*. Dazu Beiträge zu liefern, ist der ausgesprochene Zweck meines Buchs..." (XIV). Auch sein zweites Hauptwerk, den „Zweck im Recht", hat Jhering nach seinen Selbstbekundungen als ein rechtsphilosophisches aufgefaßt.

Sollte man also nicht besser von der „Rechtsphilosophie" Jherings sprechen? Dagegen bestehen keine Bedenken. Doch erscheint mir der Ausdruck „Rechtstheorie" angemessener, und er ist auch allgemein üblich, ohne daß man sich, soweit ich sehe, über die Wortwahl viele Gedanken gemacht hätte. Angemessen ist er, weil Jherings allgemeine Theorie des Rechts und der Rechtswissenschaft exemplarisch für eine Entwicklung ist, in deren Verlauf sich im 19. Jahrhundert eine spezifisch juristische Grundlagendisziplin der Rechtswissenschaft herausgebildet hat, für die sich – nach wechselnden Bezeichnungen (Philosophie des positiven Rechts, allgemeine Rechtswissenschaft, juristische Prinzipienlehre usw.) – Ende des Jahrhunderts der Ausdruck „Allgemeine Rechtslehre" und erst im 20. Jahrhundert der Ausdruck „Rechtstheorie" eingebürgert hat. Worin der Unterschied zwischen Rechtstheorie, Rechtsphilosophie und Rechtssoziologie besteht, ist bis heute streitig, und vieles an diesem Streit ist ein Streit um Worte. Der Streit hat aber einen substantiellen Kern, und dieser Kern läßt sich an der Rechtslehre Jherings verdeutlichen.

3. Rechtstheorie zwischen Rechtsdogmatik und Rechtsphilosophie

Der von Jhering selbst verwendete Ausdruck „Naturlehre des Rechts" ist nicht sehr glücklich gewählt. Er läßt offen, ob eine Lehre von der Natur des Rechts oder eine Lehre vom Recht als Naturphänomen, also eine empirische Rechtslehre gemeint ist. Aber obwohl die Rechtslehre des „Zweck" über weite Strecken eine empirische ist, und trotz Jherings bekannter Vorliebe für naturwissenschaftliche Metaphern im „Geist", steht doch außer Zweifel, daß er die erste der beiden Bedeutungen im Auge hatte. In seiner Kritik an der Historischen Rechtsschule und der traditionellen Romanistik im ersten Bande des „Geist" meint er, die Romanisten arbeiteten zu einseitig mit der „exegetischen Lupe" und bekämen daher die „allgemeinen Gesichtspunkte" allenfalls verschwommen in den Blick. Statt der Lupe, fährt er fort, „bedürfen wir der Teleskope, statt einer Kritik, welche die Überlieferungsformen des *römischen* Rechts ... zum Gegenstand hat, einer Kritik des *Rechts* überhaupt, einer allgemeinen Naturlehre desselben. Wer messen will, bedarf eines Maßstabs, und den Maßstab zur Beurteilung eines einzelnen Rechts kann uns nur die allgemeine Lehre von der Natur und Erscheinungsform des Rechts überhaupt geben" (I 23).

Näherhin entfaltet Jhering seine allgemeine Lehre von der Natur des Rechts in zwei Schritten, für die er, wiederum nicht sehr glücklich, die Metaphern „Anatomie" und „Physiologie" wählt. Der Sache nach handelt es sich, wie Jhering selbst sagt, um die Lehren von Struktur und der Funktion des Rechts. Was den Status der Jheringschen Naturlehre des Rechts betrifft, so umfaßt diese alle drei Dimensionen der Rechtstheorie: die analytische ebenso wie die normative und die empirische (wobei die historische Dimension zur empirischen zu rechnen ist). Alles in allem halten sich logische und sprachliche Analysen juristischer Grundbegriffe (besonders im „Zweck"), rechtsethische Reflexionen und empirisch-historische Untersuchungen in Jherings rechtstheoretischem Gesamtwerk in etwa die Waage.

Jhering hat die Rechtslehre des „Geist", wie gesagt, teils der Rechtsphilosophie und teils der Rechtsdogmatik zugeordnet. In dieser Unsicherheit bekundet sich zum einen die damalige Situation der Rechtstheorie, die sich als neue Disziplin gerade erst herauszubilden begonnen hatte, zum anderen aber auch eine generelle Problematik des Fachs. Die Rechtstheorie ist aus dem Bedürfnis nach einem allgemeinen Teil der Rechtswissenschaft entstanden. Der genuine Unterschied zwischen ihr und der Rechtsphilosophie liegt darin, daß sich die Rechtstheorie als eine spezifisch *juristische* Disziplin verstand, während die traditionelle Rechtsphilosophie – von Platon und Aristoteles bis zu Kant und Hegel – ein konstitutiver

Jherings Rechtstheorie – eine Theorie evolutionärer Rechtsvernunft

Bestandteil der praktischen Philosophie und somit eine spezifisch *philosophische* Disziplin war. Zwar hatte es Ansätze zu einer juristischen Theorie der Grundbegriffe des Rechts schon in allgemeinen Definitionen und Distinktionen der römischen Jurisprudenz gegeben. Aber im großen und ganzen war das Verhältnis von Jurisprudenz und Rechtsphilosophie über zwei Jahrtausende ein Verhältnis der Arbeitsteilung gewesen. Die Rechtsphilosophie wurde von Philosophen betrieben und befaßte sich, in Gestalt von Natur- und Vernunftrechtstheorien, mit den moralischen Grundlagen des Rechts. Die Jurisprudenz wurde von Juristen betrieben und befaßte sich mit Auslegung und Anwendung des jeweiligen positiven Rechts. Daß es wechselseitige Beeinflussungen gab, versteht sich von selbst.

Der große Traditionsbruch begann erst nach dem Tode Hegels (1831), als sich die Fachphilosophie – aus Gründen, die hier unerörtert bleiben mögen – für etwa 150 Jahre fast völlig aus der Rechtsphilosophie zurückzog. Die Rechtsphilosophie wurde damit zu einer Angelegenheit von Juristen, von denen sie in der Regel nebenberuflich, d. h. neben einem dogmatischen Hauptfach, gewissermaßen als „Sonntagsphilosophie", betrieben wurde. Daneben bildete sich die „Allgemeine Rechtslehre" und später sogenannte Rechtstheorie heraus, die in der zweiten Hälfte des 19. Jahrhunderts zunehmend unter die Vorherrschaft des juristischen Positivismus geriet und sich in der Zweigleisigkeit analytischer und empirischer Richtungen entwickelte. Jhering repräsentiert noch einmal den Versuch, diese auseinanderstrebenden Tendenzen zusammenzubinden. Der Preis hierfür war ein von Jhering selbst betontes Dilettieren in fachfremden Gebieten, das seinen Kritikern breite Angriffsflächen bot. Aber eben dieses Dilettieren repräsentiert eine grundsätzliche Problematik der Rechtstheorie als juristischer Grundlagendisziplin.

Rechtstheorie als *allgemeine juristische Theorie des Rechts und der Rechtswissenschaft* ist durch ihren Bezug auf die Rechtsdogmatik definiert[10]. Dieser Bezug fordert ihre Dreidimensionalität als so-

---

10 Vgl. R. *Alexy* / R. *Dreier*, The Concept of Jurisprudence, Ratio Juris 3 (1990) S. 1–13.

wohl analytische wie auch normative und empirische Disziplin. In allen drei Dimensionen ist sie auf außerjuristische Disziplinen verwiesen. In ihrer analytischen Dimension kann sie noch am ehesten Autonomie beanspruchen. Evident ist jene Verwiesenheit in den beiden anderen Dimensionen. In ihrer normativen, d. h. rechtsethischen, Dimension ist sie auf Rechtsphilosophie und in ihrer empirischen Dimension auf Rechtsgeschichte, Rechtsvergleichung und Rechtssoziologie verwiesen. Eine Rechtssoziologie gab es zur Zeit Jherings noch nicht, Rechtsvergleichung nur erst in Ansätzen, und die Rechtsphilosophie lag, wie erwähnt, darnieder. Um so beeindruckender ist Jherings Versuch, in beiden Dimensionen gewissermaßen auf eigene Faust zu arbeiten. Schon sein Schüler Merkel ist dann den einfacheren Weg der Ausklammerung der rechtsethischen und weitgehend auch der empirischen Dimension und damit der Reduktion der Rechtstheorie auf eine im wesentlichen analytische Disziplin gegangen[11]. Nur am Rande sei bemerkt, daß sich der Bezug der normativen Rechtstheorie (und der Juristen-Rechtsphilosophie) auf eine professionelle Rechtsphilosophie auch durch die Wiederbelebung einer klassischen Gestalt derselben herstellen läßt. Dafür aber war die Zeit Jherings noch nicht reif. Erst nach seinem Tode begann in der Rechtsphilosophie die Epoche der „Neo-Philosophien", deren herausragende Gestalt im 20. Jahrhundert der Neukantianer Gustav Radbruch wurde.

4. Evolution des Rechts und Rechtsvernunft

Inhaltlich sind die verschiedenen Dimensionen der Rechtstheorie Jherings nicht zuletzt durch eine Geschichtsphilosophie verklammert, die man auch als Evolutionstheorie bezeichnen kann, wenn man sich bewußt hält, daß sie keine Theorie wertneutraler Entwicklung, sondern im Kern eine Fortschrittstheorie oder, anders ausgedrückt, eine Theorie evolutionärer Rechtsvernunft ist. Darauf haben in der neueren Diskussion vor allem Helmut Schelsky und –

---

11 Vgl. *A. Merkel,* Über das Verhältnis der Rechtsphilosophie zur positiven Rechtswissenschaft, Zeitschr. f. d. Privat- und öffentliche Recht der Gegenwart 1 (1874), S. 402–421.

Jherings Rechtstheorie – eine Theorie evolutionärer Rechtsvernunft

in Aufnahme und Fortbildung der Gedanken Schelskys – Okko Behrends aufmerksam gemacht[12]. Ich beschränke mich in diesem Abschnitt auf die Hauptthesen der Jhering-Interpretation Schelskys. Schelsky beschreibt das von ihm sogenannte „Jhering-Modell des sozialen Wandels durch Recht" in einem Schema, „das *vier Stufen* oder Faktorengruppen unterscheidet, Stufen, die sowohl eine zeitliche als auch eine kausale und logische Folge darstellen"[13]. Diese Stufen seien hier in den Formulierungen Schelskys vorgestellt:

„*1. Stufe:* Jede Erklärung des sozialen Wandels durch und im Recht muß *von dem jeweils bestehenden und geltenden Recht* ausgehen, d. h. die faktisch vorhandene Rechtsordnung, die Rechtswirklichkeit der jeweils historisch vorhandenen Institutionen bieten allein eine verläßliche empirische Grundlage, kausale Abläufe des sozialen und rechtlichen Wandels zu erklären" (159).

„*2. Stufe:* Jhering muß, wenn er die faktische Rechtswirklichkeit als Ausgangsprämisse nimmt, die Entstehung von Rechtsbewußtsein und Rechtsideen daraus erklären. Zu diesem Zweck führt er eine dem Wesen des Menschen eigentümliche Fähigkeit und Notwendigkeit ein: die Kraft und den Zwang zur ‚*Verallgemeinerung*', zur ‚*Ideierung*' (M. Scheler) der bloß erfahrenen konkreten Tatbestände" (160). „Die Einzellösung wird mehr und mehr zum Prinzip erhoben" (161).

„*3. Stufe:* Rechtsideen und Rechtsbewußtsein haben nicht die Kraft, neues Recht im gesellschaftlichen Zusammenhang zu verwirklichen, sondern sie kommen in der *Realisierung des Rechts* erst zum Zuge, wenn sich soziale Kräfte- und Interessenkonstellationen mit diesen ideellen Forderungen oder einem neuen Rechtsbewußtsein

---

12 *H. Schelsky,* Das Jhering-Modell des sozialen Wandels durch Recht, in: ders., Die Soziologen und das Recht, Opladen 1980, S. 147–186; *O. Behrends,* Durchbruch zum Zweck, S. 238 ff.; ders., Rudolf von Jhering und die Evolutionstheorie des Rechts, in: G. Patzig (Hg.), Der Evolutionsgedanke in den Wissenschaften, Göttingen 1991, S. 290–310 (Nachdruck oben S. 7 ff.), und das Diskussionsprotokoll ebd. S. 311–320; *ders.,* Das „Rechtsgefühl" in der historisch-kritischen Rechtstheorie des späten Jhering, in: Rechtsgefühl, S. 57 ff., 70 ff., 144 ff.

13 A. a. O. S. 159. Die folgenden Seitenangaben im Text beziehen sich auf die genannte Abhandlung.

verbinden. Es bedarf des *praktischen sozialen Drucks zur Durchsetzung von neuem Recht*" (163).

„*4. Stufe:* Hier soll die Frage nach dem Ziel des sozialen Wandels durch Recht, die Frage nach der Zukunft des Rechts beantwortet werden. Jherings These dazu ist ebenso einfach wie großartig: Die Zukunft ist durch kein Bewußtsein vorauszugreifen, der *geschilderte Kreislauf des sozialen Wandels muß als ewiger Fortschritt*, als ewiges Werden, verstanden werden, auf das wir uns tätig in unserer Zeit einlassen müssen. Da alles ‚konkrete Recht' durch die Prozesse der Verallgemeinerung und Ideierung immer wieder in neuen Rechtsgrundsätzen und Rechtsvorstellungen aufgehoben wird..., findet eine *Selbstbewegung des Rechts* statt, eine ‚*Kritik des Rechts durch sich selber*', wie Jhering sagt, die zu Fortschritten führt, ‚von denen wir uns zur Zeit nichts träumen lassen'. Dies ist nun genau die Gegenthese zu der bekannten Irrlehre, daß das Recht schlechthin die gesellschaftliche Funktion einer Stabilisierung des Status Quo habe" (165). Zur Interpretation dieser Thesen sowie zur theistischen Fundierung des Jheringschen Fortschrittsoptimismus sei auf die genannten Schriften von Okko Behrends verwiesen[14].

5. Das Recht als Organismus der Freiheit

Der Schlüssel zum Verständnis jeder Rechtstheorie ist der ihr zugrunde liegende Rechtsbegriff. Um den Rechtsbegriff Jherings in den Blick zu bekommen, sei zunächst sein erstes Hauptwerk, der „Geist des römischen Rechts", ins Auge gefaßt. Jhering geht darin „von der heute herrschenden Auffassung des Rechts als eines objektiven Organismus der menschlichen Freiheit aus" (I 25). Dieser Begriff wird sodann durch Analysen der Struktur und der Funktion des Rechts expliziert. Die Struktur des Rechts bestimmt Jhering, in einer Art Schichtenlehre, durch Rechtssätze (= Rechtsnormen), Rechtsinstitute und Rechtsbegriffe sowie den „Geist", d.h. die leitenden Ideen des Rechts. Die Funktion des Rechts „im allgemeinen" erblickt er in seiner Verwirklichung (I 49). Näherhin unter-

---

14 Oben Fn. 13.

Jherings Rechtstheorie – eine Theorie evolutionärer Rechtsvernunft

scheidet er zwischen formaler und materieller Realisierbarkeit des Rechts. Unter formaler Realisierbarkeit versteht er „die Leichtigkeit und Sicherheit der Anwendung des abstrakten Rechts auf konkrete Fälle" (I 51), insbesondere der Rechtsanwendungsgleichheit. Die materielle Realisierbarkeit bestimmt er als „Brauchbarkeit und Angemessenheit der materiellen Bestimmungen des Rechts". Sie sei „natürlich durchaus relativ, bedingt durch die ... Beziehungen des Rechts zum Leben, die Anforderungen dieser Zeit, die Eigentümlichkeit dieses Volkes, die Gestalt dieses Lebens" (a. a. O.).
In Teil II 1 des "Geist" werden diese Bestimmungen am klassischen römischen Recht exemplifiziert. Aber auch in dieser Exemplifikation sind immer wieder allgemeintheoretische Erwägungen eingeschoben. Im vorliegenden Zusammenhang interessieren vor allem die Ausführungen zu den „Grundtrieben", d. h. den „bewegenden Ideen" oder „Idealen des römischen Rechtsgefühls" (II 1, 19 ff.). Es sind dies der Selbständigkeitstrieb des Rechts, der Gleichheitstrieb und der Macht- und Freiheitstrieb. Diese Triebe oder Ideen gehören zur Struktur des Rechts auf der Ebene seines Geistes. Besonders im Abschnitt zum Selbständigkeitstrieb knüpft Jhering aber unmittelbar an seine Funktionenlehre an. Wenn es die Funktion des Rechts ist, sich zu verwirklichen, so bedarf es einer Institution, deren ausschließliche Aufgabe es ist, diese Funktion wahrzunehmen. Das ist die Institution der Gerichte. Wie etwa für Theodor Geiger ist daher für Jhering die Existenz einer richterlichen Instanz das „Wahrzeichen" einer Rechtsordnung[15].
Sodann unterscheidet Jhering, wiederum in Anknüpfung an seine Funktionenlehre, zwischen der formalen und der materiellen Selbständigkeit des Rechts. Die formale Selbständigkeit wird abermals durch die Rechtsanwendungsgleichheit bestimmt. Zur materiellen Selbständigkeit heißt es: „Dieselbe beruht auf dem Gedanken, daß das Recht nicht eine bloße Form ist, die jeden beliebigen Inhalt in sich aufzunehmen hat, sondern daß nur bestimmte Zwecke ein Anrecht darauf haben, in dieser Form verwirklicht zu werden, kurz sie postuliert für das Recht nur denjenigen Inhalt, der durch die Idee

---

15 T. Geiger, Vorstudien zu einer Soziologie des Rechts, Neuwied/Berlin 1964, S. 131.

desselben gegeben ist" (II 1, 23). Die Idee des Rechts bestimmt Jhering durch das Prinzip des Gleichgewichts zwischen individueller Selbstbestimmung und zwangsbewehrten Kollektivzwecken, wobei jedoch im Zweifel die individuelle Selbstbestimmung den Vorrang hat (a. a. O. 24 f.). „Anerkennung des Rechts der Selbstbestimmung ist also die oberste Anforderung, die wir an das Recht richten, und der Umfang und die Art, in der ein einzelnes positives Recht dieser Anforderung nachkommt, ist für uns der Maßstab, nach dem wir seine innere Selbständigkeit bemessen, d. h. die Frage beantworten, in welchem Maße es das wahre Wesen des Rechts begriffen und zur Darstellung gebracht hat" (ebd. 24). Und nochmals: „Als Maßstab für die Selbständigkeit oder Unselbständigkeit eines einzelnen positiven Rechts dient mir ... das Maß der von ihm gewährten individuellen Freiheit" (ebd. 25)[16].

6. Die Selbständigkeit des Rechts gegenüber Sitte und Moral

Es folgen Ausführungen zur Trennung von Recht, Sitte und Moral, mit denen Jhering Gedanken vorwegnimmt, die in der gegenwärtigen Rechtssoziologie unter dem Stichwort „Ausdifferenzierung des Rechts" erörtert werden[17]. Sie implizieren jedoch nicht die positivistische These der Trennung von Recht und Moral, wie sie in der heutigen Rechtstheorie erörtert wird. In ihr meint der Ausdruck „Moral" – unter dem Einfluß des angelsächsischen Wortgebrauchs – dasjenige, was traditionell Naturrecht, Vernunftrecht oder Gerechtigkeit heißt. Die positivistische Trennungsthese besagt also, daß kein konstitutiver Zusammenhang zwischen Recht und Gerechtigkeit oder zwischen dem Begriff und der Idee des Rechts bestehe und demnach jeder beliebige Inhalt Recht sein könne. Das

---

16 Unbestimmter heißt es im „Zweck" (I 551): „die Gesetzgebung wird wie bisher so auch in Zukunft die Beschränkungen der persönlichen Freiheit nicht nach einer abstrakten doctrinären Formel, sondern nach dem practischen Bedürfnis abmessen". Die Interpretation dieses Satzes wird aber das weiter unten im Text zum Spätwerk Jherings Gesagte zu berücksichtigen haben.
17 Vgl. *N. Luhmann*, Ausdifferenzierung des Rechts, Frankfurt/M. 1981.

Jherings Rechtstheorie – eine Theorie evolutionärer Rechtsvernunft

war aber gerade nicht die Auffassung Jherings. Was Jhering mit der Trennung von Recht und Moral meint, knüpft eher an den von Pufendorf und Kant geprägten Wortgebrauch an, wonach sich das Recht auf äußeres und potentiell erzwingbares Verhalten und die Moral (im Sinne von Tugend) auf inneres und im Zweifel unerzwingbares Verhalten bezieht. Die Pointe der Jheringschen Trennung zwischen Recht und Moral läßt sich auf Kants Mahnung bringen: „Weh aber dem Gesetzgeber, der eine auf ethische Zwecke gerichtete Verfassung durch Zwang bewirken wollte".[18]

Daß Jhering, jedenfalls in seiner begriffsjuristischen Phase, kein Rechtspositivist im Sinne der positivistischen Trennungsthese war[19], ließe sich, wie hier nur kurz angedeutet sei, auch an seiner

---

18 *I. Kant,* Die Religion innerhalb der Grenzen der bloßen Vernunft (1793), Erstausgabe S. 124.
19 Gewiß kann man fragen, ob es sinnvoll ist, an Jherings Theorie den Begriff des Rechtspositivismus im Sinne jener These heranzutragen. Dazu ist zunächst zu sagen, daß die Definition des Rechtspositivismus durch die These der Trennung von Recht und Moral im Kern bereits auf Jeremy Bentham (1748–1832) und John Austin (1790–1859) zurückgeht. Aber auch abgesehen davon ist es eine – jedenfalls für den Rechtstheoretiker – interessante Frage, wie Jherings Werk (in seinen beiden Phasen) unter dem Aspekt heute geläufiger Unterscheidungen einzuordnen ist. – Im übrigen steht eine Wortgebrauchsgeschichte der Ausdrücke „Rechtspositivismus" und „juristischer Positivismus" noch immer aus; vgl. dazu z. B. die Hinweise bei *K. Olivecrona,* Jherings Rechtspositivismus im Lichte der heutigen Wissenschaft, in: Jherings Erbe S. 165 ff. Hinzugefügt sei, daß Jhering selbst den Ausdruck „Positivismus" in einem spezifisch juristischen Sinne bereits in seiner (noch unveröffentlichten) Wiener Antrittsvorlesung vom 16. 10. 1868 verwendet. Einige Passagen daraus sind erstmals im Begleitband der Göttinger Jhering-Ausstellung 1992 abgedruckt; vgl. *Rudolf von Jhering,* Beiträge und Zeugnisse S. 70: „Jhering warnt vor der den Juristen ‚von innen' bedrohenden Gefahr, ein ‚willenloses und gefühlloses Stück' der Rechtsmaschinerie zu werden" und fährt fort: ‚Sollte einer es für möglich halten: keine Fachwissenschaft fordert so sehr das Denken und die Kritik heraus als die Jurisprudenz, und doch gibt es keine, deren Jünger so leicht in Gefahr kommen, sich desselben zu entschlagen. »Lex ita scripta est« [so lautet das Gesetz] damit ist für sie die Thatsache des Rechts gesetzt, was kümmert sie viel das Woher und das Warum? Dieser Positivismus

Theorie der juristischen Technik zeigen. Diese repräsentiert, in den Worten Jherings, die *„specifisch juristische"* Seite des Rechts, während die Lehre von den Grundtrieben oder Idealen des Rechts seine *„ethische Seite"* darstellt (II 2, 309). Ich setze die „Fundamental-Operationen" dieser Technik (juristische Analyse, logische Konzentration, juristische Konstruktion) hier als bekannt voraus. Worauf es mir ankommt, ist Jherings These vom System als „unversiegbarer Quelle neuen Stoffs" (a. a. O. 386). Diese These ist ein verkürzter Ausdruck dessen, was Jhering selbst später als „Begriffsjurisprudenz" verspottet hat. Die Rechtsauffassung, die ihr zugrunde liegt, hat Wieacker „rechtswissenschaftlichen Positivismus" genannt und diesen dadurch charakterisiert, daß er „die Rechtssätze und ihre Anwendung ausschließlich aus System, Begriffen und Lehrsätzen ableitet, ohne außerjuristischen, etwa religiösen, sozialen oder wissenschaftlichen Wertungen und Zwecken rechtserzeugende oder rechtsändernde Kraft zuzugestehen"[20]. Das ist selbstverständlich eine Frage der Begriffsbildung. Erblickt man mit der heute überwiegenden Meinung das gemeinsame Kennzeichen aller Spielarten des juristischen Positivismus in der These der Trennung von Recht und Moral, oder besser: von Recht und Gerechtigkeit, so wird man bezweifeln müssen, daß die Begriffsjurisprudenz Jherings (wie auch Puchtas[21]) positivistisch war. Denn die Auffassung, daß das Recht ein geschlossenes System von Begriffen, Instituten und Dogmen sei, das für alle möglichen Fälle eine Lösung enthalte, beruhte – wie zu zeigen wäre – auf einem rechtsethisch angereicherten Begriff des rechtlich geltenden Rechts, zu dem „leitende Grundsätze" und Prinzipien gehören, die unabhängig von einem staatlichen Positivie-

---

ist der Todfeind der Jurisprudenz; denn er würdigt sie zum Handwerk herab und ihn hat sie daher zu bekämpfen auf Tod und Leben."

20 *Wieacker*, Privatrechtsgeschichte der Neuzeit, S. 431. Zur Begriffsjurisprudenz s. a. *W. Krawietz*, Begriffsjurisprudenz, in: J. Ritter (Hg.), Historisches Wörterbuch der Philosophie, Basel/Stuttgart 1971, Sp. 809–813; *ders.* (Hg.), Theorie und Technik der Begriffsjurisprudenz, Darmstadt 1976.

21 Zu Puchta vgl. *R. Ogorek*, Richterkönig oder Subsumtionsautomat. Zur Justiztheorie im 19. Jahrhundert, Frankfurt/M. 1986, S. 198 ff., bes. 210.

rungsakt rechtliche Geltung beanspruchen. Kurz: Es liegt nahe, die begriffsjuristische Geschlossenheitsthese im Sinne einer Prinzipientheorie zu interpretieren, wie sie heute etwa Ronald Dworkin, Franz Bydlinski und Robert Alexy vertreten, die entschiedene Nicht-Positivisten sind[22].

7. Der Zwangscharakter des Rechts und das „teleologische System der sittlichen Weltordnung"

Sehr viel ausführlicher als im „Geist" hat sich Jhering in seinem zweiten Hauptwerk,, dem „Zweck im Recht", mit dem Rechtsbegriff befaßt. Er geht auch hier zunächst von einer Rechtsdefinition aus, die er der seinerzeitigen Diskussionslage entnimmt: „Die gangbare Definition des Rechts lautet: Recht ist der Inbegriff der in einem Staate geltenden *Zwangsnormen,* und sie hat in meinen Augen das Richtige vollkommen getroffen" (I 320). Diese Definition, die Jhering dem sich seit 1870 in Deutschland ausbreitenden etatistischen Gesetzespositivismus entnommen hatte, wird dann über 200 Seiten ausführlich expliziert und überprüft. Dabei zeigt sich, daß sie keineswegs, wie Jhering etwas vorschnell bemerkt hatte, das Richtige vollkommen trifft, oder vorsichtiger gesagt: daß sie einer ganzen Reihe von Einschränkungen und Erläuterungen bedarf, um aktzeptabel zu sein. Die eigene Definition, zu der Jhering schließlich gelangt, lautet: *„Recht ist der Inbegriff der mittelst äußeren Zwanges durch die Staatsgewalt gesicherten Lebensbedingungen der Gesellschaft im weitesten Sinne des Wortes"* (I 511).

Das ist eine ebenso weite wie unbestimmte Definition, die mehr Fragen offen läßt, als sie beantwortet. Knut Wolfgang Nörr hat sie

---

22 Vgl. *R. Dworkin,* Taking Rights Seriously, 2. Aufl. London 1978, Kap. 1-3 (dt. Ausg.: Bürgerrechte ernstgenommen, Frankfurt/M. 1984); *ders.,* Law's Empire, London 1986, Kap. 1, 6 und 7; *F. Bydlinski,* Juristische Methodenlehre und Rechtsbegriff, 2. Aufl. Wien/New York 1991, bes. S. 299 ff.; *ders.,* Fundamentale Rechtsgrundsätze, Wien/New York 1988; *R. Alexy,* Begriff und Geltung des Rechts, Freiburg/München 1992, bes. S. 108 ff., 148 ff., 186 ff.

jüngst als Ausdruck eines „krassesten Positivismus" interpretiert[23]. Der Rechtsbegriff des späten Jhering, so sagt er, sei ein „Rechtsbegriff ohne Recht", und es sei ein Glück, „daß sich aus Jherings Zwecklehre keine teleologische Rechtsphilosophie entwickelt hat" (42). Nörr steht mit dieser Skepsis gegenüber dem späten Jhering nicht allein[24], und man wird ohne weiteres einräumen müssen, daß Jhering in den weit ausgreifenden Reflexionen seines Spätwerks rechtspositivistischen (und darwinistischen) Gedanken ein Stück weit gefolgt ist. Doch finden sich in ihm auch andere Gedankengänge, und es ist ein unabgeschlossenes Werk. In seiner Analyse des Rechtsbegriffs in Band 1 des „Zweck" verweist Jhering auf seine Theorie der Sittlichkeit in Band 2 dieses Werks, und in der Vorrede zu Band 2 verweist er auf „die Partie über die ethische Selbstbehauptung und den ethischen Idealismus" im dritten Bande, die zeigen werde, „daß noch Niemand bisher die Fahne des ideal Sittlichen auf so festem Grunde befestigt hat wie ich" (II XXI). Dieser dritte Band ist bekanntlich nicht mehr erschienen. Aber Jhering hat auch nach dem Erscheinen des zweiten Bandes weitergearbeitet, und es ist ein interessantes Indiz für die Richtung, in die er arbeitete, daß er in der Vorrede zu seiner Schrift über den Besitzwillen (1889) äußert, eigentlich müsse sein „Zweck im Recht" nunmehr den Titel tragen: „Das teleologische System der sittlichen Weltordnung"[25].

Deutlich positiver als Nörr, um nicht zu sagen: entgegengesetzt, urteilen denn auch Wolfgang Fikentscher und Okko Behrends[26]. Beide betonen (wie in modifizierter Form auch Wolfgang Pleister[27]) die Kontinuität im Wandel Jherings. Bei Fikentscher heißt es, richtig

---

23 *K. W. Nörr*, Eher Kant als Hegel. Zum Privatrechtsverständnis im 19. Jahrhundert, Paderborn u. a. 1991, S. 41. Vgl. dazu die Rezension von *O. Behrends*, JZ 1991, 1073 f.
24 Vgl. *H. Hattenhauer*, Die geistesgeschichtlichen Grundlagen des deutschen Rechts, 2. Aufl. Heidelberg/Karlsruhe 1980, S. 206 (mit Bezug auf Jherings „Kampf ums Recht"): „Die Ethik des Tierreichs wurde als Rechtsethik ausgerufen."
25 Besitzwille, Neudruck Aalen 1968, S. X.
26 Vgl. die oben in Fn. 2 angegebenen Schriften beider Autoren.
27 S. o. Fn. 2.

interpretiert müsse das Motto des Spätwerks lauten: „Der gerechte Zweck ist der Schöpfer des Rechts" (276). Behrends meint, der Zweck sei für den späten Jhering „das Kürzel einer auf Gerechtigkeit hinstrebenden Weltordnung" und habe in diesem Sinne auch eine rechtlich unmittelbar praktische Bedeutung, nämlich als Interpretationsprinzip ebenso wie als Grenze der praktischen Tragweite von Rechtsbegriffen und der Ausübung des Rechts (87 f.)[28]. In der Tat sprechen, soweit ich dies beurteilen kann, gute Gründe für den Versuch, Jherings Gesamtwerk, unbeschadet des von ihm selbst konstatierten „Umschwungs", als einheitliches Gedankengebäude zu verstehen. Einer der wichtigsten Gründe ist, daß der späte Jhering sein Frühwerk, trotz aller Polemik gegen Überspitzungen der Begriffsjurisprudenz, nicht verworfen, sondern in Neuauflagen weiter betreut und überarbeitet hat. Offenbar hielt er es, wie Behrends sagt, für möglich, „dem Leser abzuverlangen, die vorkritischen Teile seines Werkes nun im Lichte der neuen, in selbstkritischen Fußnoten hervorgehobenen Einsichten zu verstehen" (79 f.). Es bleibt zu fragen, was dies für Jherings Rechtsbegriff bedeutet. Was zunächst das Zwangselement betrifft, so ist leicht zu sehen, daß dieses – von der Selbsthilfe abgesehen – nichts anderes meint als die Existenz einer richterlichen Instanz, wie sie Jhering schon im „Geist" als für die Selbständigkeit des Rechts konstitutiv hervorgehoben hatte. M. a. W.: Recht ist die Gesamtheit der Normen, deren Einhaltung potentiell durch Gerichte erzwingbar ist. Für das archaische und das Völkerrecht bedeutet dies, daß sie Rechtsordnungen in statu nascendi sind. Das Merkmal „Lebensbedingungen der Gesellschaft im weitesten Sinne des Wortes" ist zu unbestimmt, als daß es für sich genommen aussagekräftig wäre. Es ist im Kontext des Jheringschen Gesamtwerks zu interpretieren. Die zentrale Frage einer solchen Interpretation lautet, welche Rolle rechtsethische Prinzipien in Jherings Rechtskonzeption spielen. An ihr entscheidet sich, ob Jherings Rechtstheorie dem juristischen Positivismus zuzuordnen ist oder nicht.

---

28 Mit Bezug auf R. *Jhering*, Der Besitzwille, S. X Fn. 2.

8. „Kritischer Positivismus"?

Ich möchte diese Frage abschließend in Form einiger Anmerkungen zur Jhering-Interpretation von Okko Behrends erörtern[29]. Ich beschränke mich auf Behrends' Aussagen zum späten Jhering. Vorab sei gesagt, daß ich die Kernthesen seiner Interpretation, auch in ihrer kritischen Auseinandersetzung mit der einflußreichen Jhering-Interpretation von Franz Wieacker[30], für überzeugend halte. Aber gerade in dem hier interessierenden Punkt geben sie Anlaß zu einer Anfrage. Die Rechtstheorie des späten Jhering, sagt Behrends, enthalte „eine durchaus verantwortliche und angemessene Antwort auf die Frage, wie das Verhältnis von Rechtsgeltung und Rechtsfortbildung in der geschichtlichen Entwicklung und der Gegenwart zu bestimmen sei" (70). Diese Antwort sei dualistisch. „Die Frage der Rechtsgeltung wird positivistisch, begrifflich und formal entschieden. Dagegen wird die Rechtsfortbildung Gerechtigkeitsprinzipien unterstellt, die ihrem philosophisch-theologischen Status nach geschichtliche Erfahrbarkeit, Verbindlichkeit im Grundsätzlichen und Anpassungsfähigkeit im Einzelnen miteinander verbinden" (a. a. O.). Das Ergebnis der kritischen Wende Jherings „ist zunächst einmal ein formaler Positivismus. Es ist jedoch ein kritischer Positivismus, da er aus dem Ursprung der Rechtsregelungen – ... (scil. als Zweckschöpfungen) – das Gebot ableitet, die Begriffe von ihren Zwecken und ihrem Gerechtigkeitsgehalt her zu kontrollieren und fortzubilden" (81 f.). Diese Kontrolle und Fortbildung geschehe im vollen Bewußtsein, „daß der Geltung der Begriffe ihrer Ordnungsaufgabe wegen ein erheblicher Vorrang vor Gerechtigkeitsargumenten gebührt; nur triftige, das Rechtsgefühl zwingende Gründe können dazu Anlaß geben, die Rechtsbegriffe in der Weise der technischen Jurisprudenz fortzubilden" (82). Der erwähnte Dualismus ist also ein solcher „zwischen formaler Geltungstheorie und materialen Kriterien der Kontrolle und Rechtsfortbildung" (a. a. O.).

---

29 Die folgenden Seitenangaben im Text beziehen sich auf *O. Behrends*, Das „Rechtsgefühl" in der historisch-kritischen Rechtstheorie des späten Jhering, in: Rechtsgefühl.

30 Vgl. dessen oben Fn. 2 angegebenen Schriften.

Jherings Rechtstheorie – eine Theorie evolutionärer Rechtsvernunft

Soweit Behrends. Meine Anfrage lautet, ob der von ihm sogenannte „kritische Positivismus" noch positivistisch ist – wobei hier mit „Positivismus" stets der juristische Positivismus im Sinne der These gemeint ist, daß kein notwendiger Zusammenhang zwischen Recht und Gerechtigkeit besteht, oder anders ausgedrückt: daß der Begriff des Rechts so zu definieren ist, daß er keine Elemente materialer Richtigkeit enthält. Wenn Rechtsfortbildung unter Berufung auf materialethische Kriterien der Gerechtigkeit zulässig ist und dabei die naturalis aequitas und das bonum et aequum „von einem bloß rechtspolitischen Leitprinzip zu einem unmittelbar argumentationsfähigen Rechtsprinzip" erhoben werden (177), dann ist, wie ich meine, der Umkreis des positivistischen Rechtsbegriffs verlassen[31]. Zwar äußert sich Jhering zum Geltungsbegriff als Element des Rechtsbegriffs und zum Status der leitenden Prinzipien des Rechts mehrdeutig. Doch sprechen m. E. überwiegende Gründe dafür, die Rechtstheorie Jherings in seinen beiden Schaffensphasen als nichtpositivistisch einzustufen. Nochmals: Es handelt sich um eine Frage der Begriffsbildung. Aber die Erbitterung, mit der immer wieder um den Rechtsbegriff gestritten wird, zeigt, daß es um mehr geht als eine nur akademische Frage. Es geht um das Selbstverständnis der Rechtswissenschaft und ihrer Rolle in der Gesellschaft sowie um die Kompetenzen der Judikative im gewaltenteilenden Rechtsstaat.

Felix Dahn hat dem ersten Band des „Zweck" eine umfangreiche, teils hymnische, teils kritische Rezension in Buchform gewidmet, die den Titel trägt: „Die Vernunft im Recht"[32]. Jhering hat sich in der Vorrede zur zweiten Auflage jenes Bandes dafür bedankt und gemeint: „Nach Beendigung meines Buches muß es sich zeigen, ob der Standpunkt, von dem aus mein Aufbau des Rechts so wie der ganzen Ordnung der Gesellschaft versucht worden ist, der richtige gewesen ist oder nicht – vielleicht finden der ‚Zweck im Recht' und die ‚Vernunft im Recht' sich noch zusammen" (I XVI). Das Buch ist nicht mehr beendet worden, aber es scheint, als würde sich Jherings Erwartung heute dennoch erfüllen.

---

31 Auch Fikentscher spricht sich gegen die Einstufung Jherings als Rechtspositivisten aus; vgl. *Fikentscher,* Methoden III, z. B. S. 271 und 277.

32 *F. Dahn,* Die Vernunft im Recht. Grundlagen der Rechtsphilosophie, Berlin 1879.

War Jhering ein Rechtspositivist?
Eine Antwort auf Ralf Dreiers Frage

Okko Behrends

1. Staatliches Zwangsmonopol und Imperativentheorie
2. Die von der Gesellschaft aufgestellten Normen
3. Der Rechtsstaat
4. Jherings zweipolige Gerechtigkeitsformel
5. Kritik des positiven Rechts
6. Fundamentale Gerechtigkeitsprinzipien
7. Formbegriffe und Zweckbegriffe
8. Die Positivität der zweckmäßigen menschlichen Setzung
9. Das Ganze der zur juristisch-begrifflichen Form erhobenen Rechtsbestimmungen
10. Kritischer Positivismus zweckmäßiger Formen und kontrollierender Rechtsprinzipien

1. Staatliches Zwangsmonopol und Imperativentheorie

Wenn Rechtspositivist sein heißt, das Kriterium für Recht in der Tatsache der staatlichen Anerkennung und Durchsetzung des Rechts zu sehen, dann war der späte Jhering, dessen Auffassung hier zunächst anhand seines letzten großen Werkes, des Zwecks im Recht, nachgewiesen werden soll, ein Positivist. Die folgenden Worte sind deutlich, ja zum Teil (die Hervorhebungen durch Sperrung sind von Jhering) überdeutlich.

Jhering, Zweck im Recht I 2. Aufl. Leipzig 1884 S. 320
Die gangbare Definition des Rechts lautet: Recht ist der Inbegriff der in einem Staate geltenden Zwangsnormen, und sie hat in meinen Augen das Richtige vollkommen getroffen. Die beiden Momente, welche sie in sich schließt, sind die der N o r m und die der Verwirklichung derselben durch den Z w a n g. Nur diejenigen von der Gesellschaft aufgestellten Normen verdienen den Namen des Rechts, welche den Zwang, oder, da, wie wir gesehen haben, der Staat allein das Zwangsmonopol besitzt, welche den Staatszwang hinter sich haben, womit denn implicite gesagt ist, daß nur die vom Staate mit dieser Wirkung versehenen Normen Rechtsnormen sind, oder daß d e r S t a a t d i e a l l e i n i g e Q u e l l e d e s R e c h t s i s t.

Als Positivist ist Jhering dieser und verwandter Äußerungen wegen immer wieder angesehen worden, allerdings von denen, die genauer hingesehen haben, doch stets als ein Positivist, der sich bei aller Betonung der Tatsache, daß das Recht der Staatsgewalt bedarf und erst durch die staatliche Anerkennung in vollem Maße zu Recht wird, die Möglichkeit des rechtlichen Werturteils mit allen Konsequenzen erhalten hat. So hat der schwedische Rechtstheoretiker Olivecrona, der sich auch auf die soeben angeführte Äußerung Jherings beruft, in einer ausdrücklich Jherings Rechtspositivismus gewidmeten Untersuchung sorgfältig und zutreffend unterschieden zwischen dem Positivismus im neuzeitlich-philosophischen Sinn, der die Nichterkennbarkeit der Werte lehrt und in seiner Anwendbarkeit auf das Recht die strikte Trennung von Recht und Rechtsethik vertritt – ihm sei es zu verdanken, wenn *legal positivism* in den USA zu einem *dirty word* geworden sei –, und dem klassischen Positivismus der deutschen Tradition des 19. Jh., der zwar wissenschaftlich habe sein wollen, aber nicht daran gedacht habe, eine wertungsfreie Wissenschaft zu vertreten; diesem klassischen Positivismus gehöre Jhering an[1].

2. Die von der Gesellschaft aufgestellten Normen

Daß Jhering in dem wiedergegebenen Text nicht das Recht als Ganzes, sondern nur ein wesentliches Kriterium des Rechts beschreiben wollte, beweisen denn auch schon die von mir kursiv wiedergegebenen Worte, denen zufolge es *die von der Gesellschaft aufgestellten Normen* sind, die vom Staat mit Rechtszwang ausgestattet werden. Sie zeigen zugleich, daß Jherings Worte vom Staat als alleinige Quelle des Rechts in der Tat etwas stark auftragen. In Wahrheit ist der Staat für Jhering nur insofern die alleinige Quelle des Rechts, als es um die Anerkennung des Rechts durch Gewährung des staatlichen Gerichtsschutzes geht. Soweit dagegen die Herkunft der materiellen Sätze des Rechtes in Frage steht, verweist Jhering auf die Gesellschaft und damit, wie wir sehen werden, auch auf die Rechtswissenschaft.

---

[1] *K. Olivecrona*, Jherings Rechtspositivismus im Lichte der heutigen Wissenschaft, in: Jherings Erbe, S. 165–176, S. 175: „Wir finden also bei Jhering eine sehr klare Darstellung des klassischen Rechtspositivismus."

War Jhering ein Rechtspositivist?

Im übrigen fällt auf, daß Jhering in diesem der Analyse des staatlichen Rechtszwangs gewidmeten Abschnitt den Ausdruck Positivismus gar nicht verwendet. Der Grund dafür ist aufschlußreich. Der späte Jhering hat sich nämlich, wie wir sehen werden, die Positivität, die menschliche Setzbarkeit des Rechts, keineswegs, wie der Etatismus es tut, aus der abstrakten Idee des omnipotenten Staates erklärt, sondern viel grundsätzlicher und weit weniger konstruktiv aus der Entwicklung von Gesellschaft und Rechtswissenschaft. Setzung von Recht ist für Jhering ein rechtskultureller, sich in Gesellschaft und Rechtswissenschaft vollziehender Vorgang, kein Konstrukt aus einzelnen abstrakt gedachten staatlichen Willensakten.

In der soeben zitierten, ganz aus dem Blickpunkt des Staates gedachten Stelle geht es Jhering denn auch zunächst nur darum, die Gebotsperspektive des staatlichen Rechts zu isolieren, um auf diese Weise die äußere Schale des Funktionierens einer staatlichen (antiken und neuzeitlichen) Normenordnung zu beschreiben. Daher erarbeitet sich Jhering bei dieser Gelegenheit auch die alsbald berühmt gewordene Imperativentheorie, welche die staatlich anerkannten Rechtsnormen als Imperative deutet, die den mit der Handhabung des Zwangs betrauten staatlichen Organen erteilt werden. Aber auch hier macht Jhering völlig klar, daß diese Formulierung des Rechts nur eine Folge der eingenommenen etatistischen Perspektive ist. Von seiner rechtswissenschaftlichen und gesellschaftlichen Seite her betrachtet erscheint das Recht, wie Jhering zeigt, nicht in Imperativen, sondern in ordnenden Begriffen und Werten. Die damit begründete Möglichkeit, das Recht, je nach Blickwinkel, in verschiedenen gedanklichen Formen denken zu können, hat Jhering schon im „Geist" ganz richtig als ein Übersetzungsproblem erkannt und dort auch bereits zutreffend ausgesprochen, daß die bei weitem fruchtbarere Perspektive die gesellschaftlich-rechtswissenschaftliche ist[2]. Denn nur sie gewährt die volle

---

2 Zweck I S. 330 ff. *Larenz,* Methodenlehre, S. 253 ff. meint, die Imperativentheorie gehe auf Thon, Rechtsnorm und subjektives Recht (1878) zurück und nennt daher Jhering erst an zweiter Stelle. Aber die erste Auflage des „Zwecks" ist von 1877, also ein Jahr älter als das Werk von Thon, der im Vorwort seines Werkes sich denn auch schon mit Jhering

Anschauung der Rechtsverhältnisse, wie sie für eine verantwortliche Rechtsanwendung und Rechtsfortbildung unverzichtbar ist. Jhering unterscheidet daher zwar die äußere Zwangsform des Rechts von seinem normativen Inhalt, will aber die imperative Zwangsorganisation, so bedeutsam sie ist, keineswegs schlechthin zum Kriterium des Rechts erheben. Daß er den staatlichen Zwang nur als ein wichtiges Entwicklungsmerkmal des Rechts herausheben will, beweist schon die der zitierten Stelle des „Zwecks" alsbald folgende Äußerung zum Völkerrecht. Das Völkerrecht ist trotz fehlenden staatlichen Zwanges für Jhering durchaus Recht, allerdings – und dieser Analyse kann man auch heute noch nicht widersprechen – unvollkommenes Recht, da – dies Jherings Gründe – die Organisation des Zwanges mit den in der Völkergemeinschaft anerkannten Rechtsnormen nicht gleichen Schritt halte, vielmehr der Zwang vielfach noch auf der Stufe der Selbsthilfe stehen geblieben sei (Zweck I S. 326 f.).

3. Der Rechtsstaat

Auch im staatlichen Recht – und es lohnt sich, dies näher nachzuzeichnen – ist für Jhering nicht die äußere Zwangsorganisation, sondern die von Gesellschaft und Rechtswissenschaft entwickelte Rechtskultur das primäre und eigentlich Tragende. „Rechtsord-

---

auseinandersetzt und deutlich macht, daß er ihn überbieten will (für Thon ist jede Norm imperativ, nicht nur die staatlich anerkannte). Wenn Larenz im übrigen die Imperativentheorie kritisiert, weil sie sich nicht überall leicht durchführen lasse, so hat Jhering das darin liegende Übersetzungsproblem, wie im Text angedeutet, schon in aller Klarheit formuliert und gelöst. Jhering hatte in seiner sogenannten „höheren Jurisprudenz", die er im Geist II, 2 § 41 vorgestellt hat, den Gedanken entwickelt, daß gesetzliche Imperative durch Erhebung zu Rechtsbegriffen der imperativischen Form entkleidet werden können. Im „Zweck" zeigt er jetzt (unter Hinweis auf eben diese älteren Ausführungen im „Geist"), daß es auch umgekehrt geht: so lassen sich z.B. nicht imperativische (d.h. gesellschaftlich-rechtsstrukturelle) Regelungen über Volljährigkeit, Irrtum und Erfüllung ohne weiteres in an den Richter gerichtete Imperative übersetzen.

nung", „Herrschaft von Recht und Gesetz" und „Rechtsstaat" (Zweck I S. 357 f.: im Original sind die Worte gesperrt) entstehen für Jhering überhaupt erst, wenn sich die Staatsgewalt den von ihr erlassenen Gesetzen unterordnet[3]. Im Rechtsstaat hat folglich die imperative Perspektive eine ausschließlich analytische Bedeutung. Sie drückt aus, daß der Richter an Gesetz und Recht gebunden ist wie an einen Befehl, der an ihn gerichtet ist; keineswegs will sie freirechtliche oder rechtsfremde staatliche Willkür begünstigen.

Da Jhering die Staatsgewalt nicht als abstrakte Idee konstruiert, sondern in den Händen von Menschen sieht, die aus der Gesellschaft stammen, fragt er sich bei der Gelegenheit auch, welcher Beweggrund die Mächtigen dazu bestimmen könne, sich freiwillig dem Recht unterzuordnen. Seine nüchterne Antwort (Zweck I S. 294), es sei das wohlverstandene Eigeninteresse der Gewalt, die nur als rechtliche dauerhaft Bestand haben könne, variiert das alte iustitia fundamentum regnorum und ist, wie jüngste geschichtliche Erfahrungen beweisen, nach wie vor gültig. In abgeblaßter Form kann man seine Geltung auch auf der Entwicklungsstufe des verwirklichten Rechtsstaats sehen, wenn die Inhaber politischer Macht, die Recht und Gesetz mißachten, sich auf Dauer in ihrer Amtsstellung nicht halten können.

Entscheidend sind jedoch auch für Jhering die Garantien des Rechtsstaats, die er in solche innerer und äußerer Art unterscheidet. Für sein anschauliches, Kern und Schale unterscheidendes Denken ist kennzeichnend, daß in dieser Entgegensetzung die inneren Garantien aus der politischen Gesellschaft kommen, die äußeren von der staatlichen Organisation. Die innere Garantie des Rechtsstaats ist das „Rechtsgefühl", „die moralische Macht des nationalen Rechtsgefühls", die politische Überzeugung eines Volkes, das „in dem Recht die Bedingung seines Daseins erkannt hat" (Zweck I S. 381 f.) und das daher das Recht will als Befreiung von der „Angst des Ichs in der Welt" und als „Sicherheitsgefühl im

---

[3] Vgl. Zweck I S. 420 ff. Auch dieser Gesichtspunkt ist rein analytisch gemeint, nicht historisch-empirisch beschreibend, da Jhering weder nach den Inhalten der Gesetze fragt noch danach, von welchen historischen Gedanken und politischen Kräften die Unterordnung der Staatsgewalt in den verschiedenen Epochen erreicht worden ist.

Staat" (I S. 386), und zwar eines Staates, den der Bürger als seinen eigenen ansieht und mit dem er sich identifiziert[4]. Wir würden heute sagen: Es ist die Garantie des Rechtsstaats, die von der öffentlichen Meinung und dem in ihr wirkenden Verfassungskonsens getragen wird. Die äußere Garantie des Rechtsstaats wird für Jhering – und hier bedarf es keiner aktualisierenden Übersetzung seiner Worte – verwirklicht durch eine unabhängige, von der übrigen Staatsgewalt streng getrennte, allein dem Recht verpflichteten Gerichtsbarkeit (I S. 387 ff.), die als solche dem formalen Gleichheitsprinzip (I S. 367 ff.), also der Gleichheit vor dem Gesetz folgt.

4. Jherings zweipolige Gerechtigkeitsformel

Damit ist aber Jherings Analyse des von einer freien politisch bewußten Gesellschaft getragenen Rechtsstaats noch nicht am Ende. Die Gleichheit vor dem Gesetz und die Einrichtung unabhängiger Gerichte nennt er im Rückblick (Zweck I S. 435) „die äußere Form des Rechts, die sich überall gleich bleibt, fähig, die verschiedensten Inhalte in sich aufzunehmen", konstatiert also zutreffend das Fehlen eines richtungweisenden inhaltlichen Gesichtspunkts.

Einen solchen inhaltlichen Gesichtspunkt versucht Jhering mit einer Formel einzufangen. Sie lautet (Zweck I S. 435 ff.): „Zweck des Rechts ist die Sicherung der Lebensbedingungen der Gesellschaft."

Diese Zweckformel, die das Recht in den Dienst der Gesellschaft stellt, wird von Jhering auf erster Stufe wiederum als ein ganz formales und relativistisches Prinzip eingeführt, das auch dort analytisch verwendbar ist, wo die Entwicklung auf Abwege geraten ist.

---

4 Vgl. Zweck I S. 560 ff. Jhering bemerkt dort in seiner pointierten Weise: Der Ausspruch von Ludwig XIV: *l'etat c'est moi* habe in Wahrheit von jedem Staatsangehörigen zu gelten. Ein politisch reifes Volk befreie sich von der „öde(n) Auffassung des Staates, welche der moderne Absolutismus und Polizeistaat bei den Völkern des neuern Europas zuwege gebracht habe" und erkenne die Solidarität oder richtiger die Identität der Interessen des Gemeinwesens mit denen des Individuums.

War Jhering ein Rechtspositivist?

Daher setzt Jhering das Prinzip der Sicherung der Lebensbedingungen der Gesellschaft zunächst auch dort als Erklärungsmodell menschlichen Handelns ein, wo wie im mittelalterlichen Hexenwahn oder in der Sklavengesetzgebung der amerikanischen Südstaaten – die Beispiele sind von Jhering – die Zwecke wahnhaft oder ungerecht und die Mittel übel sind (Zweck I S. 450).

Die Zweckformel Jherings wird aber in einem nächsten Schritt zu einer Gerechtigkeitsformel, und zwar dadurch, daß die Entwicklung des Rechts und der Gesellschaft für Jhering eine Richtung hat, die über das, was zur Sicherung der Lebensbedingung der Gesellschaft auf einer gegebenen Entwicklungsstufe „richtig" ist, praktische Werturteile höchster Evidenz erlaubt.

Diese normative Richtung wird dadurch bestimmt, daß eine entwickelte Gesellschaft mit allen (!) ihren Mitgliedern in einem Reziprozitätsverhältnis steht, das die Existenz beider zu höchsten Zwecken erhebt. Da für Jhering gilt (Zweck I S. 511): „die Gesellschaft ist nichts als die Summe der Individuen", steht die Gesellschaft nicht über den Mitgliedern. Vielmehr bildet sie die Existenzform der Mitglieder, die deren Leben in vielfältiger und offener Wechselbezüglichkeit bedingt.

Jhering faßt diese spannungsreiche, aber gehaltvolle Verknüpfung von Individualismus und Sozialtheorie, welche die Gesellschaft als bedingende Existenzform des Menschen auffaßt, zu Anfang seines Werkes über den Zweck im Recht in die Schlagworte (I S. 67):

1) Ich bin für mich da;
2) Die Welt ist für mich da;
3) Ich bin für die Welt da.

und fügt erläuternd hinzu:

> Auf diesen drei Lapidarsätzen beruht die ganze Ordnung des Rechtes und nicht bloß die des Rechtes, sondern die ganze sittliche Weltordnung: unser Privatleben, das Leben in der Familie, der Verkehr, die Gesellschaft, der Staat, der Völkerverkehr, das gegenseitige Bestimmungsverhältnis der Völker, der gleichzeitig lebenden sowohl wie der längst dahingegangen.

Jherings Gerechtigkeitsformel beruht damit auf einem zweipoligen Gerechtigkeitsmodell, daß zwei aufeinander bezogene Leitwerte hat: das freie Individuum und die menschliche in Staaten gegliederte Gesellschaft als der Inbegriff aller Menschen und der von ihnen verwirklichten Kultur.

Aus ihm folgt, daß dem Individuum diejenigen rechtlichen Einschränkungen auferlegt werden müssen und dürfen, die zur Sicherung der Existenz aller Mitglieder der Gesellschaft erforderlich sind; aber nicht mehr, da umgekehrt das bestmögliche Gedeihen der Gesellschaft gerade fordert, jedem Menschen in den Lebensformen der Gesellschaft ein Höchstmaß an Freiheit und Entfaltungsraum zu sichern.

Das auf diese Weise gewonnene Kriterium erlaubt, wie Jhering zutreffend betont (I S. 437), keine Wahrheitsurteile, da es ja kein schematisches Modell liefert, an dem gemessen ein gesellschaftlicher Zustand in dem Sinne „wahr" ist, daß er mit einem Modell übereinstimmt. Es erlaubt aber Richtigkeitsurteile, da es einen Maßstab liefert, an dem gemessen ein Zustand richtig oder unrichtig oder richtiger oder unrichtiger ist. Mit großer Klarheit wird damit von Jhering unterschieden (I S. 437): die *Wahrheit* als Kriterium einer an Modellen oder an der Realität verifizierbaren Erkenntnis von der *Richtigkeit* als Kriterium von Werturteilen über handlungsleitende und als solche nach ihren gesellschaftlichen Wirkungen bewertbaren Prinzipien.

5. Kritik des positiven Rechts

Die Ergiebigkeit der auf diese Weise mit Inhalt erfüllten zweipoligen Gerechtigkeitsformel bewies Jhering durch Kritik am positiven Recht seiner eigenen Zeit. Er richtete sie der Zeitlage entsprechend vor allem gegen übergroße Herrschafts- und Freiheitsrechte, so z.B. gegen die damalige Ausgestaltung der Elternrechte, welche die Interessen der Kinder, das heutige Kindeswohl, ungenügend berücksichtigte (I S. 517 ff.) oder gegen die mangelhaft durchgeführte Sozialbindung des Eigentums (I S. 518 ff.). Insgesamt mündet diese Kritik in die gültig gebliebene und immer wieder neu einzulösende Forderung, den gesellschaftlichen, stets auch den jeweils anderen schützenden Charakter des nach dem Freiheitsprinzip organisierten Privatrechts (I S. 532 ff.) anzuerkennen.

Jhering stellt sich dabei auch den großen Verteilungsfragen seiner Zeit. Da er sieht, daß seine Formel von den „Lebensbedingungen der Gesellschaft", da die Gesellschaft von der Summe aller (!) Menschen gebildet wird, mit rechtlich gesicherten Vorrechten eines Standes oder einer Klasse, also eines bloßen Teiles der Gesellschaft, nicht vereinbar ist, empfiehlt er dem davon Betroffenen politisches Handeln: Er solle (I S. 552) „mit Gleichgesinnten, durch die sich ihm dafür bietenden Mittel eine Änderung der bestehenden Staats- und Rechtseinrichtungen herbeizuführen streben". Realistisch erkennt er aber, daß es Lagen gibt, in denen den Benachteiligten nichts anderes bleibt, als einen ungerechten Staat zu verlassen oder sich mit der relativen Ungerechtigkeit der Verhältnisse abzufinden (I S. 552 f.).

6. Fundamentale Gerechtigkeitsprinzipien

In der Unterscheidung zwischen dem Recht, das gilt, und dem zweipoligen Gerechtigkeitskriterium, in dem die Freiheit des Einzelnen und die Interessen der Gesellschaft in ihrer Wechselbezüglichkeit aufgenommen sind, liegt das, was Jhering zum kritischen Positivisten macht. In dieser Haltung ist die moderne Kultur geordneter Normkritik, wie sie heute nach den Vorgaben des Grundgesetzes vor allem vom Verfassungsgericht verwirklicht wird, in allen wesentlichen Zügen vorweggenommen.

Dem modernen Denken in verfassungsrechtlich verbürgten Grundwerten entspricht es auch, daß Jhering den steuernden Gerechtigkeitsprinzipien trotz aller offenen Zweckhaftigkeit die Tendenz zuschreibt, sich zu verfestigen und zu fraglos anerkannten Grundlagen des Rechts aufzusteigen. Ihre bewährte Richtigkeit rückt sie in die Nähe von wahren Sätzen. Jhering erhebt daher gegen seine im vergangenen Abschnitt mitgeteilte These, daß das Recht, da immer zweckhaft, nicht dem Kriterium der Wahrheit, sondern nur dem der Richtigkeit unterliege, den Selbsteinwand:

> Zweck I S. 440
> Gewisse Rechtssätze wiederholen sich bei allen Völkern, Mord und Raub sind überall verboten, Staat und Eigentum, Familie und Vertrag kehren überall wieder. Folglich? Da kommt ja die Wahrheit zum Vorschein, das sind ja offenbar absolute Rechtswahrheiten, über welche die Geschichte keine Macht hat.

gibt darauf aber alsbald die zutreffende Antwort:

> Das Zweckmäßige verliert dadurch nicht den Charakter des Zweckmäßigen, daß diese seine Eigenschaft über allen Zweifel erhaben, in diesem Sinne also wahr ist.

In einem – dann nicht mehr geschriebenen – zweiten Teil des Zwecks plante Jhering eine besondere Untersuchung dieser zur formalen Verfestigung neigenden Zweckbegrifflichkeit des Rechts und schrieb insofern (I S. 441):

das „Rechtmäßige", das sie als das eigentlich Wahre, weil ewig/442/Bleibende im Recht, in Gegensatz zum „Zweckmäßigen" als dem Vergänglichen und Vorübergehenden stellt, wird sich dort als eine Art des letzteren ergeben: *das zur festen Gestalt Niedergeschlagene, Verdichtete im Gegensatz zu dem noch Flüssigen, Beweglichen*. Es ist das Zweckmäßige, das die Probe von vielen Jahrtausenden bestanden hat, die niederste, im tiefen Grunde lagernde Schicht desselben, welche alle andern trägt, und darum in ihrem Bestande völlig gesichert. Aber der Bildungsprozeß dieser tiefsten Schicht ist kein anderer gewesen, als der der jüngeren, sie ist nichts als abgelagerte, durch die Erfahrung erprobte und über allen Zweifel erhobene Zweckmäßigkeit.

Alles, was auf dem Boden des Rechts sich findet, ist durch den Zweck ins Leben gerufen und um eines Zweckes willen da,...ihn zu suchen, ist die höchste Aufgabe der Rechtswissenschaft, /443/gleichmäßig in bezug auf die Dogmatik wie in bezug auf die Geschichte des Rechts.

Jherings Bildersprache macht deutlich, daß er der Tendenz der Rechtsentwicklung, bewährten Rechtsgedanken die Gestalt von kategorischen Verboten und ontologischen Wahrheiten zu geben, insofern Recht gibt, als darin für eine Reihe von Rechtssätzen ein gesteigerter Geltungsanspruch zum Ausdruck kommt. Nur hält er es zu Recht für verfehlt, daraus zu folgern, diese Gebote und Ordnungsformen dienten nicht menschlichen Zwecken und würden nicht von daher Sinn und Maß empfangen.

7. Formbegriffe und Zweckbegriffe

Mit diesem Ergebnis ist zugleich ausgesprochen, daß der vom erreichten Entwicklungsstand geprägte überpositive Standpunkt, der in Jherings kritischem Positivismus die Rechtskritik und die Rechtsfortbildung ermöglicht, aus dem positiven Recht stammt und in das positive Recht zurückführt, also in der Tat immer wieder auslöst, was Jhering in einer seiner glänzendsten Formeln als „die Kritik des Rechts durch sich selber" bezeichnet hat[5].

---

5 Vgl. *Jhering*, Entwicklungsgeschichte, S. 26. Als Beispiel einer produktiven Kritik des Rechts durch sich selbst nennt Jhering die Entstehung des

War Jhering ein Rechtspositivist?

Jhering führt die Möglichkeiten dieses Standpunkts auf der Stufe der praktischen Dogmatik des positiven Rechts mit aller juristischen Detailfreude durch, in besonders anschaulicher Weise in dem Konflikt zwischen Formbegriffen, welche die Freiheit des Individuums organisieren und Gerechtigkeitsargumenten, die den Bedingungen des gesellschaftlichen Zusammenlebens entnommen sind. Nach der zweipoligen Gerechtigkeitsformel sind beide Pole, die Freiheit des Individuums wie die Bedingungen des gesellschaftlichen Zusammenlebens höchste Werte, so daß keiner von beiden absolut, sondern jeweils nur in einer Wechselbezüglichkeit gilt, die sie sowohl gewährleistet als auch einschränkt. Daher können die freiheitssichernden Formbegriffe in den Fällen, in denen die Bedingungen des Zusammenlebens dies erfordern, regelhaft eingeschränkt werden, aber nur in argumentativer, das positive Recht verarbeitender Abwägung.

Im Zweck zeigt Jhering dies an dem lebensnahen Fall des unrechtmäßigen Grenzüberbaus und dem hier entstehenden Konflikt zwischen dem formalen Recht des Grundstückseigentümers und den Interessen des Eigentümers des Bauwerks. Nach den damaligen Lehrbüchern des römischen Rechts konnte, wie Jhering ausführt, der durch den Überbau geschädigte Grundstückseigentümer mit der Eigentumsklage *(actio negatoria)* das Zurücksetzen der Mauer und damit faktisch die Zerstörung des Hauses erreichen. Jhering vertrat demgegenüber als damals ganz neue Lehre die – inzwischen im wesentlichen seinen Vorschlägen folgend ins BGB übernommene – Lösung, daß das Haus gegen Entschädigung des Betroffenen stehen bleiben könne[6], und bemerkt dazu:

„Urheber- und Patentrechts" aus der Forderung der Interessierten, den Rechtsgedanken, daß das Arbeitsprodukt dem Arbeiter gehöre (vgl. dazu Jherings Deutung der Spezifikation unten Fn. 18), auch auf diese Fälle zu erstrecken und damit den genannten Rechtsgedanken von einer halben zu einer ganzen Wahrheit zu machen.

6 Jb. f. Dogmatik Bd. 6 (1862), S. 99; Zweck I S. 529 f. mit einer interessanten Einordnung als Enteignung des Privatrechts (S. 527 ff.); vgl. heute §§ 913–916 BGB. Im römischen System konnte übrigens mit der gegen die *actio negatoria* beantragten *exceptio doli* das gleiche Ziel erreicht

Zweck I S. 529
Gewiß die verständigste Lösung des Problems.
Aber auf Kosten des Rechts wird mir der juristische Rigorist antworten, lediglich zugunsten der Zweckmäßigkeit. In diesem Einwande prägt sich die fundamentale Differenz aus, die zwischen der herrschenden Rechtsauffassung und der meinigen obwaltet, und ich die erst im [nicht mehr erschienenen] zweiten Teile [sc. des Werkes „Der Zweck im Recht"] zum wissenschaftlichen Austrag bringen kann. Nach meiner Theorie bildet die Zweckmäßigkeit die einzige Aufgabe des Rechts; *was man ihr/530/ als Rechtmäßigkeit (ratio juris) entgegensetzt, enthält nur die tiefste und festeste Schicht des im Recht abgelagerten Zweckmäßigen.*

Die Sicherung der Freiheit des Eigentums in den ausformulierten Begriffen des Rechtssystems gehört zu den Gehalten des Rechts, deren Zweckmäßigkeit über allem Zweifel ist. Daher hat das Eigentumsrecht die logische Struktur der präzis definierten Begriffe der „ratio iuris" und erweckt als ein zum formalen Rechtssystem gehörender Begriff den Eindruck, als gehöre es zum Reich der Wahrheit und sei folglich als Teil der allgemeinen Wahrheit der Veränderung nicht unterworfen.

Jhering zeigt, daß dies eine Täuschung ist. Auch die Formbegriffe des Rechts wurzeln in der Zweckmäßigkeit, nämlich in dem Ziel der möglichst zweckmäßigen Organisation der Freiheit, und können daher, wo dies dem praktischen Urteil notwendig erscheint, vom zweipoligen Gerechtigkeitsprinzip, das sie sowohl gewährleistet wie einzuschränken erlaubt, begrenzt werden.

Eben dies hat Jhering getan, und z. B. dem Eigentümer Verbietungsrechte, die in der Höhe des Luftraums oder in der Tiefe der Erde nicht mehr von seinem Interesse gedeckt sind, zugunsten der Allgemeinheit aberkannt, und aus dem Gesichtspunkt der Lebensbedingungen aller abgeleitet, daß die Grenzen der Grundstücksnutzung auch durch die Art der das Grundstück umgebenden Bodennutzungsweise bestimmt werden[7].

Was Jhering hier wiederentdeckt und in fruchtbarer Weise aufgenommen hat, ist der fundamentale Struktur-Wert-Gegensatz jedes entwickelten Rechtes. In jeder etwas komplexer gewordenen

---

werden, wie der formal nicht ganz unähnliche Konflikt im Fall der aufgedrängten Bereicherung durch unrechtmäßige Bebauung beweist.
7 Vgl. *Jhering*, Zur Lehre von den Beschränkungen des Grundeigenthümers, Jb f. Dogmatik Bd. 6 (1862), S. 81 ff., 85 ff. (90); 91 ff., 94 ff.

War Jhering ein Rechtspositivist?

Rechtsordnung läßt sich nachweisen, daß die formalen Sätze und Begriffe die Zuständigkeiten und Freiheiten regeln, während die im Interesse des Zusammenlebens erforderlichen Einschränkungen notwendig den unmittelbaren wertenden Zugriff auf die Lebensverhältnisse selbst erfordern, auch wenn diesen Einschränkungen ihrerseits dann immer wieder eine Tendenz zur Regelbildung eigen ist. In der rechtswissenschaftlichen Phase des römischen Rechts war dieser Dualismus bereits mit vollem methodischen Bewußtsein durchgeführt worden; die historische Rechtsschule und insbesondere auch Jhering haben ihn wieder entdeckt und ihm in seiner praktischen Wechselbezüglichkeit neues Leben verliehen[8].

8. Die Positivität der zweckmäßigen menschlichen Setzung

Nach diesen Klärungen ist es nun auch möglich, genauer zu verstehen, was Jhering meint, wenn er selbst von der Positivität des Rechts spricht. Er tut dies, wie schon gesagt, um die Herkunft der Begriffe des Rechts, auch der bewährtesten und anerkanntesten, aus zweckmäßiger menschlicher Setzung zu betonen und damit ihre unaufhebbare Bezogenheit auf die zweipolige Gerechtigkeitsformel zu unterstreichen.

Jhering vergleicht an einer berühmten Stelle seines „Geistes" die praktischen (d. h. mit Entscheidungskraft ausgestatteten) Begriffe des Rechts wie das Eigentum, die Grunddienstbarkeit oder die Forderung mit dem Alphabet einer Schrift. Das Alphabet des Rechts sei freilich viel umfangreicher als das kurze der Buchstaben. Aber genau wie das Alphabet – dies die Pointe Jherings – eine höchst erfolgreiche, in vielen Abarten auf der Welt vorhandene kulturelle Setzung der Menschen ist, die das Problem der Schrift auf eine überaus ökonomische und elegante Weise gelöst hat, so verhält es

---

8 Vgl. *Behrends*, Struktur und Wert. Zum institutionellen und prinzipiellen Denken im geltenden Recht, in: Behrends/Dießelhorst/Dreier (Hrsg.) Rechtsdogmatik und praktische Vernunft, Göttingen 1989, S. 138–174; vgl. auch *ders.*, Das Bündnis zwischen Gesetz und Dogmatik und die Frage der dogmatischen Rangstufen, in: Behrends/Henckel (Hrsg.) Gesetzgebung und Dogmatik, Göttingen 1989, S. 9–36.

sich auch mit den Grundbegriffen des Rechts, mit deren Hilfe die Aufgabe, eine Rechtsordnung zu organisieren, ebenfalls bei aller Vielfalt im einzelnen auf ökonomische und den Verstand des Laien wie des Fachmanns befriedigende Weise gelöst werden kann.
Zu den bestimmenden Merkmalen der Rechtsbegriffe gehört damit ihre Positivität. Die Rechtsbegriffe sind „positiv", weil sie, mögen sie sich auch bisweilen über die Jahrhunderte hinweg gleich geblieben sein, am Anfang menschlicher Setzung entspringen und in dem Sinne „positiven" Ursprungs sind[9].
Der auf diese Weise verwendete Begriff des Positivismus ist, wie schon eingangs bemerkt, evidentermaßen nicht etatistisch, sondern kultur- und gesellschaftstheoretisch. Mit der formal definierten Gesetzgebungshoheit des Staates hat er nichts zu tun. Jherings Positivität ist kulturgeschichtlich-anthropologisch gemeint und auf die Fähigkeit des Menschen bezogen, Ordnungsvorstellungen in begriffliche Form zu bringen und in einer Weise verbindlich zu machen, daß sie im Leben beachtet werden.
Mit diesem Sprachgebrauch folgt Jhering einer bedeutenden Tradition.
Auch Savigny meinte, wenn er von positivem Recht sprach, nicht den Ursprung der Rechtssätze aus staatlicher Gesetzgebungshoheit,

---

[9] Geist II, 2 S. 348: „Unser praktisches Rechtsalphabet ist daher etwas *Positives*, Historisches und die Geschichte eines jeden Rechts bestätigt dies. Es ändern sich nicht nur die Rechtssätze, sondern mit ihnen auch die Begriffe und Institute, und es ändert sich nicht bloß die Beschaffenheit und Bedeutung unserer vorhandenen Rechts-Buchstaben, sondern die Zeit bringt uns völlig neue und streicht die alten aus. Wie sehr aber dennoch ein einzelnes Rechtsalphabet bei aller seiner *Positivität* den Einflüssen von Zeit und Ort zu trotzen vermag, dafür gibt uns das römische einen schlagenden Beweis. Die praktische Gestaltung des Eigenthums, der Servitut, der Obligation u.s.w. ist römisch und mithin auch die begriffliche Construction des Stoffes von Seiten der römischen Juristen ist römisch, wie sehr man oft auch in kritikloser Verehrung vor dem römischen Recht sich dagegen verschlossen und das Römische als das Absolute zu deduciren versucht hat. Aber wie lang hat doch dies Römische und *positive* vorgehalten! Die genannten Begriffe gelten heutzutage im wesentlichen fast noch ebenso, wie vor anderthalb Jahrtausenden."

sondern ein gesellschaftstheoretisches Phänomen, nämlich die Wirklichkeit, welche ordnende Rechtsbegriffe (Institute) wie Eigentum und Forderungen in den Lebensverhältnissen haben. Freilich bezog Savigny diese Positivität gerade nicht auf menschliche Setzung, sondern deutete sie in einem eigentümlichen historistischen Spiritualismus als eine Emanation des Volksgeistes, als eine kulturelle, letztlich geschichtstheologisch begründete Setzung oder besser Schöpfung in Gestalt lebendiger Prinzipien. Der Begriff ‚positiv' impliziert damit bei Savigny, daß die Rechtsbegriffe als geistig organisierende Kräfte im gesellschaftlichen Leben wirklich vorhanden sind. Als Emanationen der die menschliche Geschichtlichkeit beherrschenden Kraft sind sie nach Savigny willkürlicher menschlicher Setzung gerade entzogen[10].

Jhering hatte diesen Spiritualismus Savignys in seiner „naturhistorischen Methode" zunächst in vollem Maße übernommen und mit einer gewissen unbekümmerten Begeisterung so lange radikalisiert und auf die Spitze getrieben, bis ihm im Rückschlag Zweifel kamen. Nach seinem dadurch ausgelösten Umschwung von 1859, dessen Wesen gerade in der Befreiung von Savignys historistischem Spiritualismus bestand, hat Jhering die Begriffe, welche die Rechtsverhältnisse des Privatrechts ordnen, nicht mehr als spirituelle, auf

---

10 *Friedrich Carl von Savigny*, System des heutigen römischen Rechts I, Berlin 1840, S. 14: „... überall, wo ein Rechtsverhältniß zur Frage und zum Bewußtseyn kommt, (ist) eine Regel für dasselbe längst vorhanden, also jetzt erst zu erfinden weder nöthig noch möglich. ...In Beziehung auf diese Beschaffenheit des allgemeinen Rechts, nach welcher es in jedem gegebenen Zustand, in welchem es gesucht werden kann, als ein gegebenes schon wirkliches Daseyn hat, nennen wir es p o s i t i v e s Recht" (Hervorhebung von Savigny). Das Dasein, die „Existenz" der Rechtsverhältnisse ist für Savigny also das „positive" an ihnen. Geformt von den Rechtsregeln, die wieder Instituten zugehören, z. B. dem Kauf (vgl. *Savigny*, System I §§ 4, 5), entstammen sie dem lebendigen „Volksgeist" und gelten daher auch selbst – so Savigny im Beruf[3] S. 29 – als „lebendige Wesen". Zu den geschichtsphilosophischen Grundlagen der Rechtstheorie Savignys vgl. *O. Behrends*, Geschichte, Politik und Jurisprudenz in Savignys System des heutigen römischen Rechts, in: Behrends/Diesselhorst/Voss (Hrsg.), Römisches Recht in der europäischen Tradition (1985) S. 257–321.

die Verhältnisse einwirkende Existenzen irgendwie höherer Herkunft aufgefaßt, sondern als Kunstprodukte der menschlichen Zivilisation, als ordnende Figuren des Rechts, deren Fassung ausschließlich menschlicher Tätigkeit entstammt[11]. Das war gegenüber Savigny eine Neubestimmung des Sinnes der Positivität, aber zugleich eine Rückkehr zum ursprünglichen antik-klassischen Sinn dieses Wortes.

Während Savignys höchst eigentümlicher Verwendung des Wortes ‚positiv' von Montesquieus *Esprit des lois* angeregt sein könnte[12],

---

11 Vgl. Jherings Selbstzeugnis Geist III, 1 4. Aufl. 1877 (1. Aufl. 1865 [!]) S. 2 f. Es geht um die Abwendung von der spiritualistischen Theorie Savignys (vgl. Jherings Worte S. 2: „diese Ansicht habe auch ich früher getheilt"), in Jherings zuspitzenden Worten um die Abwendung „von dem Traum, von einem goldenen Zeitalter des Rechts, in dem die Menschen, ohne zu suchen, das Richtige getroffen hätten, in dem die Rechtsbegriffe ohne Zuthun des Menschen am Baum der Erkenntniß gewachsen seien, von dem er nur nötig gehabt habe, sie zu pflücken, oder von dem sie ihm von selbst in den Schooß gefallen wären." Den neu gewonnenen eigenen Standpunkt kennzeichnet Jhering nicht weniger prägnant aaO S. 2: „Die positive Behauptung, (S. 3) die ich dieser Lehre entgegenstelle, ist die: daß die Geschichte des Rechts mit einem **eisernen** Zeitalter begonnen hat, mit dem harten Ringen und Arbeiten des menschlichen Verstandes, daß Absicht, Reflexion, Bewußtsein, Berechnung bereits bei der Bildung des Rechts thätig gewesen, daß **die juristische Kunst schon an der Wiege desselben gestanden** hat. Die Begriffe des Rechts sind von Anfang **Kunstproducte.**" Als Beispiele nennt Jhering Ordnungsbegriffe wie den Kauf oder das abstracte Schuldversprechen (Stipulation), also „Institute" mit beschreibbarer „Structur" (Worte Jherings aaO S. 5). Zu der darin liegenden tendenziellen Einschränkung der juristischen Kunst auf Formbegriffe vgl. meine kritischen Bemerkungen unten unter 9 (S. 150 ff., 154 ff.).

12 *Montesquieu,* De l'Esprit des lois I 3 „*Des lois positives".* Das Bürgerliche oder Privat-Recht *(le droit civil)* ist nach Montesquieu Teil dieser „*lois positives",* und zwar als partikulärer Ausdruck der allgemeinen Menschenvernunft: „*La loi, en général, est la raison humaine, en tant qu'elle gouverne tous les peuples de la terre; et les lois politiques* [Verfassungs- und öffentliches Recht] *et civiles* [Privatrecht] *de chaque nation ne doivent être que les cas particuliers où s'applique cette raison humaine."* Ganz ähnlich *Savigny,* System I S. 21 „Was in dem einzelnen Volk wirkt, ist nur der allgemeine Menschengeist, der sich in ihm auf individuelle Weise offenbart."

War Jhering ein Rechtspositivist?

folgt Jherings Verwendung dieses Wortes dem lateinischen Grundsinn, den *ponere* und das Adjektiv *positivus* überall dort haben, wo es darum geht zu klären, woher die Begriffe und Bezeichnungen stammen. *Ponere* ist hier überall, insbesondere auch in den Zusammenhängen, in denen es die Rechtssetzung bezeichnet, eine Lehnübersetzung des griechischen *tithenai* und betont gegenüber der alten zuerst von den Griechen gestellten Frage, ob das Recht von Natur aus, also kraft Physis, gilt oder kraft menschlicher Setzung, also kraft Thesis, die menschliche Herkunft[13].

In der römischen Rechtstheorie der klassischen Zeit wird dieser Gegensatz zwar noch lieber in die Begrifflichkeit ‚natura' (Natur) – ‚institutio' (menschliche Einrichtung) gefaßt. Und dieser Sprachgebrauch[14] hat tatsächlich den Vorteil, daß er den etatistischen Positi-

---

13 Eine wichtige, insbesondere in ihrer scharfen Entgegensetzung aufschlußreiche Stelle bezieht sich auf den Gründer der klassischen römischen Jurisprudenz Servius Sulpicius. Von ihm sagt der augusteische, dem stoischen Naturrechtsdenken anhängende Dichter *Manilius*, de astronomia IV 213/214: *Non alio potius sit genitus Servius astro, qui leges potius posuit quam iura retexit* (unter keinem anderen Stern [als dem der Waage] möge Servius [Sulpicius, Freund Ciceros und bedeutendster Jurist der ausgehenden Republik; Vertreter der skeptischen Richtung im Recht und eigentlicher Begründer der klassischen Jurisprudenz] geboren sein, der die Rechtsnormen [als Mensch] setzte und nicht das [wahre von der Natur gegebene] Recht enthüllte). Die gleiche Entgegensetzung in bezug auf die Sprache bei *Gellius*, Noctes Atticae 10,4: *Nigidius... docuit nomina non positiva esse, sed naturalia* (Nigidius [ein spätrepublikanischer von der Sprachtheorie der Stoa beeinflußter Grammatiker] lehrte, daß die Bezeichnungen der Dinge nicht [vom Menschen] „gesetzten", sondern „natürlichen" Ursprungs sind). In älteren Texten könnte das Wort *ponere* unter stoischem Einfluß stehen, wenn es sich auf die Setzung strikten Rechts bezieht. Vgl. *Cato*, de agricultura praef. 1 *maiores nostri... in legibus posiverunt* (das haben unsere Vorfahren gesetzlich bestimmt [d. h. die Bestrafung des Wucherers mit dem Vierfachen]); untechnisch *Plautus*, Aulularia 490 *si istuc ius pauperibus ponitur* (wenn solches Recht [= Vorrecht] den Armen gesetzt wird [d. h. daß sie ihre Töchter ohne Mitgift verheiraten können]).

14 Vgl. *Cicero*, Topica 23, 90. Das Recht kann man, so heißt es dort, entweder von seiner natürlichen Seite *(natura)* oder seiner institutionellen Seite *(institutio)* betrachten. Die Natur zeige sich in zwei Prinzipien,

vismus, der dem antiken Denken fremd ist, auch terminologisch deutlich fernhält. In der Sache meinen *instituere* und *ponere* dasselbe: die Einführung und Setzung der das Leben ordnenden Rechtsbegriffe durch den Menschen.

In der klassischen römischen Jurisprudenz – und damit auch in den für Jhering verbindlichen Rechtsquellen – hat die institutionelle, in dem genannten wissenschaftstheoretischen Sinne „positive" Richtung den Sieg davongetragen. Dies zeigt sich anschaulich an der führenden Rolle der Institutionenlehrbücher und der in ihnen verarbeiteten begrifflich-systematischen Gehalte des klassischen Rechts. Eine neue deutsche Übersetzung der für die modernen Privatrechtskodifikationen Europas vielfach vorbildlichen Institutionen Justinians in die heutige juristische Fachsprache hat jüngst erneut deutlich gemacht – und durch zahlreiche Nachweise dokumentiert –, wie unmittelbar diese Nachwirkungen gerade auch im heutigen deutschen Gesetzesrecht sind[15]. Auf diese Weise ist das Denken in ordnenden Rechtsbegriffen zu einem festen Besitz der europäischen Rechtskultur geworden.

Jherings „Umschwung" war wissenschaftsgeschichtlich gesehen damit nichts anderes als die Erneuerung der im rechtswissenschaftlichen Sinne positiven Jurisprudenz Roms. Daher ist es auch sehr typisch, daß Jherings wissenschaftlicher Positivismus sofort eine neue Differenzierung und Rangordnung im Recht erzeugte: Die auf ihre intellektuelle logische Struktur zurückgeführten Rechtsbegriffe des positiven Rechts verloren den höchsten Rang. Sie blieben zwar die

---

dem Grundsatz, jedem das seine zu gewähren, und dem Grundsatz der Vergeltung; die rechtlichen Einrichtungen kennten drei Formen, die staatlichen Gesetze, die wissenschaftlichen Begriffe und die Regeln des Gewohnheitsrechts. Die Natur ist hier nicht mehr die des stoischen Naturrechts der vorklassischen römischen Jurisprudenz, sondern die Natur, die zum Leben in der institutionellen Rechtsordnung gehört und deren Grundsätze diese daher nicht nur korrigieren, sondern auch unterstützen und ergänzen. Bei den Juristen kehrt dieser rechtstheoretisch grundlegende Gegensatz in dem Begriffpaar *civilis – naturalis aequitas* wieder. Vgl. auch *Cicero*, partitiones oratoriae 37, 129–131.

15 *Behrends/Knütel/Kupisch/Seiler*, Corpus Iuris Civilis I Institutionen (1989).

War Jhering ein Rechtspositivist?

wichtigsten Werkzeuge des positiven Rechts, ohne die eine Rechtsordnung nicht zu denken war. Aber über ihnen stand nunmehr die Instanz, in die mit dieser Klärung das wirkliche Leben des Rechts wandert, nämlich das zweipolige Gerechtigkeitsprinzip, das als solches die Weiterentwicklung des Rechts steuerte, sowohl im politisch-gesellschaftlichen Kampf um's Recht, der sich in Gesetzgebung niederschlägt, als auch in der technischen Rechtsfortbildung[16].

In dem klassischen Vorbild, das Jherings Quellen beherrschte, war dieser Dualismus vorgeprägt: Über den Formbegriffen der *ratio iuris* stand in Rom die natürliche Gerechtigkeit als der Inbegriff der von der Rechtsordnung intendierten universalen Werte: Sie leitete das Amtsrecht des Prätors, das mit seinen unter dem Rechtssystem stehenden, aber sozial effektiven Mitteln das formale Recht ergänzte und berichtigte; und sie wurde zunehmend auch als Ermächtigung zur Rechtsfortbildung auf der Ebene des formalen Rechts selbst betrachtet[17].

---

16 Daher bemerkt Jhering zu seinem eigenen Satz Geist II, 2 § 41 S. 361 „Auf dieser Methode [d. h. auf der begrifflich-institutionellen, in die Jhering die naturhistorische nach seinem „Umschwung" verwandelt hatte] beruht das Geheimnis der Jurisprudenz, ihre Macht über den Stoff und ihre Anziehungskraft für den Verstand" in der nachträglichen Fußnote 506 a: „Daß die Befriedigung, welche die Jurisprudenz dem bloßen V e r s t a n d e gewährt, nicht das höchste ist, ist mir je länger je mehr klar geworden, und ich habe die Spuren der Überschätzung [!; eine angemessene Wertschätzung bleibt] der logischen Seite des Rechts, welche die erste Auflage an sich trug, möglichst zu tilgen gesucht. Über dem bloß Formalen der juristischen Logik steht als Höheres und Höchstes die substantielle Idee der Gerechtigkeit und Sittlichkeit, und eine Vertiefung in sie, wie sie in den einzelnen Rechtsinstituten [!; den Formbegriffen] und Rechtssätzen zum Ausdruck und zur Verwirklichung gelangt, ist nach meinem Dafürhalten die schönste und erhabenste Aufgabe, welche die Wissenschaft sich stellen kann." Die uns fremd gewordene Emphase sollte nicht hindern, den in diesen Sätzen liegenden richtigen Gedanken zu erkennen.

17 Vgl. dazu O. *Behrends*, Formality and Substance in Roman Law, in: Krawietz (Hrsg.), Festschrift Robert Summers (1993).

9. Das Ganze der zur juristisch-begrifflichen Form erhobenen Rechtsbestimmungen

Die Gültigkeit der praktisch-dogmatischen Rechtstheorie Jherings, deren kritischer Positivismus Gesetzesbindung mit rechtswissenschaftlich begründeter Rechtsfortbildung vereint, kann man bis zu einem gewissen Grade daran erkennen, daß sie – mit einer Erweiterung – auch auf die heute gegebene Lage anwendbar ist.
Auch heute ist die Jurisprudenz der Rechtswissenschaft und der Gerichte zwar an das Gesetz gebunden, aber genauso wenig wie früher darauf beschränkt (Jhering, Geist II, 2 S. 386 f. Fußn. 528a): „die Paragraphen des Gesetzbuches auswendig zu lernen".
Jherings Erkenntnis, daß eine Rechtswissenschaft in einer gesetzlich festgelegten Rechtsordnung an Urteilsvermögen und Entscheidungszuständigkeit außerordentlich gewinnt, wenn sie sich auf der Ebene der juristischen Begrifflichkeit bewegt, hat an Geltung nichts verloren. Rechtsbegriffe des heutigen Privatrechts wie das Anwartschaftsrecht, das Persönlichkeitsrecht, der Gewerbebetrieb, der Vertrag mit Schutzwirkung zugunsten Dritter und andere mehr entstammen keineswegs einfach dem Buchstaben des Gesetzes, sondern sind dem Gesetz gelegentlich sogar (etwa im Falle des durch Zuerkennung von Schmerzensgeld geschützten Persönlichkeitsrechts) gegen dessen Buchstaben abgetrotzt. Niemand bezweifelt jedoch, mag auch an dieser oder jener Neubildung Kritik geübt werden, daß grundsätzlich die Methode, das Recht durch die Bildung solcher Begriffe zu klären und zu bereichern, berechtigt ist.
Jhering nennt diese Ebene des Rechts, auf der statt gesetzlicher Imperative Begriffe auftreten, die einen anschaulichen und zugleich ordnenden Blick auf die Lebensverhältnisse gewähren, das „Ganze(n) der zur juristisch-begrifflichen Form erhobenen Rechtsbestimmungen" (Geist II, 2 Anm. 528a). Ihre Zusammenstellung ist für ihn ein System, und zwar ein System in einem ganz nüchternen Sinne, kein aussagenlogisches Ableitungssystem, sondern einfach eine geordnete Zusammenstellung praktischer Begriffe.
Die Geltung dieser Begriffe ist für Jhering in dem im vorigen Abschnitt geklärten Sinn „positiv", d. h. entscheidend für ihre Geltung und ihr Verständnis ist die (Geist III, 2 § 59 S. 309) „historische,

praktische oder ethische Berechtigung", die zu ihrer Setzung und Anerkennung geführt hat. Eine logische Notwendigkeit im Sinne einer geistigen Vorgegebenheit, die sie nach dem Prinzip der Wahrheit unabänderlich machen würde, gibt es für solche positiven Begriffe nicht. Dies hatte Jhering durch seinen „Umschwung" geklärt. Wenn die Rechtswissenschaft (in der Zeit Jherings) gelegentlich dazu neigte, ihnen einen solchen Anschein zu geben, dann geschah das, wie Jhering mit vollem kollegialen Verständnis diagnostizierte, aus dem Wunsche, die Autonomie ihres Denkens gegenüber den anderen an der Gestaltung des Rechts beteiligten Kräften zu unterstreichen.

> Geist III, 1 § 59 S. 309
> Es hat einmal etwas höchst Verlockendes, ja man möchte sagen, es ist eine im Wesen der Jurisprudenz selber tief begründete Versuchung, daß sie den realen Mächten gegenüber, mit denen sie sich in die Schöpfung des Rechts zu theilen hat, die Autonomie des juristischen Denkens zur möglichsten Geltung zu bringen und auch das P o s i t i v e   z u r   i d e a l e n   H ö h e   e i n e r   l o g i s c h j u r i s t i s c h e n   W a h r h e i t zu erheben sucht.

Da juristische Begriffe niemals im formellen Sinne wahr, sondern nur bezogen auf die erreichte Entwicklungsstufe richtig und gültig sind, unterliegen sie mit Notwendigkeit einer gewissen Entwicklung.

> Geist III, 1 § 59 S. 305
> ... die juristischen Grundbegriffe verändern sich im Lauf der Zeit eben so gut, wie die Rechtssätze, und sie m ü s s e n es, denn es sind ja keine bloßen logischen Kategorien, sondern die Concentrationsform materieller Rechtssätze, die Rechtssätze aber wechseln mit den Verhältnissen. An die Unveränderlichkeit der römischen Rechtsbegriffe zu glauben ist eine völlig unreife Vorstellung, die von einem gänzlich unkritischen Studium der Geschichte zeugt.

Kein Rechtsbegriff kann daher unter dem Vorwand logisch-ontologischer Vorgegebenheit zweckmäßige Gestaltungen seiner Struktur und seiner Voraussetzungen abweisen. Jherings Beispiele (Geist III, 1 § 59 S. 30 ff. mit Fn. 429), beschränkte Rechte an eigener Sache, die unmittelbare Stellvertretung, die Abtretung von Forderungen, sind heute so gut wie alle in Jherings Sinn entschieden. Auch bei der Spezifikation, der heutigen Verarbeitung, hat sich Jhering zu einem Teil durchgesetzt, nämlich insoweit, als er der Spezifikation den rechtspolitischen Zweck zuschrieb, den Wert der Arbeit zur Geltung bringen zu wollen; er wußte zwar, daß die römische Regel diesen Gesichtspunkt in Wahrheit nicht enthielt, fand aber, daß der Formalismus des römischen Rechts nur durch den Gesichtspunkt der Wertsteigerung, für den er in dem Institut immerhin einen Anhaltspunkt fand, erträglich gemacht würde[18].

Man würde solche und andere Bemühungen Jherings um die richtige Fassung der positiven Begriffe des Rechts völlig mißverstehen, wollte man annehmen, daß damit eine grundsätzliche Geringschätzung der Begrifflichkeit für die praktische Aufgabe des geltenden Rechts einhergehen würde. In Wahrheit ist das Gegenteil der Fall. Auch hier bewährt sich Jherings kritischer Positivismus.

Die nach kritischer Arbeit korrigierten und auf die Gerechtigkeitsbedürfnisse der von ihnen erfaßten Lebensverhältnisse besser abgestimmten Begriffe gewinnen vielmehr an Legitimität und Geltungskraft. An dem hohen Wert klarer positiver Begriffe für die Ordnungsaufgabe des Rechts hat Jhering daher niemals gezweifelt, vielmehr dieser Tatsache in seiner Theorie der „Höheren Jurisprudenz" – eine gute Jurisprudenz arbeitet mit den anschaulichen, das Leben

---

18 § 950 BGB schließt bekanntlich den Eigentumserwerb des Spezifikanten aus, wenn der Wert seiner Arbeit erheblich geringer war als der Wert des Stoffes. Jhering hatte gegen den römischen Begriff der Spezifikation, der weder guten Glauben verlangte (dabei ist es geblieben) noch den Arbeitswert berücksichtigte (Geist III, 1 § 59 S. 310 f.), sondern in der Tat nur mit der sprachlich bestimmten und daher am neuen Namen erkennbaren Kategorie der neuen Sache arbeitete (vgl. Geist II, 2 S. 428 Fn. 586 und S. 387 „Der Stoff, aus dem die Jurisprudenz die Lehre von der Specification ... bildete, war nichts als der allgemein logische Begriff der Identität, angewandt auf die Umgestaltung der Sache."), polemisiert. Seine eigene rechtskritische Forderung, daß „das wahre Wesen der Specification" (Geist III, 1 § 59 S. 313) Berücksichtigung der Wertschöpfung verlange, hatte Jhering scharfsinnig aus dem Gesichtspunkt verallgemeinert, daß Gestaltänderung durch Zerstörung keine Spezifikation sei. Das ist zwar richtig, ist aber für die klassische, von den Prokulianern repräsentierte Jurisprudenz – die Sabinianer lehnten den Eigentumserwerb durch Spezifikation überhaupt ab und ließen vernünftigerweise das Eigentumsrecht am Stoff auch in der neuen Gestalt andauern – nicht aus dem Arbeitsprinzip zu erklären, sondern folgt einfach aus der Tatsache, daß man im allgemeinen Trümmern einer Sache, z.B. eines Standbildes, keinen neuen Namen gibt, sondern sie als Trümmer der Sache bezeichnet.

erfassenden Begriffen, die in den elementaren Imperativen des Gesetzes vorausgesetzt sind – das erste Mal eine klare Begründung gegeben. Dabei ist diese Theorie der Höheren Jurisprudenz in der Fassung zu lesen, die Jhering ihr nach seinem „Umschwung" gegeben hat, also als Theorie einer „positiven", von Menschen gemachten und verantworteten Begrifflichkeit.

Diese Theorie ist allerdings von einer – leicht zu beseitigenden – Einseitigkeit zu befreien. Jhering führt seine Einsicht von der praktischen Überlegenheit des rechtlichen Standpunkts, der aus den gesetzlichen Imperativen die lebensbezogenen Begriffe heraushebt, nur an formalen Klassenbegriffen durch, eine Einseitigkeit, die auch im Widerspruch zu der Zweipoligkeit seiner Gerechtigkeitsformel steht.

Die Einseitigkeit erklärt sich durch die soeben erwähnte Tatsache, daß Jherings Theorie der „höheren Jurisprudenz" (Geist II, 2 § 41 S. 360 ff.), in der er zum ersten Mal zeigte, welche Vorteile es bringt, wenn eine Jurisprudenz sich von der imperativischen Struktur des Gesetzes befreit und aus dem im Gesetz fixierten oder stillschweigend anerkannten Recht selbständige Ordnungskategorien herausarbeitet, in die Zeit vor seiner Wende zurückweist und daher älteren vorkritischen Vorstellungen entsprungen ist, in denen Jhering (wir haben davon gesprochen) den Begriffen des Rechts noch wie Savigny Existenz und Leben zuschrieb. Die Folge dieser vorkritischen Auffassung war, daß alle Begriffe des Rechts bei aller Verschiedenheit jedenfalls in einem zusammentrafen: sie erschienen alle als das Leben unmittelbar gestaltende Prinzipien.

Als dagegen Jhering später diese äußerst anregenden, aber nicht ohne Grund etwas berüchtigten Seiten (S. 358 ff.) durch nachträgliche selbstkritische Äußerungen herabstimmte und die Begriffe, die vorher „lebende Wesen" waren, auf die formale Positivität menschlich gesetzter Begriffe zurückführte, die Rechte und Zuständigkeiten ordnen, ergab sich eine grundsätzliche Unterscheidung unter den Begriffen des Rechts.

Soweit Jhering von existierenden „Rechtskörpern" gesprochen hatte, denen er eine eigene „naturhistorische Methode" zuordnete, ergaben jetzt seine Ausführungen in kritischer Lektüre, daß man bei formal definierten Instituten des Rechts tatsächlich mit Gewinn an juristischer Anschauung von Entstehen und Untergehen sprechen kann, weil diese Ordnungsmodelle in der Tat einen Anfang und ein Ende haben. Diese Interpretation war auch durch die Beispiele Jherings vorbereitet. Wenn Jhering (Geist II, 2 S. 364 Fn. 511) den Wechsel streng juristisch (d. h. klassifikatorisch) und „ontologisch" (nach seiner rechtlichen Struktur) als „ein von seiner causa gelöstes Geldversprechen" definiert wissen will – und nicht teleologisch als kaufmännisches Papiergeld –, dann hatte er von Anfang an solche Ordnungsstrukturen im Blick, wie sie durch Setzung der Tatbestandsvoraussetzungen entstehen und auch wieder untergehen, etwa durch Erfüllung oder Anfechtung.

Die Richtigkeit der Aussage der so verstandenen „Höheren Jurisprudenz" wird durch ein solches jedem Juristen eingängiges Beispiel überzeugend vor Augen gestellt. Es ist für den Laien wie für den Fachmann leichter und anschaulicher, in solchen Formen zu denken, in denen die rechtserhebliche Seite eines Lebensverhältnisses konzentriert erscheint, als in den komplexen und elementaren Imperativen des Gesetzes. Die heute selbstverständlich gewordene Theorie der Juristischen Person ist ein anderes Beispiel (Jhering S. 381), und selbst eine Figur wie die nicht unumstrittene moderne Anwartschaft beim Vorbehaltskauf ist geeignet, die Handhabung des Gesetzes zu vereinfachen und anschaulicher vor Augen zu führen, um was es im Einzelfall geht, als es die gesetzlichen Regelungen tun. Genauso deutlich ist aber, daß alle diese Beispiele nur der einen Seite der zweipoligen Gerechtigkeitsformel dienen, der Ordnung von Zuständigkeiten und Rechten; der andere Pol, die Inpflichtnahme zugunsten der Bedingungen des gesellschaftlichen Zusammenlebens fehlt.

Und hier ist es nun nicht einsichtig, warum für die offenen verhaltensleitenden Wertbegriffe, für die Jhering selbst mit seiner Culpa in contrahendo ein wesentliches Beispiel geliefert hat, nicht das gleiche gelten soll. Daß ein solches Prinzip nicht in eine abgeschlossene formale Struktur verwandelt werden kann, bedeutet nicht, daß einem solchen Modell nicht ein erheblicher Anschauungswert zukommt. Für solche von der Jurisprudenz entwickelten verhaltensleitenden Begriffe, die in der Regel für bestimmte lebenstypische Situationen besondere Pflichten formulieren und daher auch

War Jhering ein Rechtspositivist?

verhaltensleitende Modelle genannt werden können, gilt vielmehr mindestens in gleichem Maß, daß die Rechtspraxis durch solche Modellbildung an Klarheit, Berechenbarkeit und innerer Produktivität gewinnt.

Man denke heute an die aus den Nebenpflichten der positiven Vertragsverletzung bestehende Rahmenordnung eines jeden Vertrages oder den schon genannten Vertrag mit Schutzwirkung zugunsten Dritter. Von den einfachen Generalklauseln unterscheiden sich diese Modelle graduell, nämlich in dem Maße, in dem sie beschränkende Anwendungsbedingungen angeben. So hat die Culpa in contrahendo seit Jhering bekanntlich immer mehr beschränkende Geltungsvoraussetzungen abgestoßen; als Haftung für in Anspruch genommenes Vertrauen (Ballerstedt) ist sie auf dem besten Wege, zu einem nicht mehr ganz beherrschbaren Institut der allgemeinen Vertrauenshaftung im Rechtsverkehr zu werden. Auch ein mit dem Prinzip der Beweislastumkehr arbeitendes Institut des Deliktsrechts wie die Produzentenhaftung kann als ein solches Anschaulichkeit vermittelndes verhaltensleitendes Modell betrachtet werden, da es ja nicht nur Schadensersatzpflichten auslöst, sondern auch auf das Verhalten der potentiell Haftenden Einfluß nimmt.

Jherings These, daß die Rechtswissenschaft ihrer Aufgabe, das Recht zu entwickeln, nur dann in angemessener Weise gerecht werden kann, wenn sie sich von der Befehlsperspektive des Gesetzes löst und um eine möglichst sachhaltige und die Lebensverhältnisse sichtbar machende Begriffsbildung bemüht, ist daher für das „Ganze(n) der zur juristisch-begrifflichen Form erhobenen Rechtsbestimmungen" (Geist II, 2 Anm. 528 a) zu formulieren, nicht nur für klassenlogische Formbegriffe.

Formbegriffe und verhaltensleitende Modelle zusammen erlauben es, die Rechtsordnung in einer Weise zu konzipieren, daß der Einklang mit dem Recht im Gesetz gewahrt bleibt und zugleich kraft der Anschauung, die eine solcherart gefaßte Dogmatik gewährt, neu sich stellende Ordnungsaufgaben wahrgenommen und die Tendenzen der Rechtsentwicklung reflektiert werden können. Die Verantwortung, welche Gerichte und Rechtswissenschaft durch eine Rechtsfortbildung auf sich nehmen, bleibt auf diese Weise stets sichtbar. Das „Positive" dieser Begriffe und Modelle bedeutet in Jherings Sinn, daß sie als Setzungen der Zweckmäßigkeit stets der Kritik des zweipoligen Gerechtigkeitsprinzips unterliegen. Sie dienen dem freien individuellen Leben in einer für alle Mitglieder in bestmöglicher Weise geordneten Gesellschaft.

10. Kritischer Positivismus zweckmäßiger Formen und kontrollierender Rechtsprinzipien

Jherings Positivismus ist, um zum Ausgangspunkt zurückzukehren, ein kritischer Positivismus klassisch-freiheitlicher Provenienz. Der staatliche Rechtszwang ist ein Kriterium des Rechts, aber nicht das, was das Recht legitimiert. Nach Jherings Gerechtigkeitsformel ist der Staat dazu bestimmt und geschaffen, *den von der Gesellschaft aufgestellten Normen* zur Geltung zu verhelfen, – das heißt in einer sich selbst achtenden, vom Recht erzogenen politischen Gemeinschaft[19], die sich auf der Höhe der Kulturentwicklung hält, dazu, das positive Recht nach den besten Möglichkeiten seines in Wissenschaft und Leben erreichten Entwicklungsstandes zu verwirklichen und fortzubilden. Mit dieser Formel, welche die Spannung aushält, daß das Recht die Freiheit des Einzelnen und die gerechte Ordnung der Gesellschaft, d. h. aller Menschen, zugleich zu fördern hat, kann jedes positive Recht eines Gemeinwesens bewertet und in den meisten positiven Rechtsordnungen auch rechtsfortbildend gearbeitet werden.

In seiner eigenen Zeit hat Jherings komplexe, im „Zweck" und im „Geist" entwickelte Rechtstheorie des kritischen Positivismus keine wirkliche Aufnahme gefunden. Dazu stand ihr Universalismus den Tendenzen der auf ihn folgenden Generation, welche unter neuidealistischen, freirechtlichen und insbesondere neuhegelianischen Einflüssen das Einstimmen in den Willen des National- oder Volks-

---

19 Vgl. dazu Jherings Hinweis Zweck I S. 384 auf das zwischen einer Nation und ihrem Recht bestehende „Verhältnis der Wechselwirkung": „das Volk macht das Recht, aber das Recht wiederum das Volk."

War Jhering ein Rechtspositivist?

staats zum allerhöchsten Wert erhoben und bereit waren, diesem Prinzip jede individuelle Freiheit zu opfern[20], allzu fern.

Den denkerischen Anstrengungen Jherings blieb daher die unmittelbare Wirkung versagt. Seine große rechtstheoretische Leistung, das Zwangsmonopol des modernen Rechtsstaats mit der antiken Privatrechts- und der sich auf ihrer Grundlage entwickelnden neuzeitlichen Grundrechtsgesellschaft zu einer lebendigen Einheit verbunden zu haben, wurde vom damaligen Rechtsleben ebensowenig aufgenommen, wie die menschenrechtlichen Garantien, die in der Jheringschen Gerechtigkeitsformel enthalten waren.

Gelegentliche hegelisch anmutende Äußerungen Jherings konnten dies nicht ändern, da sie nur äußerliche Anleihen darstellten. Wenn Jhering im „Geist" zustimmend Hegels Definition zitiert, daß das Recht im objektiven Sinne der „allgemeine Wille" sei[21], übernimmt er damit in Wahrheit gar nicht die objektive Vernunft Hegels, in deren Gebote der Einzelne um seiner vernünftigen Freiheit willen einzustimmen habe – gegen die unheilvollen Konsequenzen dieser philosophischen Freiheitslehre polemisiert Jhering vielmehr alsbald mit aller Deutlichkeit und Schärfe[22] –, sondern er

---

20 Vgl. *Behrends,* Von der Freirechtsbewegung zum konkreten Ordnungs- und Gestaltungsdenken, in: Dreier/Sellert (Hrsg.), Recht im „Dritten Reich" (1989) S. 34–79; vgl. auch *Wolfgang Schild,* Die Ambivalenz einer Neo-Philosophie. Zu Josef Kohlers Neuhegelianismus, Archiv für Rechts- und Sozialphilosophie 43 (1991) S. 46–59.
21 Geist III, 1 S. 328 „Die [von dem soeben zitierten Hegel aufgestellte] Bezeichnung des Rechts im objektiven Sinn als des „allgemeinen Willens" gibt in formaler Beziehung das Wesen desselben in einer Weise wieder, wie sie nicht kürzer und treffender gedacht werden kann. Denn das Wesen des Rechts... besteht in der Verwirklichung, die Voraussetzung dazu aber ist die Macht, das Organ und der Träger der Macht aber der Wille. Erst durch ihn werden die Rechtsgedanken – die des Gesetzgebers im Gesetz, die des Volks im Gewohnheitsrecht – zu Rechtssätzen, zu wirklichem, wahrhaftigem Recht erhoben, d. h. zu einer Macht, die das Leben gestaltet und beherrscht."
22 Geist III, 1 § 60 S. 318: „Hegel – und sein Einfluß ist für die neuere positive Jurisprudenz bewußt oder unbewußt ein maßgebender geworden – (hat) die Substanz des Rechts sowohl im objectiven als subjectiven Sinn in den Willen gelegt." Das habe „mit einem reinen Formalismus des Rechtsbegriffs geendet." Wenn man „die Substanz des subjectiven

meint mit dieser entliehenen Formel nur den Konsens der Gesellschaft, die fordert, daß die aus ihrer Entwicklung stammenden Normen, gleich ob sie über die Rechtswissenschaft, die Gesetzgebung oder die Gerichte zur Anerkennung gelangt sind, von der staatlichen Organisation und ihrer Gerichtsbarkeit durchgesetzt werden. Das Ziel ist die Anerkennung des Rechts als der Grundbedingung des freien, auf wechselseitige Achtung gegründeten Lebens in einer zivilisierten Gesellschaft[23].

Daher steht auch das ganz empirisch und konkret angefüllte Recht des Einzelnen im Zentrum der Jheringschen Rechtslehre, so sehr er bemüht war, diesem Recht durch seine zweipolige Gerechtigkeitsformel die Grenzen zu bestimmen. Inhalt des Rechts des Einzelnen ist nach der bekannten nüchternen Formel Jherings das „rechtlich geschützte Interesse". Seine Form aber entstammt dem Recht[24] und

---

(Rechts) in den subjectiven Willen setzt" sei dies nicht bloß einseitig, sondern falsch. Im Visier Jherings ist (Fn. 439) Hegels Satz „daß es das Interesse der Vernunft sei, daß der subjective Wille allgemein werde und sich zu dieser Verwirklichung erhebe"; dessen in totalitären Staaten gelegentlich gezogene Konsequenz (ohne Fähigkeit zum Willensvollzug keine Rechtsfähigkeit) wird mit Scharfblick an der Schrift (Fn. 440) des Hegelianers Helffrich, Die Kategorien des Rechts (1863) vorgeführt: „Dahin führt es, wenn man Recht und ‚Rechtswille' identificirt! Kinder, Wahnsinnige wären demnach eigentlich rechtlos, und wenn man sie nicht ungestraft tödten kann, was doch, wenn sie überhaupt kein Recht, folglich auch nicht auf ihr Leben haben, erlaubt sein müßte, so beruht das bloß auf der Willkür des Gesetzgebers, der ‚beliebig die Personencapacität bestimmt und abändert'."

23 Vgl. Zweck I 417, wo Jhering vom Recht als dem „Palladium der bürgerlichen Gesellschaft" spricht, wobei „bürgerlich" nicht als „besitzbürgerlich", sondern als Zugehörigkeit zur zivilisierten Welt zu verstehen ist; die damit gegebene Vorstellung einer Zivilisationsgemeinschaft erlaubt Jhering auf der nächsten Seite (S. 418) zutreffend von der „Fernwirkung der Rechtsinstitute des einen Volks auf die ganze übrige zivilisierte Welt" zu sprechen.

24 Geist III, 1 § 61 S. 353: „das Fundament unserer heutigen wissenschaftlichen Systematik bildet nicht die Klage, sondern das Recht." Das heißt, wenn nach altrömischem Recht die Klage (die *legis actio* oder *actio*) dem Recht die Form gab, dann tat dies nach dem späteren das Recht.

sie hebt das subjektive Recht über das bloß materielle Interesse hinaus und macht es nach Jhering zu einem Attribut der Würde der Person[25]. Jherings entschiedene Parteinahmen für den Wert der Form sind daher immer auch Parteinahmen für die Freiheit der Person. Die Sicherheit der formalen Gerechtigkeit des Richters, schreibt er im Zweck (I S. 434), steht uns höher als die Vorteile einer unberechenbaren materiellen Gerechtigkeit, hinter der sich nur zu leicht die Willkür verbergen kann.

Daher hielt Jhering auch an dem klassischen Regel-Ausnahme-Verhältnis zwischen Form und Zweckmäßigkeitsargument fest, obwohl die Zweipoligkeit seiner Gerechtigkeitsformel sowohl den Freiheitsschutz wie die Bedingungen des Zusammenlebens erfaßt. Soweit die formalen Begriffe des Rechts sich als Organisationsmittel eines freien Privatrechts bewährt haben, tritt Jhering dafür ein, der Zweckmäßigkeit *(utilitas)* im Konfliktfall erst dann Gehör zu schenken, wenn deutliche Gründe dafür sprechen. Die Zweckmäßigkeit soll im Namen der Gerechtigkeit zur Sprache kommen, aber erst, wenn die Formbegriffe die Gerechtigkeitsprobe ihrer Anwendung nicht bestanden haben.

Geist II, 2⁴ Anm. 528a
...das meine ich nicht, als ob, um den Gegensatz in der Sprache der römischen Juristen zu bezeichnen, die „*utilitas*" vor der „*ratio juris*" verstummen müßte, aber das meine ich allerdings und daran halte ich stets fest, daß die Jurisprudenz an der Hand der *ratio juris* überall so voranschreiten soll, bis die *utilitas* ihr in den Weg tritt und Protest einlegt.

Man darf also in Jherings zweipoligem Gerechtigkeitsprinzip die Seite der individuellen Freiheit nicht geringer achten als die des gesellschaftlichen Zusammenlebens. Die Achtung vor der freien Persönlichkeit verlangt, dem Recht eine möglichst feste Form zu geben. Jherings Zweckanalysen wollten den Forderungen der gesell-

---

25 Kampf um's Recht S. 20: „In dem Recht besitzt und vertheidigt der Mensch seine moralische Daseinsbedingung"; S. 38 „...der Willkür gegenüber, die ihre Hand gegen das Recht erhebt, verliert jene materialistische Betrachtung [gemeint ist Jherings eigene Definition des subjektiven Rechts als rechtlich geschütztes Interesse] ihre Berechtigung; denn der Schlag, den sie dem Recht versetzt, trifft in und mit letzterem zugleich die Person."

schaftlichen Gerechtigkeit Raum schaffen, keineswegs aber die Form des Rechts auflösen. Sein berühmter Ausspruch (Geist II, 2 S. 471): „Die Form ist die geschworene Feindin der Willkür, die Zwillingsschwester der Freiheit" gilt ausdrücklich gerade auch dem Formalismus der bewährten Begriffe der (a. a. O. S. 472) „positiven Jurisprudenz".

Jherings Evolutionstheorie des Werdens des Rechts durch Tun und der gesellschaftliche Charakter des Privatrechts

Klaus Luig

1. Ein „Armuthszeugnis" für Savigny und die historische Schule
2. Die historische Schule ist tot, aber die historische Methode lebendig
3. Die „Kritik des Rechts durch sich selber"
4. „Ehrlicher Konservatismus" oder „reiner Socialismus"?
5. Die Gemeinschaftspflichten des Naturrechts
6. Die Probe aufs Programm: Jhering als Dogmatiker des Privatrechts

1. Ein „Armuthszeugnis" für Savigny und die historische Schule

„Wie in der Geschichte für jeden Historiker die erste Frage nach den Quellen lautet, so muß auf dem Gebiet der Rechtsphilosophie die erste Frage sein: Woher nehmen wir den Inhalt alles dessen, was wir verkünden? Wir sprechen von Vernunft, heißt das angeborene Vernunft oder geschichtliche Vernunft?", fragt Jhering in der Abhandlung über das Rechtsgefühl[1]. Seine Antwort ist eine Entscheidung für die geschichtliche Vernunft. Jherings geschichtliche Vernunft war aber nicht die der historischen Rechtsschule. Anders sind daher auch die Inhalte.

Als Einstieg in das schwierige Thema „Jhering und die historische Schule" bietet sich Jherings Nachruf auf Savigny, veröffentlicht in Band 5 der Jahrbücher, an. Jhering drängte es, Kunde zu geben von dem Verlöschen des ständig mit Goethe verglichenen „glänzendsten Sterns, den die deutsche Jurisprudenz aufzuweisen hatte"[2]. Nach diesen Einleitungsworten vermeldet Jhering, daß die Nachricht von Savignys Tod überall tiefen Eindruck machen werde, „obschon Savigny bereits seit dem letzten Decennium wissenschaftlich

---

1 Rechtsgefühl, S. 52.
2 „Friedrich Karl von Savigny", in: Jb. f. Dogmatik 5 (1861) S. 354. Zum Vergleich mit Goethe ebd. S. 356, 359, 364, 366.

zu den großen Verstorbenen zählte"³. Weiter meint Jhering, daß der Tod einen Baum gefällt habe, „der seit Jahren keine Früchte mehr getragen" habe. Jhering konzediert zwar, daß er früher „deren getragen in solcher Menge... daß die Kunde seines Falles in Jedem, der ein Auge für seine Größe hat, eine ernste Stimmung hervorrufen wird". Doch mehr als Ernst erlaubt sich Jhering nicht. Wenn man weiterliest, merkt man recht bald, daß nach Jherings Ansicht die „majestätische Erscheinung", die Savigny dargestellt hatte, eigentlich nie wertvolle Früchte hervorgebracht hat. Das Savigny und seiner Schule gespendete Lob bleibt pauschal und in wenig konkreter Weise wohlwollend. Demgegenüber stehen bereits im Nachruf sehr deutliche, prinzipiell kritische Worte.

Zunächst das Lob. Positiv ist laut Jhering zu vermerken, daß Savigny die Geistlosigkeit und den Autoritätenglauben des 18. Jahrhunderts bekämpft hat. Deren schlimmster Fehler war es, daß das Corpus iuris den „Charakter positiver gesetzlicher Bestimmung" angenommen hatte. Demgegenüber ist Savigny zur Natur zurückgekehrt, zur Natur der „ächten, wissenschaftlichen Methode der römischen Juristen"⁴ mit vorurteilsfreier, selbständiger Benutzung der römischen Quellen und der Fähigkeit, dem Gedankengang der römischen Juristen zu folgen und „aus einzelnen Punkten und Andeutungen die ursprünglichen Linien und Grundideen der Lehre alle wieder aufzufinden". Jhering lobt weiter bei Savigny das Nachdenken römischen Denkens, das Rekonstruieren römischen Konstruierens und die Wiederbelebung des Geistes der römischen Jurisprudenz⁵. Diesem nicht näher spezifizierten Lob steht viel im Detail ausgeführter Tadel gegenüber. Zur Geschichte des römischen Rechts hat Savigny in der Sicht von Jhering nichts beigetragen außer einer Literaturgeschichte des nachrömischen Rechts. Die römische Rechtsgeschichte selbst hat Savigny zwar durch eine Reihe „bahnbrechender Abhandlungen" im einzelnen gefördert, sie insgesamt aber anderen überlassen. Der „Beruf" ist in zweierlei Hinsicht bedeutend. Als unvergängliche Bedeutung des „Berufes" notiert Jhe-

---

3 S. 355.
4 S. 358.
5 S. 359, 360.

ring lediglich, daß er zum Programm der historischen Schule wurde[6]. Die „nationale Gesetzgebung" haben, wie Jhering klar erkannte, aber eine bis heute auf die großen Namen fixierte Rechtsgeschichte nicht wahrhaben will, ganz andere Gründe als diese Schrift verhindert. Die Würdigung dessen, was Jhering als die vorübergehende Bedeutung des „Berufes" bezeichnet, gerät indessen zur herben Kritik[7]. Jhering meint, wenn man an einen Gesetzgeber denke, der so vollständig sein wolle, daß jede Wissenschaft überflüssig werde, dann hätte Savigny allerdings mit der These von der mangelnden Berufung der Rechtswissenschaft seiner Zeit Recht gehabt. Jhering wirft aber Savigny vor, daß es falsch sei, einen solchen Gesetzgeber zu fordern. Wenn sich der Gesetzgeber richtigerweise klug beschränke, dann bedürfe es für ein gutes Gesetzbuch keines besonders hohen Standes der Wissenschaft. „Alles, was reine Theorie ist, bleibt ausgeschlossen." So betrachtet, meint Jhering, hätte nicht etwa Savignys Zeit an zu wenig Wissenschaft gelitten, sondern Savigny hätte an zu viel Wissenschaft gelitten, was Jhering als wissenschaftliches und moralisches „Armuthszeugnis" bezeichnet.

Jhering hält auch nichts von Savignys wichtigster Einsicht, nämlich der gegen die herrschende rationalistische Auffassung, die im Recht nur ein Produkt gesetzgeberischer Weisheit sehe, gerichteten Lehre, „daß die Rechte nicht gemacht wären, sondern würden... wie Sprache und Sitte, aus dem Innersten des Volks-Lebens und Denkens..."[8] Jedenfalls, so meint er, liefere Savigny keinen Beleg für seine These. Die in der Zeitschrift für geschichtliche Rechtswissenschaft publizierten Aufsätze zeigten eine auffällige und für Savigny typische Diskrepanz von Name und Sache und ergäben allenfalls für den, „der dies noch nicht weiß, daß auch die Institute des Rechts im Laufe der Zeit Veränderungen erleiden"[9]. Die „geschichtliche Ansicht" des Programms der historischen Schule sei aber nur „Aushängeschild", so lange es offen bleibe, ob die Veränderungen

---

6 S. 362.
7 S. 363.
8 S. 364.
9 S. 367.

auf der Weisheit des Gesetzgebers oder eben auf still wirkenden Kräften beruhten[10]. Weiter beobachtet Jhering auch am „System des heutigen römischen Rechts" eine Diskrepanz zwischen Namen und Sache, darin nämlich, daß das „heutige" Recht nicht die entscheidende Rolle spiele. Einen Wert für das römische Recht spricht Jhering dem System nicht ab. Das drückt er in seiner witzigen Art so aus, daß nicht etwa das Werk nicht zum Titel passe, sondern der Titel nicht zum Werk. Worin aber das Werk eigentlich bestehe: „darüber lassen Sie mich schweigen"[11].

Jhering bestätigt, daß Savigny in kurzer Zeit einen völligen Umschwung herbeigeführt habe. Aber auf unfaire Weise sagte er: „Erlassen Sie mir, auszuführen, worin derselbe besteht – ich würde mich von Savigny zu weit entfernen, und jeder Jurist wird Ihnen die Frage beantworten können, wenigstens muß er es[12]." Das ist nun, milde gesagt, eine Unverschämtheit: dem Leser des Nachrufs zu erklären, worin der von Savigny herbeigeführte Umschwung besteht, würde zu weit von Savigny wegführen. Er hatte wohl nicht viel damit zu tun. So nebenher erfährt man auch, wie Jhering das meint: die entscheidenden Anstöße stammen von Hugo – was Savigny bekanntlich nicht hatte wahrhaben wollen. Savigny hat die neuen Ideen nur „zur Herrschaft" gebracht[13].

Und auch an diesen Ideen gibt es einiges zu kritisieren: Die Entfremdung zwischen Theorie und Praxis[14], und weiter – und damit kommt man zum Hauptpunkt – den „romantischen Conservativismus" der historischen Schule, der der Gegenwart vorenthält, was er der Vergangenheit einräumt – das „Recht des Werdens" nämlich. Diese Art von romantischem „Konservativismus" würde, meint Jhering, dem politischen „Junker-Conservativismus" Vorschub leisten. Jhering aber will nur einen Konservatismus gelten lassen, der das Gewordene nicht um seiner selbst willen konserviert, sondern weil es die Bedingungen eines neuen Werdens in sich schließt. Jhering wirft der historischen Schule vor, die Lehre vom „organischen Wer-

---

10 S. 367.
11 S. 370.
12 S. 367.
13 S. 367.
14 S. 367.

den" unterschätze die „Bedeutung der menschlichen Tatkraft, die Rolle, die der freie Entschluß, die Reflexion und Absicht in der Geschichte spielen". Diese Abneigung gegen das „Thun" hätte die historische Schule in einem politischen Sinne restaurativ gemacht. Jhering fragt: „...als ob je auch in der Vergangenheit etwas anders „geworden" wäre als durch menschliches „Thun"[15]. Damit sind die Ziele Jherings offengelegt. An die Stelle von Savignys falschem Verständnis einer geschichtlichen Rechtswissenschaft setzt er seine Evolutionstheorie des Werdens durch Tun, eine Theorie, die es dem Recht erlaubt, eine progressive politische Funktion zu erfüllen. So vermittelt der Nachruf auf Savigny zwei sehr wichtige Erkenntnisse – eine methodische und eine inhaltliche: Erstens: Seine Rechtsentstehungslehre lähmt die Arbeit der Juristen, die staunend und passiv vor einem Recht stehen, was von selbst wird, statt an seiner Entwicklung zu arbeiten. Die zweite, inhaltliche Einsicht lautet, daß die Passivität der Juristen für das Recht höchst schädlich ist, weil sie der Restauration dient. Dem setzt Jhering eine Rechtsentstehungslehre entgegen, bei der die Wissenschaft durch Forderungen an den Gesetzgeber die Führungsrolle übernimmt. Damit verbunden ist inhaltlich das rechtspolitische Programm der Verwirklichung eines gerechten Privatrechts, das gegenüber der „individualistischen Rechtsauffassung" den „gesellschaftlichen Charakter der Privatrechte" hervorkehrt[16]. Nur mit dieser Maßgabe bleibt auch Jhering einem historischen Programm treu.

2. Die historische Schule ist tot, aber die historische Methode lebendig

Im Grunde sieht Jhering sich selbst als den wahren Vollender der guten Ansätze der historischen Schule[17]. Bei dem Versuch, das zu würdigen, muß man sich vergegenwärtigen, daß auch schon Savigny selbst echten historischen Sinn bei den früheren Juristen ver-

---

15 S. 368, 369.
16 Zweck I, S. 532.
17 *Losano*, Studien I, S. 31.

mißte und selbst in seinem System „mit der vereinigten Kraft vergangener Jahrhunderte... arbeiten" und dem „steten, lebendigen Fortschritt" dienen wollte[18]. Nicht anders hatten die von Savigny Getadelten über ihre Vorläufer gedacht[19]. Und Kohler wird später[20] bei Jhering vermissen, daß er es versäumt habe, „über Raum und Zeit zu philosophieren". Kohler wird weiter kritisieren, daß Jherings ganze Betrachtungsweise die Geschichte umkrempele und sie von Anfang zu Ende verkehre. In der Tat sah sich Jhering in Bedrängnis, wenn er sich letztlich die Frage nach dem Sinn des Rechts versagte, weil „wir, die wir zur Zeit stets nur ein einziges Blatt im Buche der Geschichte vor uns haben" uns nicht herausnehmen können, „anzugeben, was auf dem letzten Blatte der Geschichte geschrieben steht"[21]. Trotzdem verblieb es auch nach Jhering dabei, daß niemand auf die Geschichte als Mittel der Deutung des Wesens des Rechts verzichten wollte. Doch liefert die Geschichte letztlich eher die für das menschliche Denken notwendigen Bilder als die Inhalte. Deswegen geht es im folgenden weniger um Geschichte insgesamt als um den Teil der historischen Lehre von Jhering, die der Darstellung der Entwicklung der gesellschaftlichen Zwecke des Rechts und damit letztlich ihrer künftigen Beförderung dienen sollte. Nicht der Entwicklung, sondern dem, wohin sie führen soll, galt Jherings Bemühung.

Zunächst ist somit die Frage zu stellen, auf welche Weise es überhaupt nach Jherings Lehre zu Fortschritten in der Rechtsbildung kommt. Die beste Antwort darauf gibt die aus dem Nachlaß herausgegebene Einleitung „Über Aufgabe und Methode der Rechtsgeschichtsschreibung" in der „Entwicklungsgeschichte des römischen Rechts", die bereits von Schelsky sorgfältig ananlysiert worden ist.

---

18 *Friedrich Carl von Savigny*, System des heutigen römischen Rechts. I, Berlin 1840, Vorr. S. IX, X.
19 Vgl. *Notker Hammerstein*, JuS und Historie, Göttingen 1972, mit Darstellung der Geschichtsauffassung der Juristen der Halle-Göttinger Schule.
20 *J. Kohler*, Rechtsphilosophie und Universalrechtsgeschichte, in: Enzyklopädie der Rechtswissenschaft, hrsg. von Holtzendorff und Kohler, I, 1915, S. 12, 13.
21 Zweck II, S. 205 f.

Jherings Evolutionstheorie des Werdens des Rechts durch Tun

Völlig zutreffend hebt Schelsky Jherings Überwindung der altliberalen Auffassung hervor[22]. Doch der Nachweis, daß in der Theorie Jherings gerade das Recht den sozialen Wandel herbeiführe, bedarf der Präzisierung.

Jhering wendet sich in seiner Rechtsentstehungslehre gegen das Axiom des Naturrechts, daß die Natur dem Menschen die obersten Grundsätze von Recht und Sitte ins Herz gelegt habe[23]. Gleichzeitig wendet er sich gegen die Grundannahme der historischen Schule von der Entstehung des Rechts im unbewußten Volksgeist[24]. Letztere Theorie ist für Jhering das „Faulkissen der Wissenschaft", weil sie jede Frage nach dem Warum eines Rechtssatzes abschneide.

Beiden – nacheinander herrschenden – Theorien setzt Jhering sein Prinzip entgegen, daß der Mensch das Recht macht, daß das Recht ein Produkt der Tat des Menschen ist, nicht einfach immer schon von Natur aus da ist und auch nicht einfach „wird"[25]. Der Mensch entwickelt Rechtssätze, von denen ihn seine Erfahrung lehrt, daß es ohne sie nicht geht[26]. Allerdings hat die Schöpfung dem Menschen die Fähigkeit mit auf den Weg gegeben, das zu tun. Der Mensch hat nämlich das Bedürfnis der Selbsterhaltung und Arterhaltung, das ihn stets in Atem hält, und er hat den Verstand, der hilft, die richtigen Mittel zur Befriedigung der Bedürfnisse aufzufinden.

Was sind das denn für Normen, so lautet die Frage, ohne deren Einhaltung „die gesellschaftliche Ordnung aus den Fugen geraten würde"[27]? Zunächst ist zu klären, warum man überhaupt einer gesellschaftlichen Ordnung bedarf. Aber dieses Bedürfnis ist angesichts der Schwäche des Menschen und seiner Unfähigkeit, sich selbst allein auf sich gestellt zu erhalten, wie Jhering im Gefolge von Pufen-

---

22 *H. Schelsky*, Das Jhering-Modell des sozialen Wandels durch Recht, in: Jahrbuch für Rechtssoziologie und Rechtstheorie 3 (1972) S. 47–86. Dazu *O. Behrends*, S. 239.
23 Entwicklungsgeschichte, S. 19.
24 S. 13.
25 Entwicklungsgeschichte, S. 12, Nachruf auf Savigny, (o. Anm. 2) S. 369.
26 Entwicklungsgeschichte, S. 19.
27 Entwicklungsgeschichte, S. 19.

dorf[28], aber ohne die Werke Pufendorfs zu kennen, meint, keiner Begründung bedürftig. Als wichtigste Beispiele für Normen, ohne die es nicht ginge, nennt Jhering, daß der Verkehr bei Betrug nicht bestehen kann, daß ein richtiges Familienleben sich nicht mit Polygamie verträgt, und daß ein Zusammenleben bei Raub, Mord und Diebstahl unmöglich ist[29]. Darin erkennt man unschwer die Trias von Person, Eigentum und Vertrag. Wichtig ist, daß diese Rechtssätze bewußt aufgestellt worden sind von Menschen, die sahen, daß ohne sie ein Überleben nicht möglich ist. Diese Normen dienen weniger zum Wandel der Gesellschaft als zur Sicherung ihres Bestandes. Sie entstehen aus der Gesellschaft heraus in einem ständigen Prozeß des Probierens, Verwerfens und Bewahrens. Sie wandeln sich selbst, indem sie sich in eine Richtung entwickeln, in der sie zum Bewahren der Gesellschaft immer besser geeignet werden. Aber sie wandeln nicht eigentlich die Gesellschaft. Das Rechtsgefühl entsteht in diesem Prozeß der Evolution des Rechts. Es entsteht aus dem erprobten Recht und folgt somit dem Recht. Erst hat das Recht als Ordnung der Gesellschaft festgestellt werden müssen, bevor das Individuum ihm einen Anspruch entnehmen konnte, den die Gesellschaft in seinem Interesse mit Zwang durchsetzt und aus dem sich das Rechtsgefühl entwickelt. Das Problem dabei scheint allerdings zu sein, daß die Interessen verschiedener Gesellschaften zu verschiedenen Zeiten höchst unterschiedlich sein können. Wenn sich aber das Rechtsgefühl erst aus dem objektiven Recht entwickelt, dann kann es dazu kommen, daß etwa das Rechtsgefühl von Plato die Sklaverei rechtfertigen konnte, daß früher das Rechtsgefühl die Tötung von Greisen, die Aussetzung weiblicher Neugeborener für richtig halten konnte, weil es den Interessen einer konkreten Gesellschaft diente[30]. Das hat Larenz kritisiert[31], und das hat auch

---

28 *Samuel von Pufendorf,* De officio hominis et civis, 1673, 1.3.3.
29 Entwicklungsgeschichte, S. 15, 19.
30 Rechtsgefühl, S. 54. Entwicklungsgeschichte, S. 22, 23.
31 *K. Larenz,* Rudolf von Ihering und die heutige Lage der deutschen Rechtswissenschaft, in: Jherings Erbe, S. 137.

Arthur Kaufmann im Auge[32], wenn er beanstandet, daß Jherings Rechtstheorie eine Bewertung der Zwecke nicht erlaube. Dieses Urteil umfaßt sowohl die Feststellung der methodischen Unmöglichkeit einer Bewertung der Zwecke auf der Grundlage von Jherings Evolutionslehre als auch Jherings Verzicht auf jede Bewertung. Kaufmanns Urteil ist jedoch nicht zutreffend. Es ist schon mehrfach beobachtet worden, daß Jhering überpositive Gerechtigkeitsargumente verwendet hat[33]. Davon ist später zu handeln. Und wenn man genauer hinschaut, sieht man auch, daß Jhering sehr wohl methodische Instrumente der Rechtskritik oder besser der Gerechtigkeitskritik erarbeitet. Sie beruhen auf der „rechtsschöpferischen Kraft des Rechtsgefühls"[34], der ich mich jetzt zuwende.

3. Die „Kritik des Rechts durch sich selber"

Das Rechtsgefühl dient nicht nur der Vergewisserung und Bekräftigung bestehenden Rechts, wie es im „Kampf" den Anschein hat[35]. Jhering spricht vielmehr voller Optimismus von „Fortschritten im Recht, von denen wir uns zur Zeit nichts träumen lassen"[36]. Diese sieht er, wir schreiben das Jahr 1890, aber nicht etwa im BGB, sondern zuerst im Völkerrecht kommen, dann wohl im Eigentumsrecht[37] und zuletzt im Familienrecht[38]. Seine rechtsschöpferische Kraft kann das Rechtsgefühl dann entwickeln, wenn es „Vorsprung vor dem Recht" gewinnt[39]. An dieser Stelle wird es besonders deutlich, daß der Theorie des unbewußten Werdens des Rechts die Ein-

---

32 *A. Kaufmann / W. Hassemer,* Einführung in Rechtsphilosophie und Rechtstheorie, S. 113.
33 *U. Falk,* Ein Gelehrter wie Windscheid, 1989, S. 29; *R. Ogorek,* Richterkönig oder Subsumtionsautomat, 1986, S. 275.
34 Entwicklungsgeschichte, S. 27.
35 Der Kampf ums Recht. S. 2 et passim. Aber auch hier gilt schon „Recht ist ein Kraftbegriff".
36 Entwicklungsgeschichte, S. 26.
37 Dazu genauer: Zweck I, S. 532 f.
38 Entwicklungsgeschichte, S. 26. Rechtsgefühl, S. 45, 48, 54.
39 Entwicklungsgeschichte, S. 23.

sicht in das „bewußte Machen" entgegengesetzt werden muß. Zur Erläuterung des Vorsprungs des Rechtsgefühls bedient sich Jhering eines Bildes. Das Rechtsgefühl ist gleichsam der Schatten des Wanderers „Recht", der sich vor Tagesanbruch auf den Weg macht und den ganzen Tag von Westen nach Osten geht. Bevor die Sonne aufgegangen ist, wirft er noch keinen Schatten, ist sie aufgegangen, so fällt sein Schatten zunächst hinter ihn, dann ihm zur Seite und ist ihm schließlich gegen Abend voraus[40]. Jetzt hat das Rechtsgefühl einen „Vorsprung", jetzt wird das Rechtsgefühl zum „Pionier des Fortschritts", jetzt ist „Kritik des Rechts durch sich selber" möglich[41]. Dieses Bild vom Wanderer beschreibt aber nicht exakt, was bei der Gewinnung des Vorsprungs, bei dem „historischen Durchbruchspunkt" geschieht[42]. Jhering spricht zunächst farblos von Abstrahieren[43] und vom Ziehen der letzten Konsequenzen[44].

Auf den ersten Blick scheint Jhering hier von seinem viel zitierten Motto „durch das römische Recht über das römische Recht hinaus" weit entfernt zu sein. Aber das ist nicht der Fall. Denn bei dieser Kritik des Rechts durch sich selbst muß immer schon ein Recht da sein, vor welchem Kritik und Gefühl Vorsprung gewinnen können. Auch wenn es Vorsprung hat, kann das Rechtsgefühl nicht etwas ganz Neues schaffen. Es kann nur „aus halben Wahrheiten ganze machen"[45]. Woher die grundlegenden halben Wahrheiten stammen, bleibt zwar ungesagt. Auch lassen sie sich nicht in einer Liste zusammenfassen. Doch ist hier die Rolle des römischen Rechts unübersehbar. Wenn es dann aber darum geht, aus den halben Wahrheiten ganze zu machen, tritt die Wissenschaft auf den Plan. Fortschritt ist stets auf die Rechnung einzelner „hervorragender Geister zu setzen, ... welche sich zuerst von den hergebrachten Anschauun-

---

40 Entwicklungsgeschichte, S. 27.
41 Entwicklungsgeschichte, S. 26. Rechtsgefühl, S. 49.
42 Dazu W. Wilhelm, Das Recht im Römischen Recht, in: Jherings Erbe, S. 238.
43 Rechtsgefühl, S. 45, 46, 48. W. Wilhelm, Das Recht im Römischen Recht, in: Jherings Erbe, S. 234.
44 Rechtsgefühl, S. 49 (mit treffender Anm. von Behrends).
45 Entwicklungsgeschichte, S. 25. Rechtsgefühl, S. 50 nebst Anm. von Behrends.

gen losgerissen, und indem sie die öffentliche Meinung für sich gewannen, die Gesetzgebung nötigten, die von ihnen vorgezeichnete Bahn einzuschlagen"[46]. Das Rechtsgefühl des Volkes paßt sich dann den neuen Regeln an. Es gibt prinzipiell keinen Volksgeist, der selbst die Initiative ergreifen könnte. Davon gibt es allerdings eine Ausnahme: „...da, wo bestehende Rechtseinrichtungen mit schwerem Druck auf der Masse lasten, gelangt auch sie zum Nachdenken... Da erhebt auch sie ihre Stimme, daß Wandel geschaffen werde. So hat es der Bauer getan in bezug auf den Wildschaden, so thun es jetzt die arbeitenden Klassen in bezug auf die Verbesserung ihres Loses[47]." Hier erhebt also das Rechtsgefühl des Volkes von sich aus seine Stimme und stellt Forderungen. Das ereignet sich aber immer nur bei einem besonderen Interesse, und wenn der Grund der Forderung bereits geltendem Recht entnommen werden kann. Der Anstoß muß aus dem Recht selbst kommen, nicht von außen. So verlangt der Bauer volle Verwirklichung des Eigentumsschutzes gegenüber dem Adel. Und so verlangen die arbeitenden Klassen Vollendung dessen, was durch Kirche, Gesetzgebung und Verwaltung bereits vorbereitet war.

Hauptbeispiel für diese Kritik des Rechts durch sich selber sind für Jhering die neuesten Entwicklungen im Urheber- und Patentrecht[48]. Er sagt, noch im letzten Jahrhundert hätte das literarische Piratentum des Nachdrucks unter Duldung der Gesetzgebung geherrscht. Dadurch, daß Schriftsteller und Buchhändler, die unter dem Unwesen litten, ihre Stimme erhoben und für ihre Arbeitsprodukte denselben Rechtsschutz verlangt hätten, wie er auch anderen Arbeitsprodukten zuteil werde, wäre der Gesetzgeber anderen Sinnes geworden. Das Interesse der Buchhändler gab ihnen ihre Forderung ein, aber den Grund entnahmen sie dem bereits vorhandenen Recht des Schutzes von Arbeitsprodukten und verlangten, daß für sie aus einer halben Wahrheit eine ganze gemacht werde. Die Vermittlung der Forderung an die Gesetzgebung besorgte die Rechtswissenschaft.

---

46 Entwicklungsgeschichte, S. 23.
47 Entwicklungsgeschichte, S. 24, 25.
48 Entwicklungsgeschichte, S. 26.

Wogegen Jhering sich wendet, ist klar. Die Rechtsentstehungslehre der historischen Schule ist für ihn das „Faulkissen der Wissenschaft", weil sie nicht in der Lage ist, einen Fortschritt zu bewirken[49].

4. „Ehrlicher Konservativismus" oder „reiner Socialismus"?

Soweit zur Methode, zur Herkunft der Inhalte. Jetzt hat man sich den Inhalten selbst zuzuwenden. Mit den Kenntnissen über die „Kritik des Rechts durch sich selber" versehen müssen wir zurückgehen in die Texte von Jhering und prüfen, wo er als Wissenschaftler, Pfadfinder und Denker, angestoßen durch unvollendete Wahrheiten und artikulierte Interessen der Betroffenen vom Vorsprung seines Rechtsgefühls Gebrauch gemacht hat und in welcher Richtung er von festem Grund aus Rechtsfortbildung betrieben hat.
Die bisher vorliegenden Bewertungen des Inhalts des rechtspolitischen Arbeitsplans Jherings weichen erheblich voneinander ab. Jhering seinerseits hat Savigny, wie gezeigt, konservativer und restaurativer Tendenzen verdächtigt. Doch Wilhelms ursprünglich gegen die Romanisten des 19. Jahrhunderts erhobener Konservatismus-Vorwurf betraf zunächst auch Jhering selbst[50]. Losano bezeichnet ihn als ehrlichen Konservativen ohne Schuldkomplex. Demgegenüber wurde es nach Wieacker zur herrschenden Lehre, daß die historische Schule und auch noch Jhering im Grunde an der Perfektion eines liberalen Privatrechts gearbeitet hätten[51]. Das wurde teilweise als Vorwurf betrachtet[52]. In dem Mund anderer Rechtshistoriker hatte das Liberalismus-Urteil aber eine eher positive Konnota-

---

49 Entwicklungsgeschichte, S. 13.
50 *K. Kroeschell*, Jherings Briefe an Windscheid (1870–1891), Göttingen 1988, S. 9–10.
51 *Franz Wieacker*, Rudolf von Jhering, in: SavZRom. 86 (1969) 9. K. Kroeschell, S. 10. *Helfer*, Jherings Gesellschaftsanalyse, in: Jherings Erbe, S. 84. *Polay*, Beiträge zu Jherings Besitztheorie, in: Jherings Erbe, S. 195 f.
52 *E. Schanze*, Culpa in contrahendo bei Jhering, in: Ius commune 7 (1978) 326–358.

tion. Das gilt wohl insbesondere zuletzt für Whitmann[53]. Ähnlich hat sich speziell zur c. i. c. Choe geäußert[54]. Und auch Fikentscher gewinnt der Rechtstheorie von Jhering teilweise liberale Züge ab. Er fühlt sich an Adam Smith erinnert, wenn er im „Kampf" liest, daß das Gemeinwesen davon insgesamt profitiert, daß jedes Individuum seine privaten Rechte durchsetzt[55]. Das entspricht auch dem Urteil von Diederichsen[56]. Bei all diesen Urteilen muß man aber berücksichtigen, daß es seit 1848 in den Köpfen der besseren Juristen nicht nur um Junkerkonservativismus oder Liberalismus und Kapitalismus ging, sondern um die Reaktion auf die soziale Frage, die soziale Reform. Alle Einordnungsversuche von Jhering sind also vor dem Hintergrund des Umstandes zu sehen, daß zu den heute üblichen Vorwürfen an die Adresse der Rechtswissenschaft des 19. Jh. immer auch der Vorwurf der „Untätigkeit gegenüber dem brennenden Problem der sozialen Ungerechtigkeit einer Privatrechtsordnung gehört, die sich nur für abstrakt gleiche und gleichfreie Bürger interessiert"[57]. Gerade an dieser Stelle setzt Schelsky an und beobachtet eine Wende des Liberalismus, die sich in der Person von Jhering vollzogen haben soll. Während nach altliberaler Auffassung der Mensch die Zwecke der Gesellschaft am besten erfüllt, wenn er seinen egoistischen Zielen folgt, wird von Jhering der Zusammenhang umgekehrt: indem der Mensch sich selbst gesellschaftlichen Zielen unterwirft, fördert er seine Interessen als Individuum[58]. In dieselbe Richtung weist Behrends Urteil vom „sozial kontrollierten" oder auch „korrigierten" Sozialismus[59]. Strenge Kri-

---

53 *J. A. Whitman*, The legacy of Roman Law in the German Romantic Era. Princeton, New Jersey 1991.
54 *B. J. Choe*, Culpa in contrahendo bei Rudolf von Jhering, Göttingen 1988.
55 Kampf, 5. Aufl., Wien 1977, S. 2, 45; *Fikentscher*, Methoden III, S. 157, S. 240 f.
56 In diesem Band, S. 37.
57 *Falk* (Fn. 33), S. 5 mit Hinweis auf Wieacker und den Protest von Jakobs.
58 *Schelsky* (Fn. 22), S. 55. *Wolfgang Pleister*, Persönlichkeit, Wille und Freiheit im Werk Jherings, 1982, S. 313.
59 *Behrends*, Durchbruch zum Zweck, S. 239, 263 (unter Hinweis auf Zweck II 135), S. 266.

tik findet sich zumindest partiell in der ausführlichen Würdigung von Pleister und bei Nörr[60]. Pleister stellt die kritische Frage: „Gehört nicht auch Jhering zu eben den Theoretikern, die es zumindest mit verursacht haben, daß sich eine zugleich ethische und politische Theorie personaler Freiheit bis 1945 nicht durchsetzen konnte?" Und Nörr spricht in ähnlicher Tendenz Jhering rundweg ab, eine Privatrechtsidee gehabt zu haben. Dabei herrscht in gewisser Weise Einverständnis darüber, daß sich Jhering nicht leicht beurteilen läßt. Auch dafür ist Fikentscher kennzeichnend, der nicht nur liberale Züge sieht, sondern an anderer Stelle Jhering als „sozialistischen Monarchisten" bezeichnet und meint, inhaltlich sei Jherings Denken von fortschrittlichen, sozialen, ja sozialistischen Vorstellungen beherrscht gewesen, so daß man Jhering, falls er heute noch lebte, auf dem rechten „Flügel der Sozialdemokratie" finden würde[61].

Wie schwer die Dinge zu beurteilen sind, zeigt der geistreiche Essay von Villey[62]. Dem toten Jhering, der in einem fiktiven Gespräch bekennt: „Je suivais cet affreux Bentham maintenant en enfer, pour n'avoir jamais rien compris à la vraie justice sociale", hält Villey entgegen: „Vénéré maître... Et cependant ai-je inventé que vous aviez vous même proféré cette hérésie, que le droit est une chose, ein Gut – et que la mesure de ce bien, c'était le juste partage social: gerechte Verteilung?"

5. Die Gemeinschaftspflichten des Naturrechts

Versucht man zu klären, wie es um Jherings sozialpolitische Präferenzen bestellt war, so fällt auf, daß der wichtigste Beleg dafür in einem von Jherings Sohn Hermann aufgezeichneten Gespräch zu finden sein soll, das zwischen Vater und Sohn im Jahre 1889 auf ei-

---

60 *Pleister*, S. 307. *Nörr*, Eher Hegel als Kant, S. 52.
61 *Fikentscher*, Methoden III, S. 156, 157. Zum gesamten Problemkreis mit großer Ausführlichkeit und allen Nachweisen: *Pleister* (Fn. 59), S. 241 ff., 304–317 und öfter.
62 M. *Villey*, Le droit subjectif chez Jhering, in: Jherings Erbe, S. 217, 226.

Jherings Evolutionstheorie des Werdens des Rechts durch Tun

nem Spaziergang geführt worden ist[63]. Der Inhalt des Gesprächs ist eindeutig: Man muß sich den Ausschreitungen des Kapitalismus entgegensetzen. Unsere Aufgabe ist die gerechte Verteilung von Gütern und Pflichten. Unsere Zivilisation will nicht die Freiheit, sondern die Beschränkung des Individuums, die Beschützung der Schwachen gegen die Starken, gleiches Recht, gleiche Fürsorge für alle. Aber auch: Es geht nicht um die Beseitigung des Kapitalismus, sondern um die Hebung der sozialen Bedingungen der arbeitenden Klassen – somit nicht um Umsturz, sondern um Reform. Zu begrüßen ist die Reformbewegung des „hochverehrten alten Kaiser Wilhelm" auf „sozialistischem Gebiete".
Gegenstand des Erstaunens ist heute nicht der Inhalt des Gesprächs. Man hat geradezu gehofft, daß Jhering so gedacht hat. Was verwundert, ist, daß diese klaren Bekenntnisse zur sozialen Aufgabe des Rechts von einem Mann, der sein Leben lang nichts getan hat als schreiben und publizieren, nur in einem flüchtigen „Altersgespräch"[64] oder „Spaziergang-Gespräche"[65] geäußert wurden und nicht in einer Programmschrift niedergelegt worden sind. Die einzige Erklärung für die Abstinenz Jherings in dieser Frage scheint mir zu sein, daß er selbst davon überzeugt war, sich in all seinen historischen, rechtstheoretischen, rechtsphilosophischen und dogmatischen Schriften hinlänglich klar zu seiner sozialen Grundeinstellung geäußert zu haben, auch ohne daß er diese gerade zum Gegenstand einer eigenen Schrift gemacht hatte. Im Geist[66] heißt es von der 2. Auflage 1866 an mit deutlichen Worten – für die sich Jhering später[67] selbst loben wird und auf die auch noch Wilhelm[68] respektvoll verweist: „Es gibt kein absolutes, d. h. der Rücksicht auf die Ge-

---

63 *Fikentscher*, Methoden III, S. 159. *Wieacker*, Privatrechtsgeschichte, S. 453. Erschöpfende Auswertung aller Belege bei *Pleister* (Fn. 58), insbes. S. 241–328.
64 *Wieacker*, Privatrechtsgeschichte S. 453 N. 66.
65 *Fikentscher*, Methoden III S. 157.
66 Geist I, S. 7.
67 Zweck I, S. 523 Note.
68 *Wilhelm*, Private Freiheit und gesellschaftliche Grenzen des Eigentums, in: Wissenschaft und Kodifikation des Privatrechts im 19. Jahrhundert. IV, 1979, S. 19, 30. Dazu auch *Pleister* (Fn. 58), S. 314.

meinschaft entbundenes Eigentum, und die Geschichte hat dafür gesorgt, den Völkern diese Wahrheit einzuschärfen." Doch dann fährt Jhering fort: „Wenn ein Volk sich unfähig erweist, den Boden, den die Natur ihm anvertraut hat, auszunutzen, so muß es einem anderen weichen. Die Erde gehört der Hand, die sie zu bebauen versteht – das scheinbare Unrecht, das die angelsächsische Rasse in Amerika gegen die eingeborenen Indianer verübt, ist vom Standpunkt der Weltgeschichte aus ein Recht. Und nicht minder sind die europäischen Völker in ihrem Recht, wenn sie die Flüsse und Häfen des himmlischen Reiches und Japans mit Gewalt öffnen und diese Länder zum Handel zwingen[69]."
Das klingt auf den ersten Blick nach dem brutalen Konkurrenzkampf eines extremen Liberalismus oder Monopol-Kapitalismus[70]. Aber der Schein trügt. Im Grunde ist das Prinzip „Die Erde gehört der Hand, die sie zu bebauen versteht" der Grundsatz eines ganz auf Gemeinwohl aufbauenden Staates. Dieser Topos geht auf Xenophons Kyropädie zurück und spielte dann für Leibniz eine große Rolle, der sich aber letztlich mit Xenophon für den Vorrang des Eigentums entschied[71]. Vielleicht ist das Prinzip durch Leibniz' Vermittlung Jhering bekannt geworden. Jhering entscheidet sich aber im Gegensatz zu Leibniz für das Recht dessen, der den Acker besser bebaut und damit seine Pflicht gegenüber der Gemeinschaft erfüllt, „denn das höchste Gesetz der Geschichte ist die Gemeinschaft"[72]. Das ist ein klares Votum für den Vorrang des Gemeinwohles. Dazu paßt es, daß Jhering Humboldts „Ideen zu einem Versuch, die Grenzen der Wirksamkeit des Staates zu bestimmen", heftig kritisiert[73]. Trotzdem darf man darin kein Bekenntnis zum Sozialismus sehen, sondern weit eher einen Rückgriff auf das ältere pflichtengebundene Naturrecht aristotelisch-thomistischer Provenienz in der Schule von Pufendorf und Chr. Wolff, was Jhering selbst jedoch nicht in vollem Umfang bewußt war[74]. Doch spricht Jhering den Sozialis-

---

69 Geist I, S. 7.
70 *E. Polay*, Beiträge zu Jherings Besitztheorie, in: Jherings Erbe, S. 195 ff.
71 *R. Brandt*, Eigentumstheorien von Grotius bis Kant, 1974, S. 9.
72 Geist I, S. 7.
73 Zweck I, S. 538–542.
74 Vgl. Zweck II, S. 161 Note 2.

mus auch selbst direkt an, wenn er sagt⁷⁵: „... es ist die durch die socialistischen Theorien wild und leidenschaftlich erregte Masse, welche mit mächtigen Schlägen ans Tor pocht, daß es weithin erschallt, und die Schläfer aus ihren Träumen aufgeschreckt werden" – nämlich die Juristen auf dem „Faulkissen" der historischen Schule.

Im Lichte dieser Stelle wird, was in diesem Vortrag betont werden soll, der 1. Teil des Zwecks zu einer auf dem Vorrang des Gemeinwohls beruhenden Naturrechtslehre. Jhering selbst macht sich das nicht ganz klar, weil Naturrecht für ihn stets das von Klippel sogenannte jüngere, individualistische Naturrecht ist. Trotzdem sprechen seine Ausführungen zum Eigentum eine deutliche Sprache[76]: „Es ist also nicht wahr, daß das Eigentum seiner ‚Idee' nach die absolute Verfügungsgewalt in sich schlösse. Ein Eigentum in dieser Gestalt kann die Gesellschaft nicht dulden und hat sie nie geduldet – die Idee des Eigentums kann nichts mit sich bringen, was mit der Idee der Gesellschaft in Widerspruch steht. Diese Vorstellung ist noch ein letzter Rest jener ungesunden naturrechtlichen Vorstellung, welche das Individuum auf sich selber isolierte:" Und weiter heißt es: „Man braucht nicht Prophet zu sein, um zu wissen, daß diese gesellschaftliche Auffassung des Privatrechts der individualistischen mehr und mehr Boden abgewinnen wird." Das Ganze zielt – nach einigen eher harmlosen Bemerkungen über das Nachbarrecht und seine unter Umständen expropriierende Wirkung – letztlich auf „eine den Interessen der Gesellschaft mehr entsprechende, d. i. gerechtere Verteilung der Güter dieser Welt", die allerdings mit den einer auf Privateigentum beruhenden Gesellschaft konformen Mitteln des Erbrechts und des Steuerrechts durchgesetzt werden muß und nicht etwa mit den Instrumenten von Kommunismus und Sozialismus[77].

Im Vertragsrecht liegt die Sache anders als beim Eigentum. Während ein soziales Eigentumsrecht mit staatlichem Zwang durchge-

---

75 Zweck II, S. 172.
76 Zweck I, S. 523. Dazu *Wilhelm*, Private Freiheit (Fn. 68), S. 30.
77 Zweck I, S. 533. Zum Nachbarrecht s. auch *Pleister* (Fn. 58), S. 314. *Losano* (Fn. 17), II, S. 157.

setzt werden muß, bedient sich das Gemeinschaftsinteresse im Vertragsrecht in erster Linie des Lohnes als Hebel der sozialen Mechanik. Hier gilt im Grunde das Prinzip eines nützlichen Egoismus: Jeder „will bloß sich selber und baut die Welt"[78]. Der Kreis schließt sich: Jeder handelt für sich selbst und nützt den anderen – und umgekehrt: Sogar die Akte der Selbstverleugnung sind interessegeleitet, weil auch die höheren Zwecke nicht beliebige sind, sondern der Gemeinschaft nützliche. So gibt es gar kein Handeln für andere. Wer sich opfert, dem genügt eben schon der Reflex fremden Glücks in der eigenen Seele[79] – eine Überlegung, die Voltaire nicht hätte gelten lassen[80]. Beim Vertrag geht es somit nicht um die Übereinstimmung des Willens, sondern um die Koinzidenz der Interessen[81]. Der staatliche Zwang sichert den ursprünglichen Zweck gegen spätere Interessenverschiebungen[82]. Der Staat muß also eingreifen, um die Ordnung, die die vertragschließenden Parteien sich selber geben, „zur Sicherung der beiderseitigen Zwecke" gegen Verletzungen zu schützen. Diese privatrechtliche Vertragsordnung ist vor dem Staat da. Ziel des Vertragsrechts ist es zu gewährleisten, daß die Menschen einen Zustand herstellen, in dem „gesichertes Dasein auch des Schwächsten und Ärmsten neben dem Stärksten und Mächtigsten möglich" ist[83].

All das ist im ersten Teil vom „Zweck im Recht" ausgeführt, der in materieller Hinsicht stark verwandt ist mit der naturrechtlichen am Gemeinwohl orientierten Pflichtenlehre von Pufendorf und Wolff: Ausgangspunkt ist, daß der Mensch zu schwach ist, sich alleine im Leben zu behaupten, daß er aber auf Selbsterhaltung aus ist und daher die Hilfe anderer sucht. Auf einem angenommenen primitiven Niveau bittet der Mensch den Mitmenschen um Hilfe. Aber das ist demütigend und oft erfolglos. Deswegen bietet er dem Gebetenen

---

78 Zweck I, S. 46.
79 Zweck I, S. 54.
80 *Voltaire* läßt Dr. Pangloss sagen (Candide, S. 26): „Das Unglück des einzelnen ergibt das Glück der Allgemeinheit, so daß es um das Gemeinwohl desto besser bestellt ist, je mehr Unglück der einzelne erleidet."
81 Zweck I, S. 72.
82 Zweck I, S. 73.
83 Zweck I, S. 241.

eine Gegenleistung an, so daß der Gebetene aus egoistischen Motiven zu einer Hilfeleistung gegen Entgelt bereit ist, ein Verhältnis, von dem beide schließlich profitieren. Alle Menschen sind im wohlverstandenen Eigeninteresse verpflichtet, an diesem Austausch mitzuwirken. Und wer einmal etwas versprochen hat, muß es auch halten. Nur so kann die Gemeinschaft aller – die „Welt" – wie Jhering sagt, überleben[84].

6. Die Probe aufs Programm: Jhering als Dogmatiker des Privatrechts

Wenn man versucht, im Lichte dieser programmatischen Erklärungen die einzelnen konkreten schuldrechtlichen Lehren von Jhering zu bewerten, wird man allerdings zunächst ins kalte Wasser des Liberalismus zurückgestoßen: Die von Diederichsen vorgestellten Institute von c.i.c. bis Vindikationszession und Schuldlehre dienen doch alle im Grunde nur dazu, das Wirtschaftsleben „angenehmer" und leichter zu machen[85]. Das war Jhering auch bewußt. Im „Kampf"[86] spottet er über die „despotische Milde" moderner Staatslehren, die „dem einen raubt, was sie dem anderen schenkt". Den Schutz des Schuldners auf Kosten des Gläubigers erklärt Jhering für verfehlt. „Es ist das Zeichen für eine schwache Zeit, mit dem Schuldner zu sympathisieren. Sie selber nennt das Humanität. Eine kräftige Zeit sorgt vor allem dafür, daß der Gläubiger zu seinem Recht komme, selbst wenn der Schuldner darüber zu Grunde geht[87]."

Eine Fußnote zu diesem Text zeigt, daß Jhering es ernst meint. Hier zählt er eine ganze Liste von verfehlten Schuldnerschutzvorschriften des spätantiken christlich inspirierten Kaiserrechts auf, die zwar im moraltheologisch dominierten Mittelalter rezipiert worden waren, im 19. Jh. jedoch von dem von Hedemann später sog. „Frei-

---

84 *Pleister* (Fn. 58), S. 262.
85 Dazu in diesem Band S. 37.
86 Kampf, S. 80.
87 Kampf, S. 82.

heitssturm"[88] dahingerafft worden sind. Dazu gehören die lange Verkaufsfrist für den Pfandverkauf, das Rückkaufsrecht des Verpfänders, das Verbot der Vereinbarung von Verfallsklauseln (lex commissoria), die Beschränkung der Interessenklage und der Vertragsstrafe auf das Doppelte, die Beschränkung des Zinslaufs auf den Betrag des Kapitals, das Limit von 12% beim Foenus nauticum, die Stundung durch Mehrheitsbeschluß der Gläubiger, die lex Anastasiana – mit dem Verbot des Einzugs einer Forderung zum Nennwert, wenn sie um einen geringeren Preis gekauft worden war.

Auf der anderen Seite finden sich bei Jhering auch Hinweise auf Regeln, die für materiale Gerechtigkeit im Vertrag sorgen und der Einhaltung des Prinzips der Äquivalenz dienen sollen: Die Laesio enormis wird auch dem Käufer zugestanden. Der Arbeiter muß davor geschützt werden, seine Arbeitskraft unter Wert zu verkaufen. Und gesorgt werden muß für Arbeiterwohnungen. Jhering nennt Zinsbeschränkungen, Wuchergesetze, Preistaxen für bestimmte Waren und das Verbot der Vereinbarung einer quota litis beim Vertrag mit dem Advokat als notwendige Regeln.

Doch bleibt bemerkenswert, daß all diese Dinge nur als Stichworte auftauchen und nicht ausführlich in Aufsätzen behandelt werden. Etwas anderes gilt lediglich für den meist ebenfalls als soziales Schutzgesetz aufgefaßten Satz: „Kauf bricht nicht Miete." Im Besitzwillen von 1889 polemisiert Jhering gegen das römischrechtliche Prinzip „Kauf bricht Miete" und ergreift dabei offen Partei für den Mieter[89]. Sein Hauptargument ist, daß die Stellen, auf die man sich für den Satz „Kauf bricht Miete" stützte, diesen Satz gar nicht enthielten[90]. Dieser Satz gilt nicht für den Käufer als solchen, sondern nur für den Käufer, dem das Grundstück übergeben worden ist – und der damit Eigentümer geworden ist. Der kann allerdings den Mieter vertreiben. Aber da ohne Zustimmung des Mieters eine Übergabe und damit Übereignung gar nicht möglich ist, kann das

---

88 *Justus Wilhelm Hedemann*, Die Fortschritte des Zivilrechts im 19. Jahrhundert I, Neudruck d. Ausg. 1930, S. 14–15.
89 Besitzwille, S. 441 ff. *Falk* (Fn. 33), S. 129.
90 Besitzwille, S. 448.

dem Mieter nicht schaden. Im übrigen galt Kauf bricht Miete nur im älteren Recht bis Marcellus und Antoninus Pius. Das neuere Recht hat diesen Satz in C. 4.65.3 aufgegeben, weil da nur Eigenbedarf, Verschulden des Mieters und Renovierungsbedarf als Endigungsgründe angegeben sind. Die Konstitution C. 4.65.3 verwendet Jhering also ganz positivistisch im wörtlichen Sinne. Sie ist einfach Gesetz, bei dem in erster Linie das argumentum e contrario anzuwenden ist. Jhering sucht aber auch nach einem wertenden Argument. Er meint, die neuere Rechtswissenschaft beschwöre mit dem Satz Kauf bricht Miete einen Rest der römischen Urzeit herauf[91], der dem damaligen rohen Rechtsgefühl entsprochen habe oder richtiger: der dem Recht durch das soziale Übergewicht der besitzenden Klassen über die ärmeren aufgezwungen worden sei. Aber im späteren Rom sei dieser Satz einem geläuterten Rechtsgefühl gewichen und mit dem heutigen Rechtsgefühl stehe er „in einem ebenso grellen Widerspruch wie mit unseren wirthschaftlichen Verhältnissen"[92]. Auf dem Spiel stehen also Rechtsgefühl und wirtschaftliche Verhältnisse. Was steht dahinter? Jhering meint, im alten Rom hätte es von seiten des Eigentümers nur ein geringes Interesse an vorzeitiger Lösung gegeben. Deswegen sei die soziale Bedeutung des Vertreibungsrechts gering gewesen. In Rom war der Satz also möglich. Heute ist er es nicht mehr. Dafür gibt es wirtschaftliche und soziale Gründe. Zu den sozialen Gründen gehört, daß die Wohnungsmiete in den großen Städten das eigene Haus ersetzt. Das hat nicht nur etwas mit dem Schutz der „ärmeren" gegen die „besitzenden Klassen" zu tun. Denn auch die „höchsten Bevölkerungsklassen" wohnen in den großen Städten in gemieteten Wohnungen. Auf der wirtschaftlichen Seite steht zudem die Überlegung, daß für einen Geschäftsmann der Mietzins oft einen großen Teil der Kosten ausmacht. Und noch wichtiger ist für Jhering, daß in der Regel Ruf und Kundschaft eines bestimmten angemieteten Geschäftslokals einen enormen Kapitalwert repräsentieren. Deswegen ist der Satz „Kauf bricht Miete" gerechterweise nicht möglich[93].

---

91 S. 450. *Falk* (Fn. 33), S. 111, 120.
92 S. 450.
93 S. 450 Note 1.

Es geht also nicht nur um den Schutz der Schwachen, sondern um vernünftige wirtschaftliche Bewertungen. Auch der reiche Mieter kann auf den Schutz von „Kauf bricht nicht Miete" nicht verzichten. Im Lichte der Einsichten, die diese sozialen Wertungen über die rechtspolitische Grundhaltung von Jhering vermitteln, muß man sich seine anderen Arbeiten genau anschauen: Dann zeigen sich Ansätze zu einer ethischen Betrachtungsweise, wie weit über die Berücksichtigung liberaler Werte wie Rechtssicherheit und Verkehrsinteresse hinausgehen. Das soziale Gewissen von Jhering schlägt eben nicht nur für den Schutz der Schwachen im engeren Sinne, sondern strebt in einem umfassenderen Sinne nach sozialer Gerechtigkeit. Das Prinzip „kein Schadensersatz ohne Schuld"[94] war, wie sich im „Kampf" zeigen wird, in gewisser Weise umkehrbar und bedeutete letztlich auch, daß bei Vorliegen von Schuld eine ausgleichende Leistung selbst dann angebracht sein konnte, wenn ein materieller Schaden nicht entstanden war[95]. Jhering sagt in diesem Sinne: „Die Idee der Gerechtigkeit ist untrennbar verbunden mit dem Gedanken der Verschuldung[96]." Mit derartigen Überlegungen kommt Jhering auf die „Straf- und Satisfaktionsfunktion" von Schadensersatz und Privatstrafe zurück. Er wollte sich aus einem Rechtsdenken befreien, das nur am „Geldbeutel" ausgerichtet war. Damit war ein Weg eröffnet zum Begriff eines normativen Schadens und zum Schutz der Rechte der Persönlichkeit. Es ging letztlich um die Interessen von Menschen, die in Geld nicht meßbar, aber trotzdem schützenswert sind.

Eine Bestätigung für diese Sicht findet sich auch in dem viel erörterten Gäubahngutachten, in dem sich Jhering dafür ausspricht, daß vertragliche Zusagen auch dann einklagbar seien, wenn ein Vermögensinteresse nicht auf dem Spiele stehe. Jhering will Vermögen zumindest nicht schutzlos lassen, nur weil es sich in ideale Güter um-

---

94 R. von Jhering, Das Schuldmoment im römischen Privatrecht, Vermischte Schriften, S. 60, 61.
95 Kampf, S. 84–88.
96 Kampf, S. 88.

gesetzt hatte[97] und befürwortet auch eine Entschädigung in Geld bei Verletzung immaterieller Rechtsgüter. Das alles ist für Jhering kein Problem des vierten Standes und der sozialen Frage, sondern ein Anliegen der Verwirklichung materialer Sittlichkeit im Recht, einer Sittlichkeit, die das Recht nicht nur nach dem berühmten Wort von Savigny ermöglichen, sondern bewirken sollte. Letztlich geht es Jhering weniger im Sinne von Gierke um die „soziale Aufgabe des Privatrechts" als um seine sittliche Aufgabe.

---

97 Dazu *H. Scheerer-Buchmeier*, Die Abgrenzung des Rechtsgeschäfts von der nicht rechtsgeschäftlichen Vereinbarkeit (Diss. iur. Köln 1990), S. 23. *Pleister* (Fn. 58), S. 202 ff.

Helmut Helsper

Die Vorschriften der Evolution für das Recht

Eine naturwissenschaftliche Analyse des Gestaltungsspielraums von Juristen und Politikern mit Folgerungen für das Steuer-, Subventions-, Krankenversicherungs-, Rentenrecht sowie das Recht der EG-Marktordnung.

Von Ministerialrat Dr. *Helmut Helsper.*
284 Seiten DIN A 5, 1989, gbd. 38,– DM.
ISBN 3 504 06106 5

Drei umfassende Konzepte der Naturwissenschaft (Evolutionäre Erkenntnistheorie, Evolutionstheorie, Theorie der Selbstorganisation) dienen zur Analyse hochpolitischer Gesetzgebungsprobleme. Das Recht ist ein evolutionäres Programm, die Natur gibt seinen Inhalt weitgehend frei, aber sie bindet die Menschen durch eine Programmieranweisung. Erkennt die Politik die Bindung an, bewirken Rechtsnormen Selbstorganisation; leugnet sie die Bindung, löst das Recht trotz Normenflut und bürokratischer Steuerung einen Trend zur Selbstzerstörung aus.

Verlag Dr. Otto Schmidt · Köln

Margaret Gruter

Rechtsverhalten

Biologische Grundlagen mit Beispielen aus dem Familien- und Umweltrecht. Eine Einführung in die Thematik und Arbeitsweise der Rechtsverhaltensforschung.

Von Dr. *Margaret Gruter*. Mit einem Geleitwort von Prof. Dr. *Wolfgang Fikentscher*.
231 Seiten DIN A 5, 1993, gbd. 45,– DM.
ISBN 3 504 06107 3

Dieses Buch, 1991 unter dem Titel „Law and the mind" in den USA erschienen, wendet sich gleichermaßen an Juristen, Biologen und Verhaltensforscher. Es ist reich an Beispielen dafür, wie humanethologische Daten Haltungen zum Recht und nicht zuletzt das Recht und seine Gestaltung selbst beeinflussen.

Mit ihren Forschungen über die Interaktion zwischen dem Recht und den biologisch begründeten menschlichen Verhaltensweisen, erstmals zusammengefaßt in ihrem Buch „Die Bedeutung der Verhaltensforschung für die Rechtswissenschaft" (1976), gründete die Autorin einen neuen Wissenschaftszweig. Aufgabe und Ziel der Rechtsverhaltensforschung ist es, die Forschungsergebnisse der Biologie im allgemeinen und der Verhaltensforschung im besonderen für die Rechtswissenschaft und Rechtspraxis nutzbar zu machen.

Verlag Dr. Otto Schmidt · Köln